AROUNA
LIPSCHITZ

L'un n'empêche pas l'autre

La voie de l'amoureux

Préface
de Patrice van Eersel

J'AI LU

Collection dirigée
par Ahmed Djouder

À Léa, ma sœur en écriture,
Sans elle, mes livres ne seraient pas ce qu'ils sont.

À ma mère,
Sans elle, je ne serais pas là pour les écrire.

À mes « petites voix »,
Sans elles, je n'aurais pas tant à dire.

Préface

Avez-vous idée de la fièvre qui peut régner derrière l'apparente tranquillité d'un guru, c'est-à-dire d'un guide spirituel – surtout à ses débuts, et plus encore s'il s'agit d'une jeune femme passionnée qui, un beau jour, quitte son amoureux et décide de se lancer dans la chasteté d'une spiritualité ardente ? Arouna a raconté ce saut quelque peu vertigineux dans son premier livre, *Dis-moi si je m'approche*. Ensuite, pendant des années, elle canalisa son énergie vers ses élèves et vers son propre maître, ou plutôt vers ses maîtres successifs, dans un questionnement de chaque instant, pour savoir, en toute circonstance et avec un scrupule rare, quelles étaient la juste attitude, l'action correcte, la bonne relation aux uns et aux autres – ce qui, spontanément, ne va jamais de soi.

Un jour, le yogi qui fut son maître indien lui raconta l'histoire d'une jeune femme qui avait reçu sa robe orange un an auparavant et s'étonnait, non sans amertume, de n'avoir toujours pas le moindre disciple. Le maître expliqua que les élèves ne s'achètent pas et que personne, pas même un saint, ne peut faire de vous un guide spirituel : ce sont vos élèves, ou postulants élèves, qui en décident, du moins si telle est votre capacité, votre désir, votre destin... Arouna n'eut pas ce problème. Bientôt les élèves affluèrent vers elle – quasiment trop nombreux et parfois trop dévots. Ainsi se retrouva-t-elle vite dans la peau d'un guru. Et les questions redoublèrent...

Comme elle l'écrit elle-même, « dans ces années-là, le harcèlement contre la spiritualité n'avait pas atteint les proportions actuelles. Méditer, allumer de l'encens, suivre un enseignement ésotérique ne provoquaient pas aussitôt des soupçons de manipulation mentale », et le noble mot sanscrit de « guru » n'était pas encore devenu une injure dans notre monde. Il n'y avait alors aucune espèce de contradiction entre, d'une part, le fait de passer, comme elle le fit, un doctorat de littérature et sémantique avec pour directrice de thèse Julia Kristeva et un jury comprenant Roland Barthes et Tzvetan Todorov, et d'autre part, le désir de devenir guru dans un ashram en Inde. Perdant moins de temps qu'elle ne le ferait aujourd'hui avec les nouvelles formes d'hystérie collective, la problématique du maître et de l'élève se posa à elle avec une acuité d'autant plus troublante qu'elle jouait dans les deux sens. « Swami Arouna » avait elle-même son guru, situation qui débouchait forcément sur des injonctions paradoxales du type : le maître demande à sa disciple de devenir maître à son tour... Par chance les maîtres successifs d'Arouna étaient authentiquement bons, ils surent la guider avec compassion et sans perversité. Et peu à peu, se profilèrent des questions nouvelles et éternelles, qui sont celles que l'humanité se pose, partout et à tout instant.

Le monde est déchiré dans les jeux du 2. Matérialismes contre Spiritualités. Voies artificielles contre Voies naturelles. Anesthésies soulageantes contre Lucidités souffrantes. Demain contre Aujourd'hui. Rouges contre Bleus. Blancs contre Noirs. Pour chaque grande question, les passions des « pour » et des « contre » s'échauffent, engendrant surenchère et escalade vers la guerre et le chaos. Certes, les thermodynamiciens vous diront que, loin des équilibres, le chaos engendre du nouveau – et les plus tranchants des philosophes oseront avancer que, depuis la dispersion babélienne, la guerre a toujours été la grande « accoucheuse de sociétés ». Aujourd'hui pourtant, l'escalade dualiste prend des proportions trop cataclysmiques. Son dépassement exige plus que jamais un troisième terme au conflit manichéen. Passer du « noir ou blanc » au « noir et blanc ».

Droite ou Gauche ? Dans un nombre croissant de domaines, il faut pouvoir, sans démagogie, répondre : « Les deux, mon capitaine ! », comme Arouna s'est mise à le faire en pensant : « Le seul remède à la dualité subie est la dualité consciente », sachant fort bien que cette conscience constitue en fait un troisième terme, qui métamorphose la dualité vénéneuse en sainte trinité. « L'un n'empêche pas l'autre », est donc devenu la devise de la jeune guide spirituelle... qui commençait à mûrir. L'un n'empêche pas l'autre ? Mais encore ?

La formule s'avère applicable à une infinité de situations...

« Quitte ton père et ta mère ! » exige la Tradition. Mais c'est pour aboutir à une meilleure compréhension du précepte « Honore ton père et ta mère. » L'un n'empêche pas l'autre : la première consigne est destinée à nous donner un supplément de vie, non le contraire, et celui qui est plus vivant ne peut que mieux honorer ses parents.

Ou bien : on peut être modeste, voire timide et réservé, et pourtant oser exiger sa place légitime (au restaurant, en avion, à l'hôpital, auprès d'un éditeur...). Comment l'un n'empêcherait-il pas l'autre ? En exigeant d'abord, non pas pour soi-même, mais pour quelqu'un de plus important que soi, par exemple son maître. Cela n'est qu'un premier pas : un jour, il faudra savoir prendre la place légitime qui nous correspond personnellement.

Ou encore : Arnold Keyserling, qui avait été le premier « éveilleur » dont la jeune femme ait suivi l'enseignement, disait qu'à partir d'un certain âge, on ne pouvait plus accuser qui que ce soit – à commencer par ses parents – de nous rendre malheureux. À partir de 30 ans, Arouna décida donc qu'elle était seule responsable de ses malheurs et de ses bonheurs. Ce qui ne l'empêcha certainement pas de demeurer en discussion, parfois ô combien tendue, avec sa mère…

La mère d'Arouna, figure de la mama juive exemplaire, fut longtemps tourmentée par le fait que sa fille, au lieu d'utiliser ses talents pour faire un beau mariage et une belle carrière, soit devenue une guru hindoue – quelle horreur ! Et pourtant, tout au bout du parcours, la maman allait connaître une métamorphose étonnante, vivant même une révélation, une nuit que sa fille lui rendait visite, une « levée de voile », la fin d'un aveuglement, où elle admit elle-même qu'avant ce jour elle n'était pas prête, et qu'une compréhension intellectuelle de la démarche de sa fille n'aurait pas suffi : il lui fallait une ouverture du cœur. Notamment pour saisir tout ce que son âme avait pu accumuler de pollution au fil de ses existences successives – notion familière à la Kabbale et à l'ésotérisme hébraïque, pour qui « croire à la réincarnation » n'est pas contradictoire avec le fait d'affirmer qu'au fond, chaque âme est unique aux mains de l'Éternel. Là non plus, d'ailleurs, l'un n'empêche pas l'autre.

Lentement, Arouna allait découvrir toutes sortes de résonances inattendues. Par exemple entre bonté et tyrannie. Ou entre passion et indifférence. Pourquoi pensez-vous que ceux qu'elle appelle les « passifs/

agressifs » s'entendent si bien entre eux ? Même remarque pour les « doux/tyrans »... Attention, toutes les complémentarités psychologiques ne sont pas forcément positives. De même, le sexe n'empêche-t-il évidemment pas l'absence d'amour – puisque l'on peut s'adonner au grand libertinage, tout en restant parfaitement fermé au contact de cœur à cœur. Or, ce contact ouvre la plus sublime des portes... Quand elle en parle, Arouna fait volontiers allusion à la pratique de l'haptonomie, qui vise à une intimité plus profonde que la plus profonde des pénétrations, dans une confiance absolue.

En dix années de chasteté monacale rigoureuse, la question de la relation amoureuse avait en effet confirmé son caractère prioritaire dans l'esprit de la chercheuse de vérité. Celle-ci avait commencé par comprendre qu'il ne fallait pas forcément identifier amour spirituel et amour platonique : ce dernier peut s'avérer aussi excessif que la passion charnelle – or, l'amour spirituel ne peut jamais exister dans l'excès. Autre couplage subtil à appréhender, « la quintessence du swami est d'être un catalyseur d'énergie amoureuse »... à condition que cela se fasse dans le plus grand respect et la plus grande chasteté entre maître et élève. Quant au problème de l'amour maternel, son maître indien le lui avait clairement dit : « Tu dois comprendre que, malgré ses gaucheries et ses manquements, ta mère t'aime infiniment. Alors seulement, tu finiras pas croire à la possibilité d'être aussi vraiment aimée par un amoureux ».

Car telle est maintenant devenue la question : quid des amours laïques et simplement humaines ? Amour conjugal, familial, filial, amical... C'est sur ce terrain désormais que se jouent, pour elle, les complémentarités décisives. Ici, l'idée que « l'un n'empêche pas l'autre » pourrait évidemment s'apparenter à la vision d'une Agapè dionysiaque, généralisée à ce que notre époque baptise « polyamour » : dans la réinvention, nécessaire et bouillonnante, de toutes les relations inter-individuelles, pourquoi le fait d'aimer un(e) tel (le) devrait-il m'empêcher d'aimer tel (le) autre ? Le présent livre commence à explorer cette question pleine d'épines et de fleurs. Déjà, on sent que s'y esquisse une « Voie de l'Amoureux », dont Arouna, à présent délivrée de tout vœu religieux, fait le nouvel axe de son enseignement. Elle se poursuivra, d'après ce que j'ai compris, dans son troisième ouvrage, dont on sent déjà poindre les prémisses exaltants.

Patrice van EERSEL
Paris, le 14 février 2003

Qui nous réveille ?

Chaque matin, au sortir d'une nuit aussi profonde que la mémoire,
nous émergeons d'un point d'éternité.
Étonnés, heureux, anxieux, souvent indifférents
ou simplement trop pressés pour nous arrêter
sur ce mystère quotidien :
réveil non garanti
on est là pourtant !
Qui nous réveille ?
Qui nous déporte de l'ailleurs de nos nuits ?
Pour quoi ?
Retour au temps.
Exister.
Se séparer pour naître au jour qui vient,
aux autres.

À l'heure où l'alarme sonnait et ramenait à mon souvenir la routinière menace de l'école, ma mère qui devina très tôt, sans vraiment la comprendre, mon extrême réticence à m'arracher à l'ailleurs lumineux de mon sommeil, arrivait à la rescousse. Elle me parlait doucement en yiddish, le parler juif de notre exil commun. Bercée par la langue maternelle, je me sentais d'emblée moins étrangère au monde, plus encline à dégager un pied de la moiteur de l'édredon, et puis l'autre, sans mot dire. Elle en profitait pour passer une culotte, une jupe, les socquettes. Restait le traumatique dégagement du haut. Un bras, l'autre. Une chemisette vite enfilée pour piéger le froid du petit matin, un pull, et c'est tout habillée que j'émergeais du lit. En automate, je passais par la salle de bains. Lorsque j'arrivais dans la cuisine, ma petite sœur, Stéphy, qui avait déjà préparé ses tartines et son goûter à emporter, me regardait avec un mépris que je percevais vaguement. Mon univers de rêveuse semblait lui être totalement inconnu. Son dynamisme matinal prenait ma béatitude nocturne à contrepied. La vague désapprobation que je ressentais sous sa vitalité affichée me donnait le sentiment d'être en faute. Accusée de ce qu'elle appela plus tard mon incurable naïveté.

Prendre l'existence à pleines mains, foncer, mâchoires serrées, dans le cours du temps, était sa réponse au mystère nocturne, l'expression de sa colère contre le dieu absent que je semblais retrouver dans mon sommeil. Il ne faut pas rêver... Il n'y a rien à attendre d'ailleurs, disait sa fuite en avant, tandis que je traînais des pieds, pleurant en cachette sur un monde étranger à mon âme.

Elle a grandi obsédée d'indépendance. Moi, fusionnelle chronique. Deux symptômes aux antipodes d'une commune solitude métaphysique. La logique des contraires nous attachait déjà solidement l'une « contre » l'autre.

Heureusement, malgré les sarcasmes de ma cadette, ma mère, toute d'instinct et de bonté, permettait à son aînée chagrine de quitter en douceur le cocon délicieux de ses nuits de lumière. Un cadeau que, grand-mère, elle a offert plus tard à Talia, la fille de Stéphy, elle aussi grande adepte du royaume de paix dans lequel nous plonge naturellement la bénédiction du sommeil.

La nostalgie de l'ailleurs, reconnue ou niée, se transmettrait-elle de génération en génération aux petits princes, aux princesses des étoiles, trop vite, trop mal conduits à l'existence ?

Il y a des aubes grises, des aurores qui chantent.
Des réveils pesants,
D'autres fluides.

Ne content-ils pas l'histoire de notre voyage
vers la joie terrestre
vers l'amour du vivre ?

Paris, samedi 23 juin 2001. Mes orteils pianotent sous le drap. Mon dos me turlupine, de même que mon point sous les côtes à droite. Si après cinquante ans on n'a mal nulle part lorsqu'on se réveille, a dit quelqu'un, c'est qu'on est mort. Bien vivante ! Le miracle a encore opéré.

Je ne dors plus, et ce matin je le regrette. Il fait lourd dans ma tête. Je n'ai pas envie d'ouvrir les yeux. Comment est-ce possible ? Moi qui croyais en avoir fini avec le spleen poisseux qui depuis mon tout jeune âge me collait à la nuit. Après tant d'années passées à guérir de la nostalgie de l'ailleurs, d'un paradis hors du temps et des embarras de l'existence, j'ai appris à sourire au jour en dépit de programmes chargés, d'engagements encombrants.

Tel un puzzle en recomposition, une image se forme lentement sur mon écran mental. La Joconde apparaît. Pourquoi elle ? Probablement à cause des affiches placardées dans Paris : une Joconde aux ongles peints en mauve portant à son oreille vieille de cinq cents ans un portable d'aujourd'hui, dans une main virtuelle aux longs doigts élégants : « La Joconde a changé de siècle », titre le portrait revu et corrigé par la technologie. J'ai trouvé le montage amusant, au point de passer par le salon des Indépendants pour en acheter une reproduction sur carte postale. Je l'ai placée sur mon bureau. J'ai dû trop la regarder ces derniers jours...

Sous mes paupières closes, une idée prend forme : son regard qui dit oui en même temps que non au peintre, au monde, ne nous renvoie-t-il pas aux matins où l'on contemple le jour d'une pupille sans enthousiasme, en rêvant d'espaces de lumière infinie, au-delà du temps et des drames ? Les dédales du mystérieux paysage de fond, dans lesquels se perd son œil intérieur, y conduiraient-ils ?

La nostalgie de l'ailleurs expliquerait-elle le succès unanime de ce regard décalé qui nous laisse songeur ? Sans trop savoir comment ni pourquoi, au-delà des cultures, des frontières, chacun semble comprendre la demi-absence, l'incertaine présence au monde de la contemplative comtesse. Peut-être parce qu'elle nous ressemble...

— *Que se passe-t-il ?* La « petite voix » qui fait souvent écho aux mouvements de ma pensée interpelle soudain mon obscur inconfort. Sa question reste à la porte de mes paupières rageusement closes. Grincement de synapses dans mon cerveau qui ne veut rien savoir. Juste dormir encore.

— *Quelque chose ne va pas !* Le son s'amplifie. Ne pourrait-elle pas se taire ? Je me retourne, m'arc-boute contre le poids de la journée. Peut-être arriverai-je à oublier que je suis réveillée. À ignorer l'énervante voix de ma conscience. Trop de corps m'en empêche. Une tension inhabituelle pince mes narines. Cette pression désagréable me rappelle au temps de maintenant, au monde qui m'attend.

— *Cela fait longtemps que tu n'as pas eu un réveil aussi grincheux.*

Est-ce que je lui ai demandé son avis ?

La tête enfoncée dans l'oreiller, je suis cependant bien obligée de constater que j'accueille la journée avec un déplaisir diffus. Il me rappelle le poids qui, petite, m'enfonçait dans mon lit lorsque la mélodie répétitive de ma pendulette Mickey m'arrachait au sommeil.

Elle a raison, la petite voix. Cela fait longtemps que je n'ai pas accueilli le jour d'aussi mauvaise grâce.

— *Depuis la tempête de Noël 1999, très exactement*, glisse-t-elle à mon oreille intérieure d'un ton doucereux qui cache mal son contentement : elle a réussi à m'alerter.

Quelle encombrante alliée ! Non seulement elle m'oblige à me reconnaître plus mélancolique que je ne voudrais l'admettre, mais sa précision ramène sans ménagement ma conscience ensommeillée à l'atmosphère de désastre qui avait anesthésié la ville. Je me revois dans mon lit le surlendemain, recroquevillée contre un monde assez fou pour abîmer le ciel. J'avais mal aux arbres blessés. Là encore, j'aurais préféré dormir, mais je ne dormais plus. Je pensais aux parcs fermés, aux maisons privées d'électricité, au réveillon de l'an deux mille qui approchait et que je n'avais plus envie de passer avec Raphaèle.

Lentement, un lien se tisse dans ma tête cotonneuse. La crise qui nous tenait éloignées n'a-t-elle pas pris un tournant radical le jour où la tempête a ravagé la France ?

Cela faisait un an tout juste que notre amitié, vieille de trente ans, battait de l'aile. Les petites nouvelles, le temps qu'il faisait meublaient le devant de nos conversations. En cette période catastrophe, pour la première fois, l'indifférence altière qui auréolait son mal-être du moment m'a laissée de glace.

Panne de désir ? J'observais, étonnée, que je n'avais même plus celui d'analyser ni d'épiloguer. De toute façon, comprendre l'autre ne justifie en rien son comportement, et interpréter à sens unique est le meilleur moyen d'avoir toujours raison. J'avais peut-être simplement assez souffert de nos rires perdus, de nos discussions éteintes. Il ne me restait qu'une envie, celle d'oublier la folie du vent... et Raphaèle.

Vers midi, j'ai fini par admettre que la tempête, comme l'orage au cœur de notre amitié, avait déclenché en moi le vague à l'âme propre à la nostalgie de l'ailleurs dont je m'estimais pourtant guérie. Me forçant à regarder la réalité, j'ai ouvert les volets sur le grand trou qui éventrait la toiture du garage d'en face. La ville semblait paralysée, en attente. Comme s'il fallait trouver l'interrupteur sur lequel appuyer pour qu'elle reprenne sa course dans le bon sens. Balayant l'espace du regard, j'ai vu l'antenne de télé de l'immeuble dodeliner sur son fil. Quelques poubelles roulaient dans la cour. Peu de chose, au regard des dégâts subis en d'autres lieux.

Mais l'air de rien qui emplissait l'atmosphère m'a soudain frappée, tel un appel urgent à repenser l'avenir à la veille du passage à l'an 2000.

Dans l'après-midi, j'ai ressenti avec une violence intérieure irrationnelle la nécessité d'un net changement dans ma relation à Raphaèle. Sinon, me disait la petite voix, je risquais de foncer droit dans le mur de la répétition ou de m'enliser dans la résignation.

Trois jours avant le fatidique passage aux années deux mille, sans trop savoir ce que j'allais lui dire, je l'ai appelée. Comme à l'accoutumée, elle est restée parfaitement évasive sur son envie de partager ce réveillon symbolique avec moi, ainsi que nous l'avions évoqué.

— On verra à la dernière minute. Mais tu peux venir si tu veux.

Avec ce « si tu veux », elle a touché *mon* bouton d'arrêt !

Notre fonctionnement qui me maintenait depuis trop longtemps seule à la place du désirant s'est arrêté net.

C'était cela qui devait changer !

— *Tu accepterais l'éloignement qui risque d'en découler ?* a lancé à l'époque la petite voix comme l'annonce d'un passage difficile. Ah ! prendre refuge dans l'ailleurs pour ne plus l'entendre, avais-je alors pensé, regrettant de n'être pas plus sourde à ses commentaires.

Quand la vérité n'arrive pas à passer par la porte, elle se glisse par la fenêtre.

Comme autant de serpents séducteurs, les profits de mes échanges avec Raphaèle me sont apparus. Ils étaient trop nombreux pour que je ferme les yeux sur le manque à venir. J'avais beaucoup à perdre. Notre présent bancal est devenu un instant plus attrayant que l'avenir de notre relation. J'ai tenu bon, prenant le risque de laisser l'écart se creuser entre nous. Sur une dernière sinusoïde, fuites et compromissions ont glissé au loin. Et j'ai cru entendre des applaudissements. Qui la petite voix congratulait-elle : les tentateurs ou moi ?....

Ce matin, une certitude traverse mes brumes cérébrales : si la bourrasque qui a perturbé notre amitié ne produit pas de nouveaux comportements, elle n'aura pas plus d'effets positifs que la tempête de 1999 n'en a eus en matière d'écologie. Poser des actes à la suite d'une prise de conscience évite de retrouver le passé en guise de futur. Cette pensée achève de me réveiller.

Pourquoi ce retour en arrière, alors que depuis quelques semaines mes échanges téléphoniques avec Raphaèle ne laissent aucun doute sur son plaisir retrouvé de m'entendre ? Elle a d'ailleurs promis d'appeler aujourd'hui pour convenir d'une journée rien que pour nous, à refaire le monde entre thé et chocolats… comme avant. Cette perspective joyeuse rend d'autant plus étrange ma pesanteur matinale.

Il suffit souvent de bouger pour que les mauvais plis d'une jupe se fondent dans la souplesse naturelle du vêtement. Je ferais mieux de me lever.

Debout, je constate avec surprise l'ampleur de mon mal-être.

Hier, je me suis couchée en pleine forme. Ce matin, j'ai les yeux brûlants, les bronches oppressées... Signes habituels chez moi d'un rhume de cerveau. Cette fois, pas le moindre éternuement annonciateur, pas de nez bouché pour justifier cet état. Et si j'appelais R. ?

Ce cardiologue homéopathe que je consulte depuis près d'un an pour un petit problème d'hypertension est devenu un ami. Ne m'a t-il pas donné dernièrement son numéro de téléphone privé ? Il est là ! Prêt à partir pour son match de tennis.

— Début de bronchite. Si vous n'avez pas de fièvre, prenez une dose de *Ferrum phosphoricum* et rappelez-moi demain.

À la campagne, où me reçoivent des amis, je passe l'après-midi à observer ladite bronchite me monter à la tête. Centimètre après centimètre, la douleur gagne mon cerveau. Dans la nuit, mon crâne traversé d'une myriade d'épingles pèse sur mon front comme une chape enflammée. Je frôle l'évanouissement à chaque fois qu'une brûlante étreinte pince mes narines.

Le dimanche matin, j'accoste dans un univers incandescent à mettre au compte des symptômes classiques d'une crise aiguë de sinusite. C'est la quatrième de l'année. Excédée, je rappelle R. M'efforçant de garder mon calme, je me plains.

— Oui, c'est embêtant ! Vous avez fait une réaction violente à *Ferrum*. Je n'aurais pas dû vous donner ça. J'étais pressé et j'ai oublié que vous êtes un peu spéciale. Venez mardi soir au cabinet. Je termine à dix-neuf heures, je vous verrai après et nous regarderons cela sérieusement. Il est difficile de vous soigner comme il faut au téléphone. En attendant reposez-vous autant que vous le pouvez.

Me reposer ? Impossible. Je dois animer l'après-midi même un atelier d'étude sur les signes et leur interprétation, ce qu'on appelle « le langage des oiseaux », interlocuteurs familiers à saint François d'Assise. Je peux toujours m'allonger pour une heure ou deux.

La sonnerie du téléphone m'en empêche. C'est probablement Raphaële qui n'a pas appelé hier. Non ! Je suis déçue.

— Salut. Ça va ?

Ma sœur, Stéphy, vient aux nouvelles.

— Non. J'ai une terrible crise de sinusite. Depuis que je fais de l'hypertension, elles se succèdent. Il doit y avoir un lien entre les sinus et le cœur.

— Tu ferais mieux de demander à ton médecin un électrocardiogramme au lieu de chercher des symboles partout et de prendre de l'homéopathie.

— Mais il l'a déjà fait.

Je parle de l'électrocardiogramme. Je n'ose pas lui dire que j'ai pris une dose de *Ferrum* hier.

— Tout a l'air d'être en ordre côté physiologie. Mais il n'y a pas que l'organe. Ce n'est pas si délirant d'imaginer un lien entre des symptômes cardiaques et des histoires de cœur qui nous montent à la tête.

— Oh ! Toi, tu vas toujours chercher du sens partout. Ce n'est qu'une sinusite. Elle n'a rien à voir avec ta tension. Ça va passer.

Son ton crispé cache mal une inquiétude qu'elle exorcise, comme l'a toujours fait notre mère, par un bon sens militant. Trop fatiguée pour soutenir un bombardement d'affirmations élevées au rang de vérités universelles, je bats en retraite.

— Tu as raison. Je vois R. mardi soir. Tout ira bien.

Elle profite de ma reddition pour lancer une salve contre tous ces homéopathes, acupuncteurs, magnétiseurs, que je m'obstine à consulter au lieu de me faire soigner « normalement ».

Confirmation : elle est vraiment très inquiète !

Je lui rappelle que R. est un cardiologue patenté, un « vrai » médecin. Elle n'a pas à s'inquiéter.

À l'autre bout du fil, étonnée de polémiquer toute seule, Stéphy dépose les armes. D'une voix soudainement maternelle, elle exprime son souci de ma santé, non sans souligner, pour conclure, que je suis vraiment *trop* sensible.

Je ne relève pas, comme je l'aurais fait par le passé, ce « trop » qui mine sa phrase.

— Je te rappellerai. Je voudrais me reposer un peu avant mon atelier.

— Tu ne peux pas le remettre à plus tard ?

— Non. Annie, une élève de longue date, m'a appelée hier. Son patron a réussi à avancer son vol de Miami pour pouvoir y assister. Je ne peux vraiment pas annuler à la dernière minute. À mercredi.

Il ne me reste plus qu'à attendre, prostrée, la poussée d'adrénaline qui va me remettre sur pied. Ce réflexe de survivante fait partie de mon bagage génétique de première génération post holocauste. Je peux compter sur lui.

Le prince qui habite à Delphes ne parle pas,
ne cache pas,
il envoie des signes.

HÉRACLITE

À quatorze heures, maquillage aidant, j'ai l'air en pleine forme. Prête à reprendre les questions qui ont opposé, à l'issue d'une projection du film *Après la tempête* de Joële van Effenterre, les spectateurs parmi lesquels je me trouvais en même temps qu'un grand nombre de mes élèves,

— *Tu ne trouves pas amusant que ton atelier sur l'interprétation te ramène lui aussi à la tempête de Noël ?*

Le ton badin de la petite voix cache mal son plaisir de pointer la coïncidence. Deux ans plus tard, cette catastrophe ne semble pas avoir fini de délivrer son message. Ni sur le tournant qu'elle a initié dans mon existence, ni sur la gestion des phénomènes naturels qui dépend également de nos exégèses.

La terrible tourmente de Noël 1999, les milliers d'arbres arrachés : sonnette d'alarme divine ou fatalité météorologique ? Signe porteur ou hasard ? Le vent devenu fou l'était-il à la mesure des cycles météorologiques ou de la folie des humains ? Dieu communique-t-il avec ses créatures ? Notre inconscient constitue-t-il le substrat universel de ses transmissions ? Dieu, qui ?

Réponse unique ou interprétations multiples ?

Contre toute attente, ce dernier atelier de l'année a attiré une dizaine de nouveaux. Décidée à traiter mon malaise en même temps que mon sujet, j'attaque de front : la plus infime tentation d'interpréter un événement ne suppose-t-elle pas, d'emblée, la reconnaissance d'un monde invisible qui communique ? Avant même de s'interroger sur la validité d'un éventuel code de déchiffrage, ne convient-il pas d'admettre que parler de signes implique l'existence tacite d'un signataire ? Qui nous ferait signe, et pourquoi ?

En écho à ce prologue, un voluptueux accord de violoncelle surgit des coulisses de mon discours. Traversant mon cerveau fiévreux, les paroles de Brel se posent avec douceur sur la trame musicale.

À l'église où j'allais, on l'appelait le Bon Dieu. L'amoureux l'appelle l'amour, le mendiant la charité, le soleil l'appelle le jour et le brave homme la bonté.

Ces approchantes traductions des moments d'éternité où Dieu nous vient à l'idée suspendent le temps, tandis que mon argumentation poursuit sa logique. Lentement, le voile qui embrume l'accès à l'absolu se retire. Mes phrases continuent à s'enchaîner toutes seules, laissant ma conscience flotter entre deux mondes. La sensation est familière à mes envolées contemplatives mais là, en plein discours, la perception non fragmentée de la globalité, du « Tout », m'envahit malgré moi.

Comme l'amoureux qui se fond dans le regard de sa bien-aimée, je deviens « une » avec la totalité, l'essence de l'univers. J'entre dans un état second, celui des *réveils blancs* dont parle si bien Roland Barthes, où la conscience se promène en roue libre entre l'ombre et la lumière, dans un temple de pure pensée où les signes prennent sens. Me laisser flotter dans le silence du temps suspendu, de l'éternel présent, me tente un instant.

Les visages attentifs de mon public me tiennent attachée à la réalité. Il faut continuer à parler. Je lutte avec des vocables fuyants, propulsés par des éclairs de pensées que je n'ai pas le temps de comprendre. La cohérence de mon propos m'échappe. La sueur froide couvre mes bras, mon dos. Puis les mots s'habituent, se creusent pour accueillir les idées qui viennent. Je note que j'arrive à les exprimer sans les faire passer par ma moulinette intellectuelle. Au bout de trois heures qui dans mon ressenti n'ont pas duré plus de vingt minutes, j'arrive à rassembler tous mes fils en une conclusion cohérente. Au même moment, je perds la conscience du « Tout ». Il y a moi, il y a les autres. J'ai à nouveau mal à la tête et les yeux qui brûlent.

« C'était tellement clair... si intéressant... », dit le patron d'Annie, en s'approchant pour me saluer. « Vous êtes si rayonnante », ajoutent deux jeunes gens, enthousiastes. Le ton un peu blasé du « comme d'habitude » des anciens souligne plus encore leur étonnement.

Je reste sans voix. Que leur dire ? Sinon, merci. J'ai l'impression, grâce à eux, d'avoir gagné une habile victoire sur l'attraction du vide. Par amour pour mon public, par passion pour le questionnement, je n'ai pas lâché le fil de la raison malgré l'envie de me laisser emporter dans le courant d'informations qui s'offrait à moi. Le premier moment de panique passé, j'ai réussi à organiser dans une logique les inspirations qui m'arrivaient en cascades. J'ai gardé les pieds sur terre pendant que mes antennes cérébrales caressaient l'absolu. Hormis une petite pointe supplémentaire d'admiration, mes élèves ne semblent avoir rien noté d'insolite.

J'aimerais comprendre comment, pourquoi, où... Le brouhaha qui m'entoure m'empêche de m'interroger plus avant. D'autant que les symptômes ont repris le dessus. Mon mental n'arrive plus à suivre. Mon organisme n'est probablement pas encore assez solide pour cette collaboration entre l'esprit et l'intellect.

Sur le chemin du retour, l'idée d'unir le ressenti à l'entendement grâce à un instrument corporel affiné autant qu'affermi éclaire d'un sens nouveau le feu qui couve sous mon crâne. Servirait-il à nettoyer les canaux de transmission ? J'imagine le bonheur d'énoncer, de peindre, de transcrire les phrases, les tableaux, scénarios ou musiques qui passent à fleur de cerveau, sans déperdition.

La conversation de ce matin avec Stéphy me revient.

Ce qui doit l'agacer dans mon obstination à décrypter le moindre de mes bobos, c'est qu'elle la renvoie à son refus d'interroger ses migraines répétées, probablement aussi parlantes que mes sinusites. Mais ma sœur est trop intelligente pour ne pas savoir que l'absence d'interprétation est encore une prise de position. Plus philosophiquement, notre antagonisme reflète une dispute aussi vieille que le monde sur « le langage des oiseaux ».

D'un côté : ceux qui claironnent, au nom d'une rationalité laïque ou épicurienne, que l'inconscient est un fantasme freudien. De l'autre : ceux qui, confondant spiritualité et crédulité, accusent le mental de tous les maux.

Les premiers n'ont jamais de comptes personnels à rendre sur leurs choix. « Rien à dire. C'est la vie. » Les seconds coupent court au doute : « C'est comme ça puisque je le sens. »

Jusqu'à ce que je relie les affirmations tranchées de Stéphy au débat qu'elle mène, comme moi, contre le doute métaphysique, j'ai inutilement souffert de son mépris pour mes choix existentiels. Je suis contente d'avoir pu, ce matin, entendre sa préoccupation à mon sujet au lieu de réagir à ses sous-entendus critiques. Je souris en pensant que ma quête de sens a enfin cessé de progresser contre son bon sens. Il m'en aura fallu du temps pour libérer mon oreille du mal entendu. Le temps de comprendre que ma susceptibilité reflétait ma propre difficulté à combiner ce que je sentais, pensais et croyais. À faire des choix qui ne dépendent que d'interprétations subjectives, de vérités évolutives !

Maintenant, quoi qu'elle dise, j'assume sans réagir à son scepticisme que le corps parle. Au même titre que n'importe quelle manifestation de ce qu'on peut appeler l'inconscient, Dieu ou le hasard, le corps, expression densifiée de l'esprit, est textuel par essence. Un livre de chair qui s'écrit, jour après jour, dans la langue universelle des oiseaux, celle des signes d'un Invisible qui se manifeste.

Le soir, enfin allongée, je ne doute plus d'être face à un symptôme qui recèle un trésor au sein même de la résistance à la douleur qu'il exprime.

La douleur est l'aube qui sépare le sommeil de l'éveil.
Khalil Gibran

Le corps est bien l'instrument plus ou moins bien accordé de l'éveil spirituel. Encore faut-il que ses messages arrivent à notre oreille intérieure sans rencontrer l'obstacle d'un mal de tête ou d'un nez bouché. Comme une désagréable confirmation, la brûlure reprend de plus belle sous mes pommettes, me rappelant que le corps est aussi le lieu des somatisations propres aux gens qui ont du mal à dire. De guerre lasse, je finis par sombrer dans un sommeil agité.

Heureusement, comme dit Stéphy, ça n'est qu'une sinusite.

L'aube du lundi matin peine à me soustraire aux images de flammes en folie, résidus de danses vertigineuses. Ces foyers endiablés tissent un lien avec la réalité du calendrier. Nous sommes le 25 juin. La date clignote comme un signal d'alarme sur la route de ma mémoire. J'ai complètement oublié la Saint-Jean... le solstice d'été... C'était hier. Je ne l'ai même pas mentionné à l'atelier. Moi qui célèbre toujours les saisons comme des portails d'initiations naturelles. Fallait-il que je sois malade... OU que je veuille oublier... oublier quoi ? Un souvenir essaye d'émerger de la combustion nocturne...

Je serre les yeux plus fort. L'écran de ma conscience s'emplit d'un immense rien, au centre duquel un souvenir nauséeux confectionne dans un silence mortel une petite boîte rouge sang. Je regarde la boîte de l'air détaché avec lequel j'ai réussi, au bout de trente-deux semaines de ruptures et réconciliations, à éloigner Foster de mon existence.

Foster... Oh ! non. Pas lui ! Faut-il vraiment revenir sur cette affaire volontairement classée ?

La boîte s'anime. De petits fils velus en sortent. Ce n'est pas une boîte, mais une pelote bien tassée. Les boîtes de Pandore ne s'ouvrent pas, elles se dévident.

Dans mon cerveau enflammé, le lien avec le 24 juin vient tout seul. N'avions-nous pas choisi... ou plutôt n'avais-je pas, moi, imposé à l'acquiescement passif de Foster le solstice d'été 1992 pour notre première nuit ?

Cette date emblématique serait, lui avais-je déclaré en souriant aux anges, notre manière de dire à l'univers que nous étions conscients du caractère sacré de notre union. Elle appellerait une bénédiction cosmique sur notre désir.

Le temps de faire les comptes avec cette période de ma vie semble venu. Il a l'air pressé le temps, comme s'il lui fallait être à l'heure d'un invisible programme.

J'ai souvent observé que les chiffres, comme tout autre signe, n'attendent pas notre accord pour être signifiants. Dix, chiffre symbolique de complétude, marque souvent une transition qui offre, en année onze, l'énergie du renouvellement. Ce passage semble constituer pour beaucoup une fin de cycle, une échéance d'ordre initiatique, au sens littéral du terme : un commencement potentiel, porteur de renouveau.

Foster... Du fond de ma torpeur, je remonte les années. Je l'ai rencontré en 1992. Nous sommes en 2001. Neuf ans... L'horloge cosmique est en avance. Et si je négociais ? J'ai encore un an pour oublier, et puis j'ai mal à la tête. Je ne veux penser à rien. Mais la petite voix ne l'entend pas de cette oreille.

— *Du point de vue de l'éternité, que représentent quelques mois, susurre-t-elle d'un ton moqueur. Par ailleurs, si tu comptais mieux, tu te rendrais compte qu'après dix ans de renoncement, tu as déclaré ton intention de t'ouvrir à nouveau à la relation amoureuse le jour de l'équinoxe d'automne 1991... ce qui fait dix ans.*

Effectivement ! Je devais être ivre ce jour-là. C'était peut-être déjà une erreur de jouer les aventurières du Far West après m'être cloîtrée quatre ans dans un ashram et d'émigrer, un matin de janvier 1986, avec ma sœur et sa famille, vers les hivers canadiens ! Mais de là à revenir au couple…

La tentation de me rendormir me reprend, mais la fuite vers l'ailleurs n'est plus une option.

— *Pourquoi ne pas te retourner sur le chemin qui t'a menée de l'Inde au Nouveau Monde ?*

Revenir sur ce passé ? Il a l'air bien intégré. Tout va bien.

— *Et pourtant cela fait presque dix mois que tu accuses un nez vaguement bouché et des sinus enflammés, n'est-ce pas ?*

— C'étaient les doses que me donnait R., mon cardio, pour nettoyer mon foie.

— *L'organe empoisonné par l'énergie-colère pour la médecine chinoise, comme tu le sais très bien.*

— Ben oui je le sais.

Mon ton agacé cache mal mon malaise. R. ne se reconnaît-il pas lui-même dans la description que je lui ai faite de l'incorrigible passif-agressif qu'était mon amoureux canadien ? Je croyais avoir classé Foster aux archives de ma mémoire. Vaguement inquiète, je me dis qu'un retour sur images m'aiderait sûrement à faire le point. À voir où j'en suis aujourd'hui avec les passifs-agressifs, ces angoissés de l'engagement, ces spécialistes des amours impossibles que j'ai attirés tout comme le miel allèche les abeilles… et les guêpes.

— *Quand on ne peut pas aller de l'avant, on peut toujours revenir en arrière. Cela s'appelle reculer pour mieux sauter. Une bonne récapitulation permet de contourner une résistance, d'accompagner le tournant qu'elle signale.*

En réponse à mon silence dubitatif, la voix reprend sur le ton narquois de celui qui sent la victoire proche.

— *À part ça, tu vas mieux que jamais depuis un an… Remarque, les flambées de sinusite provoquées par les doses homéopathiques du Dr R. ont sûrement contribué à épurer tes vieilles colères contre les passifs-agressifs. Du coup, tu es peut-être prête à intégrer sereinement ton histoire d'amour avec Foster. Si tu ne le fais pas, la suite ne pourra s'extraire de la spirale des répétitions.*

— Oh ! ça va. Inutile d'en rajouter. Je ne me suis simplement pas encore posé la question en ces termes. Pourquoi tant de hâte ? Il y a le feu quelque part ? Qu'a-t-elle de spécial cette Saint-Jean pour me bousculer comme ça ?

— *Chacun possède ses cycles personnels, mais dans le programme cosmique, il y a aussi des tournants pour l'humanité, des opportunités universelles de renouveau. Au solstice de cette année 2001, les initiations d'été ont commencé.*

— Et elles initieraient à quoi ?

— *À LA JOIE. Mais on peut toujours réintégrer le calendrier des saisons par la suite. Tu n'es pas obligée de le faire à l'heure juste du temps.*

Trop tard ! Ma curiosité est touchée. C'est donc la bonne heure pour l'impatiente que je suis.

— Quoi qu'il en soit, je ne vois pas le rapport entre Foster et la joie. Ma joie de vivre va plutôt mieux depuis que cette romance a failli me l'ôter à jamais.

— *Justement. En comprenant mieux le parcours qui t'a conduite de l'Inde au Canada, tu verras la petite part mortifère qui arrive encore à ranimer chez toi un brin de nostalgie de l'ailleurs. Faut-il que je te rappelle les liens énergétiques existant entre la sinusite et la colère rentrée... quelqu'un qu'on a dans le nez ou quelque chose qu'on ne peut pas sentir. Que crains-tu ? Courage ! Il faut savoir traverser la terreur pour trouver la joie.*

Terreur ! Comment appeler autrement cette anxiété qui me serre la poitrine ?

— *Ce n'est pas en ignorant Foster que tu désamorceras la violence de ta colère. Rappelle-toi, « seul ce qui est délié sur la terre sera délié au ciel »...*

Lier, anagramme de lire. Paradoxe de la lecture des signes qui donne un sens aux événements, en reliant les faits et les indices éparpillés dans le champ de la conscience. Livre, livrer, se libérer… par la RÉCAPITULATION d'un chapitre de son passé.

Cette pratique bien connue des chamans, des guérisseurs, dans toutes les traditions spirituelles permet certes aux rouages fabriqués par nos rationalisations de se décomposer d'eux-mêmes dans la pensée contemplative, non mentalisée et sans jugement. Mais cet exercice prend du temps et pas mal de substance nerveuse. Je suis trop fatiguée pour m'y mettre. Surtout s'il faut revenir sur dix ans !

Tant que les racines sont là, l'arbre repousse.
Yi King

Je soupire. Comme si je ne savais pas que les romances inachevées, les vieux schémas, les blessures mal refermées laissent une racine vivace au fond de notre terre.

Il vaut sûrement la peine de forcer mes réticences, de revoir le trajet qui, après dix années de vie chaste en tant que moniale dans la tradition hindoue, m'a conduite de l'Inde au Canada, jusque dans les bras de Foster. J'en finirai peut-être avec ces sacrées sinusites… et mon hypertension. Par ailleurs, cela me déplairait beaucoup que le millénaire soit nouveau sans moi.

Je n'ai rien d'urgent à faire. Pas de rendez-vous. Les rangements et les courses prévus au programme d'aujourd'hui peuvent attendre.

D'accord donc pour m'embarquer en ce lendemain du solstice d'été 2001 dans l'odyssée de la récapitulation, un exercice du pouvoir du Rêve et de la mémoire, qui amène « la trame du songe et la chaîne du savoir à coïncider » laissant apparaître les motifs clandestins du sens d'une vie.

L'oubli est la racine de l'exil.
Se souvenir est la source de la libération.
Baal Chem Tov

Si l'homme parfois ne fermait pas souverainement les yeux, il finirait pas ne plus voir ce qui vaut d'être regardé.

René CHAR

Mes muscles se détendent, flirtent un instant avec l'assoupissement. Comme un rappel d'âme, une profonde inspiration me ramène à l'ici et maintenant. Les yeux fermés sur l'infini de la mémoire, j'offre l'écran de ma perception intérieure aux images, aux sensations, aux réminiscences et informations prêtes à émerger de mon subconscient. Dans une tête lourde de présences impalpables, les parallèles entre passé, présent, futur se frôlent. Le monde du Songe en émerge : espace continu entre deux pensées, le champ infini de tous les possibles qu'évoquent les astrophysiciens.

Mon écran mental s'imbibe doucement d'une couleur safran, reflet de l'ancestrale sagesse orientale. Lentement, les contours s'offrent avec une précision accrue à ma conscience.

Je me revois sur les berges du Gange. Son eau semble dormante, insinuante et trompeuse, comme une soie tendue sur un parterre de souvenirs. Tant de cendres gisent pour l'éternité dans ses flots.

J'émerge des eaux. Mon calendrier intérieur indique février, 14, année 1982. La Saint-Valentin. Ce jour-là, j'endosse la robe orange de moniale.

Ébranlée par la puissance de mon baptême dans le fleuve de feu, je cherche un havre pour ancrer le vertige mystique qui m'étourdit. Je décide de m'asseoir pour quelques instants sur le rocher de Sivananda, quelques mètres plus loin.

Là, soudain pulvérisées par la grâce qui tombe toujours à l'improviste, les frontières du moi ont implosé. Je me suis fondue dans le Tout, je n'ai plus fait qu'un avec la globalité de l'être. Temps et espace avaient disparu. Ce flamboyant moment de fusion avec l'énergie-lumière, la Vie à l'état pur, a éveillé en moi le désir d'y rester toujours.

Pourquoi l'existence ? Au cœur de la clarté qui s'étalait, sans qu'aucune ombre ne puisse calmer mon aveuglement d'éblouie, la question a déchiré le tissu de lumière. Elle a distillé le poison du doute à travers l'accroc, me repoussant vers les rives escarpées de la réalité. Quel amour humain pourrait, ici-bas, rivaliser avec cette sensuelle substance lisse de l'absolument Tout, la trace du divin non manifesté ? L'humanité valait-elle la chute en incarnation, la dissémination du Tout ?

Pourquoi l'existence ? Depuis ce moment d'illumination, comme une cicatrice mal fermée, la question, lourde de nostalgie, m'a souvent assaillie. Elle m'a plus d'une fois donné envie de m'abandonner au sentiment océanique, au resplendissant silence de l'éternel présent, plutôt que de me réjouir du jour. Longtemps, la tentation de m'établir, éveillée, dans la pure transcendance, m'est revenue comme l'appel envoûtant des sirènes. Après tout, plonger, se fondre dans le grand bleu cosmique, n'est-ce pas là l'enjeu d'une vie dite spirituelle ? Le nirvana pour le yogi, le satori pour le bouddhiste, la béatitude pour le saint, pour tous, l'existence vraie libérée de l'illusion, de la maya et de ses humaines souffrances. La tradition védantique l'affirme, ainsi que le poète de *L'Ébauche du serpent* qui dénonce le jour, pâle reflet de la lumière primordiale.

Soleil, soleil faute éclatante
Toi qui masques la mort,
Soleil, /... / Toi le plus fier de mes complices
Et de mes pièges le plus haut
Tu gardes les cœurs de connaître
Que l'univers n'est qu'un défaut
Dans la pureté du non-être.
Paul Valéry

« Aruna ! » L'écran du Songe, orange comme le Gange, palpite à l'appel de mes compagnons impatients de retrouver le swami V., notre guide spirituel, notre maître indien. Arrachée à la lumière, je sursaute. Une tristesse infinie me tombe dessus. Seule l'idée de rejoindre le swami adoucit l'arrachement à mon rocher. L'état nirvanique qui, un court instant, a gommé en moi toute opposition, toute contradiction, résiste mal à la présence des autres. J'ai l'impression auprès d'eux de plonger dans un monde factice, dissonant.

Pendant un moment les paroles ressemblèrent à un insupportable bruit... puis les mots, doucement, reprirent leur cohérence. La présence de mon guru me consola du cruel retour à la normalité. Il restait le relais de cet ailleurs dont je revenais, un peu déçue par la brièveté de mon nirvana. Il allait sans aucun doute m'y ramener. D'ailleurs j'allais bientôt rencontrer Mâ Anandamayi, une des grandes saintes de l'Inde.

Cette perspective contribuait, elle aussi, à tempérer mon amertume. L'échantillon d'unité était en moi, et j'étais bien convaincue que Mâ en démultiplierait les effets. Peut-être sa shakti, la puissance de son énergie, parviendrait-elle à m'établir définitivement dans la béatitude nirvanique que je venais de perdre après l'avoir à peine effleurée.

Nous habitions le Sivananda Ashram de Rishikesh qui se trouvait à une quinzaine de kilomètres de Hardwar, le village où était situé l'ashram de Mâ Anandamayi. Mes codisciples et moi-même guettions son retour.

« On ne sait pas exactement quand, nous disait-on, mais sûrement dans la semaine. »

Nous appelions tous les jours, nous réjouissant à l'avance de recevoir son darshan, la bénédiction de sa présence. Ce serait encore plus signifiant maintenant que nous étions swamis. Le lendemain, on nous fit savoir que Mâ arrivait dans quatre jours, un jeudi. Oui, nous pouvions venir ce jour-là. Nous serions annoncées comme les disciples du swami V. nouvellement ordonnées, ajouta à l'autre bout du fil la voix avenante, prometteuse d'un contact privilégié avec Mâ.

« Je vais au kutir – le petit appartement du swami –, dis-je à mes co-disciples, pour voir avec lui la date de départ pour New Delhi. Dans dix jours, nous prenons l'avion pour Paris avec lui et Richard, il est temps de réserver les billets. »

Deux mois plus tôt, j'étais arrivée dans cette capitale du nord de l'Inde, accompagnée de Richard, mon amoureux. Notre couple se trouvait dans une impasse.

Richard désirant se marier et fonder une famille, et moi plus encline à poursuivre mon parcours spirituel sans enfants. Nous nous en remettions à la direction du swami pour nous orienter. Il nous avait proposé de poursuivre ensemble la route orangée du sacerdoce. J'avais opté pour la robe tandis que Richard, baptisé Visanka quelques jours plus tôt, avait choisi la voie de la paternité... sans moi.

Tout cela me semblait déjà aussi loin que l'éternité.

Surexcitée par la perspective de la rencontre tant attendue avec Mâ, j'en oubliai notre amour en suspens. Je dansais sur les bosses et les creux du chemin raviné qui menait au kutir. J'arrivai un peu haletante et démarrai mon explication sur un souffle enthousiaste : « Jeudi, nous voudrions aller à Hardwar... » Le swami m'interrompit aussitôt.

— J'aimerais que tu prennes des billets de train pour mercredi. Que tu téléphones à mesdames Unetelle et Unetelle pour prévenir de notre arrivée et organiser l'hébergement. Visanka et toi chez l'une, Surya, Anya et moi chez l'autre. J'ai des choses à faire à New Delhi et des gens à voir, ajouta-t-il d'une voix plate.

Je m'étouffai sur un vide qui me resta collé au gosier.

« Des premières classes », conclut-il avant de se replonger dans la lecture de son courrier. Son texte ne laissait pas le moindre espace pour un point d'interrogation. Je connaissais trop bien mon guru pour ne pas entendre que quelque chose d'essentiel se disait dans son silence.

« Entendu », c'est tout ce qu'il y avait à répondre.

Attendant de saisir le sens qui se profilait dans le non-dit, je ruminai et grognai tout en faisant les réservations. « Oui, des premières, en couchette. Merci. »

À l'arrêt du train à Hardwar, Anya, Surya et moi échangeâmes un regard résigné. Le swami bavardait gaiement de tout et de rien, tandis que nous nous préparions à la nuit sur les dures banquettes des premières classes. Qu'est-ce qu'on allait bien faire pendant une semaine à New Delhi ?

La perspective de passer sept jours dans cette ville grouillante d'humains, de singes, de vaches, de scooters et de poussière, sous le même toit que Richard, n'avait rien d'enchanteur. Le swami nous présenta à notre hôtesse comme un couple, confirmant tranquillement que la seule chambre à un lit qu'elle avait à nous offrir ferait parfaitement l'affaire. Espérait-il un ultime revirement de Richard ? Pour l'heure, au vu de la tête ulcérée de la dame en sari, il était clair que cela n'arrangeait en rien mon image de swami. Son regard, lourd d'outrage contenu, disait le mépris qu'elle portait à ces Occidentaux, peut-être même plus aux Occidentales, qui galvaudent les vœux sacrés du célibat. Elle pouvait se rassurer… Richard et moi nous nous parlions à peine depuis la Saint-Valentin. Dialoguer aurait mis en évidence la rupture qui se tramait dans les coulisses de nos choix divergents.

Le désir qui fait danser les sens autant que les cœurs, s'éteint devant les silences pleins de ressentiments. Cela notre hôtesse ne pouvait le deviner, encore moins se représenter, dans sa sainte pudeur, l'épreuve que constituait cette semaine auprès d'un homme enfermé en lui-même, que j'aimais probablement encore.

Le swami attendit deux jours avant de nous réunir auprès de lui.

Assis à ses pieds, sirotant le tchaï, le thé au lait épicé à l'indienne, nous flottions dans une ambiance qui prenait doucement de la hauteur. La vibration s'intensifiait comme à chaque fois qu'il nous accueillait ainsi dans sa spirituelle intimité. Son silence, particulièrement doux et hospitalier cette après-midi-là, invitait à la parole vraie. Nous hésitions, soucieux de ne pas rompre la magie du non-manifesté. La frustration du rendez-vous manqué avec Mâ troubla bientôt ma paix intérieure. Le regard du swami croisa, interrogateur, le mien. C'était le bon moment.

— Pourquoi t'es-tu arrangé pour que nous ne puissions pas voir Mâ ? Rien d'urgent ne nous attendait à Delhi.

Un sourire amical, légèrement moqueur, souligna le plaisir qu'il éprouvait à me voir l'interroger. Il était loin le temps où, paralysée par l'admiration, je n'osais l'affronter.

Au début de notre rencontre, onze ans plus tôt, emberlificotée dans les projections parentales et moult clichés de respect et de dévotion, je l'avais, comme tout néophyte zélé, habillé d'imaginaire. À force de me raconter des histoires sur sa grandeur, j'avais perdu de vue que seul mon manque d'estime de moi-même m'empêchait d'être pour lui un véritable interlocuteur.

J'étais enfin capable d'honorer le guide spirituel qu'il était, sans me gommer moi-même. Je ne ratais plus une occasion d'éclairer les ombres de cette relation hiérarchique particulière de maître à disciple. J'avais déjà remarqué que plus je m'éloignais du rôle de dévot sans consistance, à l'acquiescement aveugle et muet, plus mon guru se laissait approcher et répondait sans détour à mes requêtes. Sa voix exprimait alors, comme en cet instant, son humanité autant que sa sagesse.

« Lorsqu'ils se trouvent en présence de ceux qu'on appelle des réalisés vivants, des éveillés, des saints, certains êtres peuvent replonger dans un ancien état de béatitude et ne plus vouloir en sortir. Au nom du passé ils perdent alors leur futur, n'accomplissant pas la tâche qui leur incombe dans leur incarnation actuelle. »

Son regard appuyé et les larmes qui commençaient à me monter aux yeux laissaient entendre que j'appartenais à cette catégorie. Nimbée du sublime qui coulait dans mes veines depuis quelques jours, je n'avais effectivement déjà plus envie d'autre chose que de m'établir définitivement dans le nirvana.

En guise de confirmation, le swami ajouta : « Ensuite, tu n'aurais plus voulu revenir dans le monde pour y faire ton travail ».

Quel travail ? Je n'en avais aucune idée mais je comprenais mieux pourquoi, alors qu'il envoyait souvent Surya et Anya auprès de Baba Muktananda, un autre grand éveillé de ce temps, il s'était toujours arrangé, comme avec Mâ, pour que je ne le rencontre jamais. Il fallait prendre acte : mon tempérament mystique augmentait considérablement mes chances de succomber aux charmes étales de la conscience non duelle qui ouvre au Tout. Le petit coup de pouce produit par la shakti, l'énergie spirituelle de ces êtres établis dans la transcendance, aurait probablement dilué dans l'essentiel mon amour pour le monde et les hommes. Je serais restée en Inde… Peut-être en serais-je revenue swami vedantiste, détachée de tout comme de rien, rayonnante par principe et vertueuse par accoutumance.

Face à cette vision désincarnée de mon avenir, je sus en ce moment d'émotion qui touche au vrai que mon voyage en Inde ne constituait qu'une étape d'accomplissement du passé, et non un commencement. Mes velléités de révolte se retournèrent aussitôt en gratitude : combien de temps m'aurait-il fallu pour le découvrir par moi-même ?

Dix-neuf ans plus tard, est-il possible que je tienne encore rigueur à mon guide spirituel de la période chaotique qui suivit ? Dix-neuf ans ! Les cycles se dérouleraient-ils sur plusieurs spirales... celle de la dizaine, vingtaine ou plus ?

Aurais-je alors refoulé un désir de devenir une grande mystique en route vers la sainteté ? Tout en moi répond fermement par la négative. Quel soulagement ! Pour le moins, ma récapitulation confirme que l'intuition qui me fit alors admettre que la voie nirvanique me menait à reconduire le passé, comme le suggérait le swami, était juste.

Elle avait sans doute été propice à mon évolution dans une époque lointaine. Mais m'y établir au XXe siècle n'aurait fait qu'amplifier ma nostalgie de l'ailleurs.

Pour lui tordre définitivement le cou, j'avais héroïquement décidé en arrivant au Canada en janvier 86, de suspendre mes méditations. Le sevrage mystique que je m'étais imposé est peut-être à présent accompli. Mais avant qu'un nouveau cycle ne commence, il me faut aujourd'hui trouver une place pour l'Inde et sa tradition non dualiste dans mon cœur de femme moderne. Sous quelle nouvelle forme pourrai-je reprendre contact avec l'énergie-lumière dans mon prochain cycle ?

Respirer... lentement... profondément, pour ne pas laisser mon mental s'emballer sur cette question. Ne pas projeter, extrapoler, prévoir. Laisser le renouveau spirituel émerger naturellement du chemin accompli.

— *Pas sans Richard et Foster,* souligne la petite voix comme pour s'assurer que la perspective philosophique de cette récapitulation ne me fera pas oublier l'enjeu amoureux du processus.

Le lien qu'elle établit entre ces deux derniers hommes de ma vie, soulignant ostensiblement la conjonction de coordination, me frappe de plein fouet.

— *Toujours en deux temps, les passages initiatiques,* reprend-elle en guise de confirmation.

— Oui, oui, ça va. Je sais.

Aurais-je transféré un inaccompli de Richard chez Foster ? Si je reviens au premier, arriverai-je à laisser mon amant canadien sortir des oubliettes ? Tant que je le repousserai dans le dépotoir du refoulé, il fera barrage à plus de joie.

— *Peut-être même à l'amour d'un homme.*

Impitoyable... elle est impitoyable. Mais ne sais-je pas moi aussi que la paix du cœur et les plaisirs amoureux ne peuvent revenir tant que ce fantôme canadien erre sans trouver sa place dans mon itinéraire ?

Courage, revenons à Richard !

Soutenue par quelques respirations, ce n'est pas sans appréhension que je vois le film remonter le temps, jusqu'à ce salon aux tentures colorées à New Delhi, aussitôt après les révélations du swami V.

Sirotant mon tchaï resservi pour la troisième fois, je me demandais où pouvait mener mon chemin spirituel, en dehors de la voie nirvanique.

L'œil moqueur du swami laissait supposer qu'il en avait une idée. Nous avait-il installés, Richard et moi, dans la même chambre, chez une de ses dévotes, en vue de provoquer la déstabilisation qui pousse aux prises de conscience ? Cherchait-il à me dire que ma robe orange n'empêchait pas une relation de couple avec Richard ?

Le trouble provoqué par l'intimité naturelle qui nous liait Richard et moi avait, de fait, ébranlé ma chaste paix. Rien ne semblait plus artificiel à mon corps que la distance qui nous tenait séparés dans le même lit. En même temps, je n'arrivais pas à imaginer l'accomplissement spirituel en dehors du nirvana, la fusion au Tout. Au mieux, il me restait l'amour universel, un sentiment identique pour tous, mais comment ce « même » pourrait-il donner deux, « un » plus « un », me demandais-je, contrariée de n'être pas meilleure mathématicienne. J'avais beau tourner un et deux dans tous les sens pour tenter de trouver une cohérence dans l'arithmétique de l'impossible, je ne voyais pas comment résoudre l'équation relationnelle qui permettrait d'arriver au deux sans perdre le contact avec l'éternité.

Du miroir offert par le swami n'émergeait qu'une certitude : un acquis, aussi lumineux soit-il, qui n'était pas suivi d'un point d'interrogation, risquait de conduire à la stagnation. Sur la route spirituelle il s'agissait, certes, d'éveiller sa conscience d'unité, de retrouver sa dimension d'être, mais en gardant toujours le flambeau d'un « peut-être » pour éclairer la suite du voyage.

Sur le chemin du retour, marchant au côté d'un Richard boudeur et silencieux par les rues engorgées de monde qui nous ramenaient chez notre hôtesse, je ruminai de nombreux « peut-être ».

Le regard en coin, je cherchai l'interlocuteur enthousiaste qu'il avait été pendant deux ans, dans la commune guérison de nos enfances blessées. Mais, fasciné par le drame en cours, Richard en oubliait d'envisager les multiples avenirs qu'offre une croisée de chemins. Il se regardait devenir malheureux.

Je m'allongeais à côté de lui, dans un lit saturé d'inquiétude. Bravant les non-dits électriques qui, depuis mon initiation à la robe orange, meublaient le silence de bon ton établi entre lui et moi, j'entamai timidement un dialogue bientôt réduit à des questions sans réponse.

Comment vivre notre unité intérieure sans nous éloigner l'un de l'autre ? Comment vivre l'amour humain sans perdre le goût du sacré ? Comment éprouver les délices de l'absolu sur terre ? Cela devait être possible. La perspective d'une troisième voie remettait en question la décision de Richard de me quitter, autant que le rail tout tracé du sacerdoce spirituel que je venais d'embrasser.

Mes interrogations, mes propositions d'envisager une suite à notre histoire d'amour, butaient contre ses grognements plaintifs. Il avait sommeil, finit-il par dire, en se retournant contre le mur, me laissant les yeux grands ouverts dans le noir.

Il y a d'infinies demeures dans les éthers quantiques de l'univers. Aligné aux longueurs d'onde de la rupture, le Songe tourne facilement au cauchemar.

À si longue distance, derrière mes paupières toujours closes, je retrouve intact le malaise glacé de cette nuit à New Delhi, au cours de laquelle la paix de l'Un autant que la douceur de l'autre se déformèrent dans les méandres tourmentés du désamour.

Mon corps se souvient de ces heures sèches, interminables où, sur fond d'insomnie, j'ai eu le temps, en guise de moutons, de compter les morceaux brisés de ma belle passion pour Richard.

Aussitôt, je sens le feu de mes sinus s'amplifier. Combien de nuits ai-je passées, au Canada, par la suite, à faire les comptes du malheur, auprès d'un Foster endormi ? Comment ai-je pu me laisser attirer par les charmes néfastes d'un taiseux ? Avec lui, la colère a vite pris le pas sur la tristesse. Ne venait-elle pas, en grande partie, de ce que je m'en voulais de rester ? Du temps de Richard, j'avais au moins l'excuse d'assister pour la première fois à la victoire de l'insensé sur la bonne volonté. Je n'en étais jamais arrivée là avec mes amoureux précédents. J'étais toujours partie avant que leurs silences épuisent mon acharnement à espérer.

Au bout de longues heures noires, j'avais fini par m'endormir au côté de Richard, le cœur griffé par les fragments de l'amour éclaté. L'aube me trouva légèrement décalée par rapport à mon sentiment d'unité avec le Tout, et complètement bannie du bonheur d'être unique pour quelqu'un.

De l'illumination à la confusion ! La douche écossaise me laissait abasourdie. Égarée entre une sérénité nirvanique ébranlée et un havre amoureux perdu, je regrettais déjà la voie de la non-dualité, le refuge de la transcendance.

En fin de matinée, Anya et Surya téléphonèrent. Elles avaient des cadeaux à acheter et partaient pour le centre-ville. Voulions-nous nous joindre à elles ? Oui, oui, cent fois oui, tout, même la fourmilière humaine, plutôt que de rester en tête à tête avec le mutisme de Richard.

Sur la toile du Songe, le mouvement s'accélère.

L'écran s'allume des mille nuances multicolores de saris et d'étals bondés. La journée passée à errer dans les rues étroites, harcelés par des vendeurs habiles qui réussissaient à grossir nos bagages de dernières emplettes inutiles, revient tout entière.

La surprise pour Surya et moi qui arborions nos robes oranges, fut d'entendre les marchands changer de ton lorsqu'ils s'apercevaient que nous étions swamis. C'était bien nous que saluaient avec déférence les passants. Certains se courbaient pour toucher un pan de notre sari, en attente d'une bénédiction. *Namasté, namasté*... Je courbais la tête, mains jointes, espérant du fond du cœur que ce rituel ne fût pas une gigantesque blague. Les démons de l'ironie n'avaient pas tous été emportés avec mon passé, dans le Gange. Ils réveillaient de vieux réflexes d'autodérision : et si le ciel, le swami n'avaient pas encore démasqué l'imposture ! Cette presque gamine de 35 ans, à peine sortie de ses frasques amoureuses, tout juste réconciliée avec Dieu, n'avait rien de la sainte bienheureuse, du sage vénérable à qui s'adressaient ces gestes révérencieux. Pourtant, malgré la voix perfide qui distillait, au travers de propos dépréciateurs, le fiel du doute de soi, il arriva qu'au détour du regard fatigué d'un vieillard, de celui, confiant, d'une femme portant un enfant sur les bras, une vague d'amour fou, inespéré, m'envahisse jusqu'aux larmes.

La force de la lignée des swamis, du pouvoir de la prêtrise, à laquelle je venais de me lier, coulait, agissait. Avait-elle, à mon insu, éveillé dans mon cœur une dimension sacerdotale de l'amour qui permettait de transcender l'ordinaire au cœur même de la cohue et de ses tumultes ? Était-ce la compétence à porter la puissance sacrée de la vie, qui rassemblait les parcelles de lumière de l'amour éclaté, dans des moments d'infini bonheur ? Éveiller alentour le souvenir de la souveraineté qui dort en tout être humain : était-ce là que se trouvait le pouvoir de bénir qui fait dire de la présence de quelqu'un qu'elle est une bénédiction pour son entourage ?

Je constatais en tout cas que mes sourires de moniale libéraient en moi des effluves d'amour. Face au monde, attendrie par les visages d'inconnus qui accrochaient, tels des ex-voto, leurs regards à ma robe orange, elles ne montaient pas à ma tête, comme pendant mes méditations, mais dilataient mon cœur.

Ce déplacement de mon énergie spirituelle, habituellement concentrée dans la région du troisième œil, ou au sommet du crâne, m'indiquait-il le secret qui lie chaleur et lumière ? L'ouverture du chakra cardiaque constituait-elle la clé d'une approche qui permettrait de rester sujet souverain dans le face-à-face humain avec autrui ? À l'époque, imbue de pure métaphysique, je ne m'attardai pas sur la guérison du cœur qu'elle implique.

Je trouvai plus fascinant de comprendre ce que devenait la relation guru-disciple, lorsque le disciple se sent devenu lui-même porteur d'un rayonnement capable de sanctifier la matière, de réchauffer son prochain. Je passai l'après-midi à observer mon nouvel impact sur les passants. Surprise par l'allégresse découlant de ce partage d'amour, doux et léger, avec des inconnus, qui me permettait d'entrevoir l'âme de l'humanité, émue par la sensation de leur transmettre une céleste bénédiction qui allégeait notre commun fardeau de l'existence, je commençai à voir sous un jour moins effrayant le sacrifice de l'extase mystique que semblait impliquer mon retour au monde. En fin de journée, la joie entrevue dans les artères encombrées de Delhi me le rendait même attrayant. *Après Tout*, on pouvait peut-être s'approcher des humains sans perdre le sens du sacré.

Deux mois plus tôt la saleté, la misère et la foule n'avaient provoqué en moi qu'angoisse et retrait. Et là, la possibilité d'être approchée, d'aborder un inconnu dans une dignité volée aux étoiles, me dévoilait son *visage*. En accueillant l'étranger sans peur, sans recul, Dieu ne me venait plus à l'esprit, mais droit au cœur et à son infini d'amour. Comme lorsque, petite, je regardais ma mère, la tête couverte d'un fichu de dentelle blanche, allumer les bougies de Shabbat, ou que je me perdais dans les yeux de mon saint grand-oncle, suspendu dans son cadre photographique. Comme lorsque le regard du swami me renvoyait mon propre *visage*. Moments glorieux où le divin s'éprouve à partir de soi-même, que seuls peuvent susciter les êtres investis de leur pouvoir de bénédiction.

Ici, je comprends ce que l'on appelle gloire :
le droit d'aimer sans mesure.
Albert Camus

Fendant la foule de Delhi, peut-être portais-je enfin, sous les plis de ma robe orange, un peu de cette gloire en moi.

Dans les jours qui suivirent, je découvris l'ampleur du pouvoir de la bénédiction, comme un enfant émerveillé déballe un jouet magique. Grâce à lui, je garderais en moi un lien avec l'absolu en tout lieu, même à Paris. C'est ce que je me répétais pour me rassurer tout en essayant, la veille du départ, de caser mes achats dans une valise déjà bondée. Dans ce cas, mon retour en Occident ne serait pas aussi menaçant pour ma ferveur intérieure que je ne l'avais craint durant les dernières nuits glaciales passées auprès de Richard.

J'étais néanmoins sous le choc de ce voyage en Inde. À l'aller, il m'avait conduite au Tout. Au retour, il m'amenait à remettre en question le nirvana comme but ultime du chemin spirituel. Ma vie de moniale s'annonçait peu orthodoxe, et déjà confuse.

Au cadran du Songe sonne l'heure d'affronter Paris en robe orange.

J'emportai dans mes bagages un baluchon de signes en attente de sens, plus lourd que les dix kilos de surcharge accumulés par les derniers petits achats. Le swami nous accompagnait, Richard et moi, à Paris. Il voulait marquer de sa présence l'inauguration d'un ashram en France. Il allait y rester près de deux mois. En sa compagnie éclairante, ma confusion s'évanouirait sans doute.

À l'aéroport de Delhi, je savourai avec émotion de me voir associée à lui dans l'accueil respectueux que nos robes orange provoquaient chez le personnel d'Air India. On nous attribua les meilleures places. Dans l'avion, installée entre lui et Richard, comme entre deux amours irréconciliables, je constatai avec dépit que mon cœur, comme par le passé, s'arrêtait de battre à chaque trou d'air. La panique, incontrôlable, insolente, n'avait cure de mon récent statut de prêtresse.

Amère surprise ! La félicité conquise dans les rues de Delhi m'avait donné le sentiment d'avoir fusionné avec un éon de puissance divine. Forte du formidable enthousiasme que m'avait insufflé la révélation de la dimension sacerdotale de mon cœur, je m'étais crue posée pour l'éternité sur un roc. La grâce de ma « soutane » safranée me protégerait de mes démons intérieurs. Je ne pourrais plus jamais avoir peur en avion.

L'année précédente, lorsqu'il avait fallu traverser l'océan Indien – dix-huit heures de vol ! – pour rejoindre le swami à l'île Maurice, Richard n'avait eu de cesse de tenir, pour moi, les ailes de l'avion. Attentif, empressé, il m'avait soûlée de paroles et de baisers pour me faire oublier que nous avancions contre le vide. Ce jour-là, assis à ma droite, il dormait profondément.

Observant nerveusement la turbulence qui ballottait l'avion, je serrai plus fortement les accoudoirs de mon siège.

« Why are you not sleeping ? » Pourquoi ne dors-tu pas ? La voix du swami interrompit ma concentration obsessionnelle sur les moindres mouvements du Boeing 747. Je me rendis compte que mon agitation intérieure l'empêchait de se détendre. Émergeant de la geôle d'angoisse qui me coupait du monde, j'encaissai cette révélation comme une stupéfiante déclaration d'amour. En ce temps-là je voyais les gurus et les psy comme des humains dépouillés de tout sentiment personnel.

Le swami attendait une réponse. Le léger vibrato d'agacement dans sa voix signalait un enfantillage. Non parce que j'avais peur, mais parce que je m'enfermais dans cette appréhension sans me souvenir qu'il était là. Par mon silence, je le figeais dans un préjugé : l'indifférence que je lui supposais envers tout ce qui ne relevait pas d'une pure dimension spirituelle. Ce sage pouvait-il juger autrement que grotesque mon anxiété ?

Sa main tendue désignait la faille narcissique sur laquelle je me tenais depuis longtemps en équilibre instable. L'absence de dialogue avec mes parents, durant les années indécises de l'adolescence, m'avait conduite à confondre devenir adulte et renoncer à être aidée. Prouver que je pouvais m'en sortir toute seule était devenu ma façon de leur pardonner la pudeur qui les avait empêchés de m'exprimer leur amour, en même temps qu'une compensation : la grandeur des héros stoïques... ma seconde nature !

La sollicitude de mon guru narguait un vieux système de défense fondé sur la certitude de n'être soutenue par personne. Plus facile de me confier au Tout qu'à quelqu'un, me dis-je, vexée. À ceci près que j'étais incapable de me barricader, comme beaucoup de dévots, dans une foi en un dieu omnipotent censé me protéger, par magie, des trous d'air de la vie. Ne valait-il pas mieux, dès lors, embrasser honnêtement mon humanité, exprimer humblement ma peur ?

En perçant les remparts qui entouraient ma faiblesse, le swami me montrait comment, pour ne pas m'exposer au regard d'autrui, je préférais l'orgueil à la crainte d'être rejetée. Débusqué, un ennemi perd de son pouvoir. Je cessai de crâner. Pourvu que je n'oublie plus...

— J'ai peur. Surtout au décollage. Dans les hauteurs, le vertige s'en mêle. Je suppose, ajoutai-je d'un ton malheureux, que le jour où j'arriverai à méditer en avion, j'aurai réellement vaincu mon angoisse de voler.

— Effectivement. Et cela arrivera.

Quelques mots sur un ton convaincu, un futur ouvert, et c'est l'apaisement. La grâce du guru agissait une fois de plus. L'humilité en constituait-elle la clé ? Avait-il suffi de m'ouvrir à l'aide offerte, de m'abandonner à l'aveu d'une impuissance ? Pas exactement. Pas totalement.

Dans les premiers temps de notre rencontre, admirer un « grand » m'avait rassurée autant que la main d'un enfant fourrée dans celle d'un papa qu'il imagine capable de tout régler. Cette foi candide avait souvent permis à un regard, une phrase du swami, de dissoudre un bloc d'inquiétude ou de confusion. Miracle ordinaire de la confiance, qui peut aussi emprisonner les superstitieux, les trop crédules, dans la dépendance au supposé pouvoir de l'autre. Malgré ce risque, comment nier le sentiment de sécurité que donne l'autorité d'un maître, dans quelque domaine que ce soit ?

Le calme radical qui suivait la rassurante prophétie du swami venait, certes, de ma confiance en sa sagesse. Mais il y avait plus.

J'interrogeai les délicieuses vagues sédatives qui m'entouraient d'une subtile ceinture de sécurité, doublant celle à laquelle je m'accrochais discrètement. Elles me renvoyèrent l'image d'un maître inquiet du mal-être de son disciple au point d'en mal dormir lui-même. L'évidence tomba : mon agitation ne l'irritait pas, elle l'affectait ! Difficile de croire à cette maternelle affection faite d'inquiétude, de souci pour l'autre, venant de cette montagne de rigueur et de maîtrise. Et pourtant...

En ce lundi de Saint-Jean, sans crier gare, l'émotion qui m'a saisie alors m'envahit à nouveau.

Mon trouble signale que, dix-neuf ans plus tard, je n'ai pas encore assimilé toute l'affection offerte par mon guru. On ne refoule donc pas seulement la douleur, me dis-je, dans un de ces éclairs de perception non intellectuelle propre à la récapitulation. Mon cœur est-il encore trop petit pour la puissance de l'amour maternel ? Ou est-ce que je ne me sens toujours pas digne d'être aimée avec mes faiblesses ?

Où passe l'amour que l'on n'a pas été capable d'accueillir ?

La question électrise mes sens comme l'annonce d'une rencontre avec un savoir qu'on a toujours supposé, sans en tenir la preuve. Enfin prête pour la réponse, je me laisse entraîner dans la vibration qui la porte… et je « vois » pour la première fois la part lumineuse de l'inconscient, ce que certains appellent la super-conscience, d'autres le *sur-ça* : le réservoir de Beauté, d'émotions sublimes que, par pudeur, par peur de l'intimité, nous ne sommes pas encore capables de supporter.

Là, tout n'est qu'ordre et beauté,
Luxe, calme et volupté.
Baudelaire

Là, nous n'avons aucun mal à nous reconnaître désirants d'être aimés, capables d'aimer.

Là, l'intensité, libérée de ses inhibitions, n'a rien à voir avec l'hystérie mais avec l'éros céleste, la sensualité rayonnante de l'amoureux, de l'amoureuse, qui nous habite… et qu'ignorent beaucoup de thérapeutes, concentrés sur la face obscure de nos inconscientes profondeurs.

Flottant dans ces zones lumineuses, je me laisse bercer par un sentiment d'amour humain épuré de toute crainte. Trop longtemps probablement. Ou plutôt sans prendre garde à laisser ma vigilance en veilleuse. Car, au détour d'une respiration, mon pouls s'accélère. Des images moins célestes s'accrochent à ma pensée. L'écran s'emplit des clichés rouges et noirs de la passion, entrecoupés de scénarios de midinettes. Je n'arrive pas à les repousser. Entraîné dans leur sillage, le Songe s'emballe, frôle la région du fantasme où la libido se promène sans pilote. En bordure de l'ombre je vais, je viens, entre des représentations scabreuses, heurtée par des émotions contradictoires. Mon souffle se bloque. Compressé, il retrouve sa prison d'anxiété, quelque part entre le chagrin et la rage qui enflamment mes sinus. Pourquoi ma conscience n'a-t-elle pas pu se maintenir dans la Beauté ? Comment s'est-elle fait harponner par le fantasme, l'imagerie mystifiée ?

— *Les ressentiments bloquent la libre circulation du sentiment.*

Toujours fidèle au poste, la petite voix ! Un véritable ange gardien. Sa présence m'apaise. D'autant que je la sens prête à expliquer.

— Oui, j'écoute, ou plutôt mon *œil écoute*.

Sans elle, comme dans un rêve qui devient trop oppressant, j'aurais certainement laissé mon intellect reprendre les rênes, au lieu de poursuivre ma récapitulation. J'aurais commencé à cogiter, au lieu d'accompagner avec une neutralité attentive les mouvement de ma conscience.

Les yeux toujours clos, je reprends quelques grandes respirations de yoga, pour y « voir » plus clair. Au bout de deux ou trois, mes palpitations se calment et j'« entends » mieux la petite voix :

— *Les peines, les colères ou les joies que tu ne t'es pas autorisée à ressentir encombrent les voies organiques par lesquelles passe le feu de l'esprit. Quand les canaux sont bouchés, son énergie est déviée vers des feux d'amour moins célestes.*

Il y a donc bien un lien entre le cœur et les sinusites, les migraines et autres symptômes inflammatoires qui donnent mal à la tête. Sur l'écran mental encore légèrement brouillé, je « vois » le yoyo de mon hypo et hypertension apparaître comme le reflet d'une mauvaise circulation émotionnelle, d'une incapacité à dilater ma cage thoracique, à « respirer » plus largement l'amour. Comme on dit de quelqu'un qu'il respire la santé ou la joie. De notre premier au dernier souffle, la respiration c'est la vie ! Quand une part de nous ne peut plus la « sentir », qu'on a mal à son existence, ne commence-t-on pas par mal respirer ?

— *Tu n'avais pas remarqué que tu pinces souvent le nez lorsque tu résistes à l'énergie de l'intime si parfaitement emblématisée, sur terre, par les liens qui vous attachent à vos mères ?*

Que voilà une autre information capitale ! J'embrasserais mon messager invisible pour le raccourci qu'il m'offre, du ton coquin de celui qui résout un rébus avant vous. Le lien sémantique entre nez, né, naître et renaître s'impose à moi. Je souris : que dire du rapport étymologique entre sinus et sein et celui, phonétique, entre tête et téter ! Sinusites… migraines : une manifestation physiologique de notre résistance à l'intime ? Je comprends mieux mes nombreux rhumes d'enfant… C'est donc du côté de la racine maternelle qu'il faut chercher ce qui bloque le ressenti et paralyse l'impudeur naturelle de nos élans. La difficulté à être « si-nus » face à quelqu'un, de se tenir tout entier, au lieu de s'offrir à moitié au regard d'autrui, comme une mi-graine.

Serais-je aussi à un tournant, une courbe du temps, dans ma relation à ma mère ?

Ballottée, comme en avion, entre sa bonté inconditionnelle et le sentiment d'être néanmoins incomprise par elle, mon cœur a très tôt recroquevillé ses pétales réceptifs.

Je comprends mieux ma difficulté à reconnaître la sollicitude du swami à mon égard. Comment m'ouvrir à l'affection quand celle de ma mère ne tenait pas compte de mes désirs, de mes aspirations personnelles ? D'où ce sentiment pesant d'avoir toujours eu à forcer mon chemin contre son idée à elle d'une vie qui me soit bonne. Et ma soif d'un amour qui, sans perdre la voie de la raison, saurait par le ton, le sourire, exprimer l'éros divin de la langue maternelle dans une parole sans jugement.

L'amour… Ce n'est pas ce sentiment qui revient au souvenir de l'accueil froid que ma mère m'a réservé à mon retour d'Inde.

J'avais appelé ma mère le soir même de mon retour d'Inde, prête à partager ma nouvelle vie avec elle.

Mes tentatives de lui raconter mon initiation, avec le plus de légèreté possible, se heurtèrent à son silence réprobateur. L'idée de savoir sa fille femme-prêtre en robe orange paralysait son amour. J'attendis quelque temps avant de lui dire la suite du programme : le swami allait, dans quelques semaines, inaugurer près de Paris un ashram dont j'allais être responsable. Là elle se mura dans la condamnation. Nous n'avions plus rien à nous dire. J'avais trahi ma lignée et, de surcroît, je l'humiliais. Qu'allait-elle raconter à ses amies qui lui demanderaient ce que faisait sa fille avec son doctorat en sémantique ? Elle ne travaille pas encore, devrait-elle leur répondre gênée. Elle n'allait pas leur avouer que je dirigeais une sorte de couvent. Guru ? C'est un métier, ça ! Leader de secte, devait-elle même se dire dans ses nuits d'insomnie…

L'ashram fut inauguré au printemps. Ma mère refusa de venir m'y rendre visite. Elle percevait sans doute ce que je ne pouvais pas encore m'avouer : la vie monacale consacrée à la recherche intérieure m'offrait, outre d'excellentes conditions spirituelles, un refuge contre la bonté envahissante mêlée d'anxiété chronique de la plupart des mères, des mères juives en général, de la mienne en particulier.

Lorsque, par la suite, nous nous retrouvions pour des fêtes de Pâques, de Nouvel An, ou à d'autres occasions, je portais ma nouvelle sérénité comme un étendard. Un sourire angélique répondait aux piques de ma famille. La touche d'ironie qui s'y glissait suffisait à remettre perfidement en cause leur choix religieux, selon moi plus social que spirituel. La paix intérieure que j'affichais ressemblait à une libération. Ce n'était qu'une trêve, compromise à chacune de mes rencontres avec ma mère.

Dans ces années-là, le harcèlement contre la spiritualité n'avait pas atteint les dimensions actuelles. Méditer, allumer de l'encens, suivre un enseignement ésotérique ne provoquait pas de soupçons de manipulation mentale. L'Inde et sa mystique avaient néanmoins suffi à convaincre ma mère que j'étais sous la coupe d'un escroc. L'analogie que je tentais de faire entre mon choix de disciple et les hassidim, les fidèles attachés à un rébbé, un maître dans la tradition juive, la rendait à chaque fois plus véhémente.

— Cela n'a rien à voir avec les hassidim.

— Pourquoi ? Ils méditent aussi. C'est seulement parce qu'eux n'allument pas d'encens ?

Elle ne voulait rien savoir. Le ton montait. Je n'arrivais pas à endiguer le flot de colère qui enflait ma voix. Encline, par nature, à éviter tout conflit ouvert, ma mère battait généralement en retraite, me laissant toujours plus frustrée d'un véritable débat d'idées.

J'enfonçais alors le clou.

— Pour le reste, certains sont plus fanatiques que je ne le serai jamais. Avec mon guru, je suis sûrement plus dans la lignée hassidique de notre famille qu'en allant le samedi et les jours de fête à la synagogue du coin, par coutume et tradition. Qu'est-ce qu'il y a de spirituel à ça ? Beaucoup de ceux qui y vont prient sans même croire en Dieu. La plupart ne se posent même pas la question.

— Il n'y a pas à se poser de questions avec Dieu. Tu appartiens à cette religion et c'est tout.

Que répondre ? En guise de consolation, je m'offrais toujours le même dernier mot incisif : ce n'est vraiment pas la peine de discuter avec toi. Tu as des préjugés à la place d'arguments. Dans le non-dit très parlant qui suivait, j'entendais l'habituel credo familial : qu'importe ce qu'on dit, avec Arouna on aura toujours tort. Si l'une d'entre nous avait raison, l'autre ne pouvait de toute façon pas l'admettre, sous peine de rompre la chaîne névrotique qui nous tenait ensemble. Ma mère se taisait. Je rentrais ma colère. Aucune de nous ne voulait la rupture.

Comment expliquer l'agacement qui monte à ce souvenir en dépit de notre indéniable rapprochement ces dernières années ? Je supporte encore mal sa pudeur affective, sa difficulté à exprimer son amour. Je pince encore les narines et fronce les sourcils dès qu'elle retient ses émotions.

Tandis que je m'interroge sur ce qui me reste de ressentiment envers elle, la voix du swami traverse le temps.

— *Qu'importe comment elle montre ou cache son amour. Pour permettre à ton cœur de s'ouvrir totalement, tu dois savoir, une fois pour toutes, que ta mère malgré ses gaucheries, ses manquements, t'aime infiniment. C'est alors que tu ressentiras l'amour que te portent, maladroitement, imparfaitement, tes élèves, ta famille, tes amis. Et tu finiras peut-être par croire à la possibilité d'être aimée par un amoureux.*

C'est quoi cette petite remarque ? Lui aussi, il s'y met. La Saint-Jean doit influencer même les esprits invisibles. Mon sentiment d'un complot occulte visant à me faire miroiter l'arrivée d'un prince charmant dans ma vie se précise. Serait-il possible que sous mon indifférence actuelle à vivre en couple se glisse encore un doute d'être *aimable* ? À force de me défendre contre des amours inutiles, aurais-je anesthésié en moi la part réceptive qui rend capable d'accueillir un amoureux ?

Il est vraiment plus difficile de recevoir que de donner, me dis-je en pestant intérieurement... Peut-être parce qu'il faut, pour manifester sa polarité réceptive, avoir totalement pacifié en soi le fils ou la fille de sa mère...

N'ai-je pas encore essayé de faire entendre à la mienne, dernièrement, qu'être inconditionnellement accepté est le droit céleste d'un enfant ? L'agacement qui s'est glissé dans ma voix prouve qu'il me reste encore du chemin à faire pour lever les derniers obstacles à ma réceptivité.

— *Comme pour une greffe, il se peut qu'un receveur, prêt à recevoir, découvre l'absence de donneur. Mais s'il existe un donneur compatible, son amour ne pourra pas pénétrer un cœur émissif. Il y aura rejet. Si tu veux que le soleil entre dans une pièce, il faut ouvrir les volets.*

Je reconnais bien là la logique du swami. Elle me rappelle que dans l'avion entre Delhi et Paris, je n'aurais pas ressenti sa sollicitude si je ne m'étais pas autorisée à recevoir son affection.

L'amour demande le respect des lois de l'échange, une harmonie des polarités du donner et du recevoir. Tout déséquilibre en ce domaine garantit tôt ou tard le ressentiment de celui ou celle qui donne sans trouver en face une main ouverte. Sauf s'il s'agit de bonté ! Le don qui en découle circule à sens unique, souvent incognito. La bonté ne réclame pas d'accusé de réception. C'est sa griffe. L'amour, lui, se fonde sur la réciprocité. Il ne faut pas les confondre !

À la faveur de la récapitulation dans laquelle m'a embarquée la petite voix, j'en comprends des choses, ce matin ! Elles éclairent d'un jour nouveau ma relation à ma mère… et aux hommes !

Avec son constant souci de l'autre, sa sollicitude garantie, elle a confondu bonté et amour, comme je l'ai longtemps fait moi-même par imitation inconsciente. Donner sans jamais s'ouvrir à la vulnérabilité du recevoir exprime la peur de l'intimité, autant que le non-recevoir révèle souvent la crainte d'être englouti dans un don sans amour. Je vais finir par remercier ma sinusite et le swami… une fois de plus.

Son autorité bienfaisante m'a d'abord permis de me réconcilier avec la Loi et, du même coup, avec mon père. Neuf ans plus tard, c'est encore lui qui dans le Boeing qui nous ramenait en France, a initié mes retrouvailles avec ma mère, entraînant la libération du féminin de mon âme… Il était aussi bon père que mère spirituelle. Et moi ?

Ma récapitulation semble clairement lier la libération de mes sinus à celle de la dimension maternelle du cœur. Où se trouve chez moi l'inaccompli en ce domaine ?

— *L'inaccompli ou l'excès. Ce dernier est aussi un obstacle au renouveau.*

Oh ! je n'aime pas du tout le ton assuré de la petite voix. Il me pousse à revenir au plus vite dans cet avion chahuté par les vents, en route vers Paris. Il ne s'agit pas de manquer un maillon de mon retour d'Inde en Occident.

Sur l'écran redevenu limpide, je me revois dans l'avion. Soucieuse de rassurer mon amour de guru, de lui exprimer ma gratitude, je posai ma main sur son bras. Il avait déjà fermé les yeux. Prise d'une impulsion soudaine, je m'allongeai à ses pieds. Nous étions au premier rang, près de la sortie de secours. Il y avait suffisamment de place. À descendre d'un cran, peut-être aurais-je moins peur des hauteurs d'âme auxquelles j'aspirais sans m'en croire tout à fait capable.

Une main en contact avec ses sandales, je dormis d'un œil jusqu'à Paris.

Les regards ahuris des élèves qui nous attendaient à l'aéroport de Roissy me firent comprendre que la magie de la robe orange me réservait encore des surprises.

Devant leur empressement à m'arracher le sac des mains, leur émotion hésitant entre stupeur et sentimentalité, leurs paroles encombrées d'une soudaine piété, et les intonations chevrotantes avec lesquelles ils posaient des questions prosaïques au point d'en être embarrassantes, je restai sans voix.

— Ça veut dire quoi ta robe orange ?

À lui seul, ce morceau de tissu semblait les paralyser. Leur réflexe de dévotion me glaçait. Le swami observait tranquillement la scène. Du coin de l'œil, il me poussa en avant. « Vas-y, c'est ton tour », disait le poids de sa main sur mon épaule. Mon tour de quoi ?

Naïvement, j'avais cru que je retrouverais auprès de mes élèves de yoga le pouvoir de bénédiction que j'avais découvert dans les rues de Delhi, celui qui ouvre au partage d'âme silencieux. À ma descente d'avion, j'appris qu'il s'exerçait plus facilement avec des inconnus. Mes élèves étaient trop proches pour que je me contente d'un namasté, d'un salut anonyme, et trop loin de leur propre souveraineté pour entrer, avec simplicité, en résonance avec mon nouvel état. Quant à moi, j'étais encore bien trop novice dans l'art de bénir les humains.

Sensible au découragement métaphysique qui me saisit, le swami prit les devants : « La robe orange est le signe qu'Aruna est devenue swami. Qu'elle peut être un guru. »

Ces quelques mots transformèrent sur-le-champ la plupart de mes élèves en aspirants disciples. À voir leurs yeux emplis d'une attente vorace, tournés vers moi comme vers la Terre promise, je sus que j'étais cuite. Au fond de moi, quelque chose me disait qu'ils pouvaient m'offrir l'occasion de libérer mon énergie maternelle. Mais, malgré le cadeau d'amour inconditionnel de mon guru pour son imparfaite et trop sensible disciple, je ne me sentais toujours aucun goût pour la maternité, aussi spirituelle soit-elle.

Une histoire qu'il racontait souvent me revint alors à l'esprit. Il s'agissait d'une femme qui suppliait depuis des années son guru de lui donner l'initiation de prêtrise. Il avait fini par capituler. Quelques mois après, elle était arrivée auprès de lui en larmes : « Je ne comprends pas. Je n'ai aucun disciple. Pourtant je suis devenue swami. » « C'est que les disciples ne s'achètent pas dans le commerce. Votre maître spirituel peut faire de vous un swami, mais ce sont les postulants qui font de vous un guru », avait-il répondu.

Assiégée par la ferveur de mes élèves, je me retrouvai portée volontaire au poste. L'air ravi du swami m'attendrissait. C'était clair : j'allais me jeter à l'eau. Seul l'avenir me dirait vers quelle rive je nagerais.

— Alors, tu ne peux plus te marier ?

Mon regard laissa sûrement passer beaucoup de rage froide, car l'élève qui posait cette question battit instantanément en retraite. Ma colère n'avait pas fini de s'éteindre dans les eaux du Gange. Derrière moi, le mutisme de Richard, faussement indifférent, pâle et plus tendu que jamais, emplissait l'atmosphère d'une substance poisseuse. À quel bout du monde fuir ?

Les quelques kilomètres qui menaient au futur ashram suffirent à me raisonner. Je me récitai le bréviaire de la mission rédemptrice du parfait petit guru : à mon tour d'entraîner les volontaires sur la glorieuse voie du disciple ! À mon tour d'offrir aux autres le feu qui allume l'étincelle divine en eux, l'amour capable d'éveiller la mémoire du Tout, le sens du sacré. Ce sacerdoce ne constituait-il pas le plus noble aboutissement d'une vie de yogi ? De quoi pouvais-je me plaindre ? J'avais devant moi l'opportunité d'exercer mon ministère.

D'un pas résigné, je franchis le seuil de la maison, engagée récalcitrante, certes, mais flattée par mon image de prêtresse bienfaitrice.

Il faut reconnaître qu'aux premiers matins de ma vie de swami parisien, je me levai tout excitée à l'idée de hisser le monde à hauteur du divin.

Le séminaire international que nous avions prévu avant mon départ pour l'Inde approchait. Des gens arrivaient de partout. D'Angleterre, d'Italie, d'Allemagne, d'Australie, des États-Unis, d'Israël et des quatre coins de France. Au milieu de cette foule grandissante des dévots du swami, auprès desquels mes élèves apprenaient les gestes pots de colle de l'aspirant-disciple, je me retrouvai de plus en plus seule, et heureusement plus occupée que jamais.

Le soir, je transcrivais à la machine jusque tard dans la nuit la traduction simultanée que j'avais faite de sa conférence du matin. Après quoi je me couchais, non sans avoir fait un dernier tour de la maisonnée endormie. Levée à quatre heures, je préparais ses médicaments, les posais sur sa table de chevet afin qu'il les trouvât à son réveil. Je m'occupais ensuite personnellement de ses repas, tandis que mes élèves avaient charge de l'organisation collective. Ce qu'ils faisaient très bien, tout en chicanant sur les diverses interprétations de ce qu'Aruna avait dit ou n'avait pas dit. À six heures, le petit déjeuner était sur la table. Le salon, débarrassé de ses matelas attendait, aéré, impeccable, l'arrivée du swami et d'une cinquantaine de personnes venues de l'extérieur. Vers huit heures, après le partage des croissants, du café et de sages propos entrecoupés de rires et de questions, le swami prenait un bain dans lequel j'avais pris soin de verser diverses huiles essentielles colorées. Pendant ce temps, je repassais les cinq mètres de son dhoti – le sari masculin –, pour le déposer avec tee-shirt et sous-vêtements propres dans ma chambre devenue sienne. À la suite de quoi, je prenais possession de la salle de bains libérée, que je nettoyais de fond en comble. Un matin, je trouvai dhoti et sous-vêtements immergés dans l'eau huileuse de la baignoire.

Voulait-il alléger mon lot en trempant lui-même son linge, ou me signaler qu'il n'y a pas de limites à l'abêtissement par excès de zèle ? Le noble sentiment d'être utile, comme toutes les intentions célestes, est chargé de sa propre déviance.

Saoulée de travail et de bonne conscience, je ne prenais plus le temps de penser à ce qui m'arrivait, de me rendre compte que j'étais accablée... et pas seulement d'obligations. J'aurais aimé accuser la chaleur, mais le temps était frais en ces premiers jours de mars. Le retrait de plus en plus marqué de Richard à mon égard devait contribuer à ma tension plus que je ne voulais l'admettre.

Sa transformation était frappante. Une maturité grise avait entamé l'aura adolescente du fier guerrier qui m'avait conquise. Un homme nouveau émergeait sans doute de la crise, mais en attendant on ne lisait sur ses traits tirés que les marques du chaos. L'ostensible politesse qu'il affichait dans nos rapports soulignait encore plus cruellement son refus de dialoguer. J'avais ce que j'avais voulu... c'était à moi d'en assumer les conséquences, disaient ses yeux traversés de méchants éclats.

Trop occupée par des tâches que je rendais plus absorbantes que nécessaire, j'évitais le piège de la contre-manipulation. Je devais aussi cette grâce aux méditations matinales qui, à l'aube de mauvaises nuits, me ramenaient au meilleur de moi-même. Chaque matin, j'espérais Richard désireux d'une vraie conversation. Comme avant. Comme nous n'en avions plus eue depuis sa décision de ne pas devenir swami. La nuit ranimait mon interminable rumination sur ses dérobades.

Il s'enferma davantage dans sa solitude. Certaines jeunes filles, sensibles à sa souffrance et à son charme, le couvaient d'une compassion ambiguë. Cette ronde féminine autour de lui estampillait notre éloignement. Elle lui renvoyait une image d'homme abandonné, pris en pitié, qui insultait son âme. Je m'enfonçai plus vaillamment dans un activisme de salut. Lui, dans une visible déprime. Il ne disait toujours rien. Et j'étais la dernière personne à pouvoir l'aider. Notre relation d'amants me manquait. Un geste, et il m'ouvrirait ses bras pour toutes les mauvaises raisons.

Je me réveillai un matin l'épaule et le bras gauche ankylosés jusqu'au bout des doigts, l'index totalement paralysé. Il n'y avait rien à faire, aucun coupable à désigner, et cela faisait horriblement mal.

Très vite il me fut impossible de dormir, même adossée contre une pile d'oreillers. La peine mobilisait toute mon attention. Le swami assistait à ce petit drame en silence. Je n'avais pas le temps de lui parler. En avais-je envie ? Anya, qui venait d'arriver d'Israël, finit par s'inquiéter au point de lui en toucher un mot. « Qu'elle aille voir un ostéopathe », répondit-il, en m'ignorant encore plus ostensiblement. J'avais trop de travail pour m'en soucier, trop de douleur physique pour reconnaître que j'éprouvais, pour la première fois de notre relation, du ressentiment à son égard.

Quelques jours plus tard au satsang, la veillée qui nous réunissait après le dîner, il me demanda de lire à haute voix un petit texte rempli de termes sanskrits intraduisibles. Les mots tournaient autour de l'illusion des sens. La métaphysique du discours m'échappa totalement. Il réussit pourtant à ramener à la surface l'émotion occultée par ma concentration sur mon travail et mes symptômes.

Le swami enchaîna : « Est esclave celui qui reste assujetti au pouvoir illusoire de la matière. Identifié à son corps, ses sens deviennent son maître. Il en oublie sa vraie nature et le message qui cherche à se dire dans les manifestations physiques ou émotionnelles. L'amour véritablement spirituel est indépendant des fluctuations de l'existence. Il est amusant de voir à quelle vitesse les humains oublient Dieu quand tout va bien. Et l'accusent de tout quand ils vont mal. » Me regardant droit dans l'âme, il ajouta d'un ton morose : « Il en va souvent de même pour un disciple. C'est toujours la faute de son guru. » Son ton chagrin fit plus mal que les mots. Toute conscience retournée, la lumière fut !

Acte un : mon père me choisit un mari. Acte deux : dix-neuf ans plus tard mon guru en éloigne un autre.

Scénarios répétitifs, semblables et différents, en attente d'une prise de conscience, d'une saisie des informations qui les lient. Une fois le *redoublement* établi, il m'apparut sans effort que j'étais en train de renouveler mon sentiment encore vivace de victime, en transférant sur mon guru un reste de colère contre

Dieu. Mon père n'avait qu'à ne pas mourir. Richard n'avait qu'à ne pas me quitter.

Le swami réactualisait un schéma d'abandon exacerbé par l'impuissance à changer une situation. La révolte, comme le souligne si bien le mot, retournait à nouveau ma peine en colère, mes véritables sentiments en ressentiments.

Arnold Keyserling, mon premier mentor sur le chemin de la connaissance, disait souvent qu'à 20 ans, on pouvait encore accuser de tous ses malheurs ses parents ou la société, Dieu ou le diable, mais qu'après un certain âge, en le faisant, on s'accusait soi-même de ne pas avoir grandi. J'avais maintenant 35 ans, un âge suffisamment honorable pour assumer ce qui m'arrivait sans déplacer mes courroux. Il était temps d'observer ce qui restait de ma colère contre un Dieu que j'accusais de la misère du monde, de la cruauté humaine et de tout ce qui n'allait pas dans ma vie comme je le souhaitais.

J'avais ressenti la mort de mon père comme un exemple de l'injustice insolente qui semblait régner sur terre. À elle seule, elle m'avait convaincue de l'inexistence de Dieu. Je transférais maintenant ma colère contre lui, mauvais père, sur un père spirituel. Un déplacement si banalement classique que j'eus honte d'être tombée dans le panneau.

Comment avais-je pu me pétrifier dans ma douleur, m'en servir pour attirer les attentions du swami et lui montrer, tant que j'y étais, sa part de responsabilité dans le coup du sort qui me laissait triste et abandonnée ? Quand on dort, on ne sait pas qu'on dort... J'avais oublié.

Passe et repasse ! Le revécu d'un même script permet aux informations recueillies en vrac dans un premier temps de révéler leur enjeu d'évolution. L'occasion nous est donnée d'appliquer les leçons apprises au premier tour, de corriger une attitude, d'amener un moi obstiné dans sa souffrance à abandonner une habitude, à émerger d'une inconscience de survie, ou à lâcher une béquille dont au stade actuel de sa croissance il peut se passer. La pression du « déjà vu » nous oblige, tôt ou tard, à reconnaître qu'il n'y a pas de coupable extérieur. Les mêmes causes produisent toujours les mêmes effets. Le Réel engrammé dans le répétitif relationnel indique ce qu'il nous est demandé de parfaire pour ne plus refaire. C'est par le tikkoun, la correction, la réparation, nous dit la kabbale, que nous pouvons transmuer une faiblesse en savoir mieux faire, en attendant qu'une nouvelle façon d'être devienne naturelle. Conscientiser un automatisme ébranle l'immobilisme, pousse au premier pas.

Certes, mon choix de devenir swami éloignait un homme que j'aimais, mais qu'avait-il fait, lui, pour peser sur le futur de nos vies ? Se taire et se replier sur lui-même. « Disparaître » comme mon père. Je m'étais trompée de cible. J'en voulais à Richard de son hébétude, de son affaissement. Culpabilisée par sa peine, je faisais jouer au swami le rôle du méchant de notre histoire, alors que le texte à déchiffrer concernait encore une fois mon attirance pour les passifs-agressifs. Il s'agissait d'admettre qu'aussi pénibles que fussent leurs retraits et leurs silences abusifs, ils me gardaient liée à mon père.

J'avais transféré sur le swami ma rancune à l'égard de Richard. Comme au dieu tout-puissant qui m'avait enlevé mon père, je demandais des comptes à mon guru, essayant d'attirer son attention sur un drame dont il n'avait pas l'air de mesurer l'ampleur. Peut-être arrangerait-il la situation si je devenais complètement paralysée !

À l'époque, il m'a suffi d'un bras bloqué pour comprendre. Avec Foster, dix ans plus tard, ma colère contre ses comportements de taiseux a failli me rendre malade à mourir. Il y a donc bien un lien entre Richard et lui...

Restant à la hauteur de son exigence spirituelle, le swami fit, sur le moment, grincer mon ego. En même temps, grâce à son refus placide d'endosser la responsabilité d'une souffrance causée par un autre, mes sentiments trouvèrent la force de s'élever. Lorsque je perçus enfin le sens de son recul comme un respect de lui-même, un refus de servir la petite fille en moi, mon âme rentra à la maison. Une gratitude à retardement m'envahit. Je lui souris. J'étais de retour dans son cœur.

Le lendemain, Richard plia bagage. Le soulagement d'une tension qui s'éloigne couvrit le désarroi qui me saisit lorsqu'il referma la porte derrière lui. La douleur dans mon bras commença à se dissiper. Trois jours plus tard, elle avait disparu.

« Dieu plante le remède à côté du poison », dit un vieux dicton.

Au moment où Richard laissait béante la blessure d'un rêve inachevé, une douceur nouvelle se déploya dans mes échanges avec le swami. Quelque chose avait changé dans notre relation : moi.

Émue par la joie enfantine qu'il manifesta durant la cérémonie d'inauguration du Sivananda Yoga Ashram, le 21 mars, je me surpris à imaginer son plaisir, à partager une euphorie que ma définition de la sérénité spirituelle, libre de tout remous émotionnel, ne m'avait jamais autorisée à prêter à un sage.

COMMENT RESSENT-IL, LUI, CET ÉVÉNEMENT ?

En ce premier jour de printemps, la question, chauffée aux rayons d'un jeune soleil, passa enfin la barre de ma pensée. Du coup, je voyais comment, soucieuse de me valoriser, je m'étais servie de lui jusque-là comme d'un « mètre » de référence, plus accrochée à un fantasme de mensuration métaphysique parfaite qu'à l'homme.

Des enveloppes portant en grandes lettres l'inscription : DOCTEUR AROUNA LIPSCHITZ envahissent soudain l'écran du Songe. Je souris au souvenir de ce stratagème de guérisseur d'âme qu'il utilisa en 1979. J'avais 32 ans, et je venais de soutenir ma thèse de doctorat.

Pendant des mois, c'est ainsi qu'il m'adressa son courrier. Cette mondanité appuyée finit par m'alerter. Dans le miroir tendu, je découvris le peu de considération que j'accordais à mon intellect. Ma modestie traduisait-elle un mépris de mes années d'études, de ma discipline d'écriture ? La reconnaissance unanime et les félicitations d'un jury prestigieux constitué de Julia Kristeva, ma directrice, Roland Barthes et Tzvetan Todorov n'avaient, en fait, pas suffi à combler mon manque de confiance en moi.

L'université et sa dialectique raisonnante ne pouvaient servir de caution à mon intelligence. D'autant que la méditation me montrait le caractère illusoire du mental. Ah ! le fanatisme des nouveaux convertis ! Et la belle occasion d'utiliser la spiritualité pour me couper, au nom du ciel, de mes intellectuelles racines talmudiques. Et voilà pour « Docteur ».

Restait à interroger le surprenant « Lipschitz », vu que dans la tradition hindoue, le nom de famille est rarement accolé au prénom spirituel.

« Quitte ton père et ta mère » ! À 19 ans, endurcie par la mort prématurée du mien, j'avais largué les amarres familiales, jetant aux orties de la rébellion le fondement biblique de ce nécessaire éloignement : « honore ton père et ta mère ». Il ne me fallut pas longtemps pour comprendre que mon nom de famille sur les enveloppes signalait que le gommage de mes racines biologiques, autant que le reniement de mes sources culturelles, représentait une déviation. Mon guru me rappelait que, si l'identité spirituelle donne à notre corps l'adresse de notre âme, elle n'est pas là pour justifier une fuite de l'existence. Elle constitue un supplément de vie, non un ersatz. Si un guide spirituel peut servir de relais au nom du Père, il ne s'agit pas, pour autant, de l'utiliser pour renier sa filiation biologique.

Le message des enveloppes était clair : si une cause laïque ou spirituelle nous éloigne de notre lignée de sang, ou de notre nature profonde, elle procède d'une confusion entre prendre sa place dans le monde et s'affirmer contre. De l'importance d'honorer ses ancêtres, aurait dit Malidoma, un frère d'âme africain..., de ne pas oublier le nom que je portais, ni devenir autre que moi-même, me rappelait mon guru.

« Le docteur a guéri de son refus d'être une intellectuelle et la fille de son père. Signé docteur Aruna Lipschitz. »

Après ce petit mot envoyé au swami, titre et nom de famille disparurent des enveloppes. Ma thérapie avec B., mon analyste, que je voyais encore à l'époque, s'accéléra radicalement par la même occasion.

Une vague de paix balaie les enveloppes, ne laissant sur l'écran, toujours baigné d'orange, qu'une inscription : « Je ne suis rien ». C'est bien cela qu'ont suggéré longtemps les « de rien » renvoyés en réponse aux « merci » du swami.

Rétrospectivement, je « vois » combien cet effacement, humble en apparence, a contaminé du virus de la fausse modestie mon karma-yoga – le yoga destiné à muscler, par le service, la capacité de s'intéresser à autrui de façon désintéressée. Mais comment recevoir, autrement que par la dénégation, les marques d'appréciation qui soulignent des talents que nous ne nous attribuons pas nous-même ? Tant que nous n'avons pas encore reconnu notre place unique dans le monde, comment accepterions-nous avec fierté les talents que d'autres nous reconnaissent ?

En fondu enchaîné, l'île Maurice se dessine sur l'écran. Couleurs chatoyantes et ensoleillées. Mer, terre et lumière baignent le Songe dans un air de vacances.

Septembre 1981. Cet après-midi-là, nous nous trouvions réunis, le swami, Richard et moi, dans une des nombreuses cérémonies d'anniversaire du swami Sivananda de Rishikesh.

Après le discours des officiels, vint le tour de mon guru. Il se leva et annonça à la foule bigarrée que son disciple, le Dr Aruna, allait le remplacer. Très solennellement, il vint vers moi, me salua, passa autour de mon cou l'imposante tresse de fleurs de jasmin dont les officiels l'avaient honoré. Étranglée par le trac, étourdie par le flot de parfums âcres et suaves qui m'assaillait, je quittai ma chaise et parlai... en anglais. Seule l'inspiration pouvait me sauver. Heureusement, les petites voix invisibles qui me soufflaient des idées trouvaient une tête bien formée par l'université. Elles m'aidèrent à construire un discours spontané et cohérent tout à la fois sur la transmission orale : elle nous inscrit dans une lignée spirituelle qui doit nous amener à honorer nos racines biologiques et non à nous couper d'elles, claironnai-je en conclusion. J'avais intégré la leçon des enveloppes.

Le crépitement des applaudissements, suivi d'un mouvement de foule enthousiaste dans ma direction, les félicitations accompagnées de moult namastés et courbettes, cicatrisèrent une grande part de la blessure infligée à la gent féminine par les religions patriarcales. Une femme juive, occidentale, soutenue par son guru mâle, se trouvant honorée par une traditionnelle assemblée d'hindous, il y avait là de quoi calmer les restes de ma féminine colère contre un père qui n'avait jamais su se montrer fier d'être le père d'une fille, de sa fille, alors qu'il espérait tant un fils.

Cette fierté n'était-elle pas l'essence de la bénédiction paternelle qui permet à l'enfant de s'envoler hors du nid familial avec aplomb et assurance ? L'absence de la main du père bénissant qui dit, comme Dieu à Abraham : le*h* le*h*a, « va-t-en vers toi », m'avait rendue sourde et aveugle aux marques de confiance du swami à mon égard. Auparavant, en avais-je jamais remarqué venant de ma famille, avais-je jamais « entendu » un compliment de mes proches ?

Cette bénédiction manquante qui engendre une faible valeur de soi laisse tout pouvoir au surmoi, l'image de soi idéalisée à partir des exigences et interdits parentaux, ou de leur absence. À partir de là, chacun élabore son système de valorisations compensatrices. Le perfectionnisme était le mien.

Je me revis à mes débuts de disciple, convaincue de vivre, même éloignée du swami, sous la constante surveillance d'un père sévère imaginaire. Au nom de toutes les perfections qu'il exigeait sûrement de moi, je ne me quittais jamais des yeux, confondant évolution et statistique, évaluation et jugement. Portée par la noble intention de m'améliorer, aveuglée de bonne conscience, je ne me voyais pas glisser dans un nombrilisme vertueux.

Après l'île Maurice, je sus mieux repérer les discrètes manipulations de mon ego souffreteux : gonfler la valeur d'un coup de téléphone, d'un rendez-vous à prendre, d'une information à trouver, inventer des difficultés pour me donner de l'importance. J'appris à voir comment j'en arrivais à déranger le swami plus souvent que nécessaire, ou à me déclarer incompétente, afin de le forcer à m'expliquer ou à m'approuver, refusant de reconnaître, au passage, ma peur de prendre des risques, de me tromper.

Le sourire indulgent avec lequel j'accueille aujourd'hui ce passé juvénile prouve que je me suis enfin pardonné d'avoir, comme avec B. dans mes premières années d'analyse, transformé toute parole, tout silence, le moindre geste ou l'absence de réaction de mon guru en occasions de me condamner.

Heureusement, ni lui ni B. ne se sont jamais leurrés sur la fascination dont ils ont été un moment l'objet. Tous deux n'ignoraient pas qu'un piédestal se bâtit sur le manque de validation paternelle des nombreux fils et filles manqués de la planète. Ils n'ont pas, comme beaucoup de pères de transfert psychologique ou spirituel, profité de ma disette de soutien paternel pour se transformer en petits tyrans.

Au contraire, avec une fermeté bienfaisante, ils l'ont mise au jour. La sécurité affective retrouvée grâce à B. m'a permis de finir ma thèse. Auprès du swami, j'ai découvert des aptitudes dont, par manque de confiance en moi, je me croyais dépourvue.

Étudiante, combien de fois étais-je rentrée chez moi affamée pour trouver un réfrigérateur vide ! Une boîte de conserves, des pâtes, une pomme de terre, une tartine de pain beurré, un bout de fromage… le tour était joué. Il ne me serait pas venu à l'idée de me confectionner un plat. Et ne voilà-t-il pas que, par amour spirituel, je me transformais en cuisinière, repasseuse, infirmière, parée de talents de maîtresse de maison, bien plus compétente que ne le soupçonnait ma famille, et moi à sa suite.

Il fallait également mettre au compte des bénéfices secondaires du service au guru ma victoire sur ma timidité. En vue de lui trouver une ceinture, des chaussettes orange, j'affrontais plusieurs fois le même vendeur parce que la couleur, parce que la taille, parce que le prix… Il n'y eut bientôt plus rien d'embarrassant à demander une autre table dans un restaurant à cause d'un courant d'air ou de fumeurs trop proches qui auraient pu l'importuner, à rappeler plusieurs fois une agence de voyages, une compagnie aérienne afin de lui garantir un siège confortable, à obtenir d'un médecin les certificats justifiant d'une attention particulière, à convaincre une infirmière de se déplacer afin de lui faire la piqûre dont il avait besoin. C'était pour lui, mais c'était moi qui découvrais qu'en visant l'excellence qu'il préconisait jusque dans les plus petites choses, je devenais merveilleusement efficace dans l'univers matériel... comme mon père. Moi qui, enfant, rougissais dès qu'il protestait contre une erreur de facture, un retard d'avion, ou lorsqu'il se faisait charmeur afin d'obtenir la faveur d'un employé !

À l'époque, j'aurais sûrement regardé comme un extraterrestre celui qui m'aurait dit qu'en déplaçant des mondes pour le swami, je me rendais un grand service à moi-même. Aujourd'hui, je m'amuse du paradoxe qui m'amène à comprendre le service au guru comme un outil permettant de renforcer un ego vacillant... grâce à l'oubli de soi ! Un paradoxe d'autant plus drôle que, dans la tradition, l'enjeu du karma-yoga consiste à détruire l'ego par l'action désintéressée. Alors que moi, je voyais mon assurance grandir à mesure que, par amour pour lui, j'accomplissais des tâches dont je me croyais incapable. À ses côtés j'ai pu me rendre compte que la dérobade, sous couvert de détachement spirituel ou d'élégance stoïque, cache souvent la peur de déplaire, d'être encombré ou d'affronter une situation conflictuelle. Une attitude qu'encouragent les valeurs de réserve et de retenue des bonnes manières classiques.

Je souris encore en me disant que les adeptes laïcs ou spirituels d'une pondération érigée en attitude culturellement correcte, se retrouvent finalement unis par une même congélation affective, un rapport au monde et à autrui où la discrétion, comme la divine indifférence, masque un manque de chaleur dû à une fragile confiance en soi.

N'avais-je pas souvent préféré être arrangeante avec un serveur malhabile, un vendeur désagréable, plutôt que de rester fidèle à moi-même ? La manière courtoise du swami de revendiquer ses droits, d'être insistant avec un sourire respectueux, m'apprit qu'il n'est pas obligatoire d'être rude ou condescendant pour être efficace. Ni de s'écraser pour être un saint.

À ce moment de ma récapitulation il m'apparaît, dans une évidence joyeuse, que la canne sur laquelle nous nous appuyons lorsque nous sommes trop faibles, finit généralement par entraver notre marche en avant. C'est ainsi qu'on en arrive à se prendre les pieds dans le renoncement à l'ego importé d'Orient. Dans un premier temps, grâce à un effort de générosité, à un peu d'oubli de soi, il permet de juguler par le service un égocentrisme sans bornes. Avec le temps, l'accoutumance aidant, beaucoup d'adeptes du bénévolat finissent par ne plus faire la différence entre abnégation et passivité, dévouement et absence à soi-même.

Le jour de l'inauguration de l'ashram, la forteresse narcissique imperméable à l'altérité que se bâtit un moi souverain égaré dans le manque de confiance en soi m'apparut en pleine lumière.

Le soir même, je m'engageai à édifier en moi un ego aussi puissant que positif, plutôt que d'y renoncer.

Que ressent-il, lui ? En m'interrogeant, le jour de l'inauguration de l'ashram, sur l'exubérance inattendue du swami, au lieu de détourner mon regard d'une manifestation que je trouvais sans oser me l'avouer un peu ridicule, je m'écartai un peu plus du traditionnel renoncement à l'émotionnel.

Après avoir, des années durant, cultivé l'équanimité, un flegme spirituel propre à canaliser les tourbillons de mon ego, cette interrogation qui s'intéressait aux sentiments d'un supérieur déclencha une onde de chocs. Elle me propulsa sur les montagnes russes des émotions qu'il faut, pour guérir son cœur, traverser au lieu de s'en protéger.

Première surprise de ce changement d'aiguillage : on pouvait entrer en empathie avec le bonheur, pas seulement avec la détresse ! Cela changeait radicalement l'idée que je me faisais de la compassion, un « souffrir avec » qui semblait impliquer que la misère constitue la voie royale pour apprendre à aimer. Comme si seul le malheur rapprochait !

Reliée à la joie du swami, je ressentais le plaisir qu'il éprouvait à voir sa lignée se poursuivre, grâce à l'ashram que j'acceptais de diriger. Attendrie par la fierté d'un « père » dont le « fils » prend en charge le patrimoine familial, je devenais « prodigue » en sourires, en gestes affectueux. Quelle que soit l'expression, souvent maladroite, des fiertés paternelles, c'est en les accueillant sans pudeur que la véritable prodigalité s'installe dans le cœur des fils guéris. Il en va de même pour la part masculine des filles.

Deuxième surprise : la porte de l'univers intime et personnel de mon guru n'était pas fermée. Il suffisait de la pousser avec une vraie curiosité.

Le swami s'offrait à cette proximité en m'admettant souvent dans sa sphère privée, me parlant de lui, de son passé, des moments importants de son itinéraire. À la hauteur des petits événements quotidiens, le moins habile des deux devenait naturellement le réceptif, l'« élève » de l'autre. Dans cette polarisation de l'échange, je ne doutais plus que ce fût lui, parfois, qui eût besoin de moi. Émissive, je prenais de plus en plus souvent la place de pilote, intervenant dans ses décisions, sans plus m'empêtrer dans la révérence. Oh ! surprise, il tenait sérieusement compte de mes suggestions pour changer de programme, parfois même d'avis.

Mon esprit d'entreprise avait trouvé son espace de liberté, dans l'ordre des préséances. Mon service débarrassé de son excédent surmoïque devint nettement plus gracieux. Une connivence de routiers spirituels s'établit entre nous. Délicieuse découverte que celle de l'intimité d'âme : une proximité légère, presque espiègle, dans sa manière d'honorer l'autre, qui ressemble à la tendre révérence de l'aurore au soleil quand elle le caresse de ses *doigts de rose*.

L'affectueuse complicité partagée avec un supérieur qui m'apparaissait davantage maintenant comme un « antérieur » concrétisait une tranquille valeur de soi, celle qui permet de s'insérer en sujet libre dans l'ordre de la filiation. À partir de là, les richesses de chacun déterminent le caractère unique d'une transmission.

Parce que c'était le swami V. précisément, non un autre maître, et que j'étais une disciple particulière, avec sa spécificité propre, une femme, juive, intellectuelle en même temps que contemplative, le pont que nous avions jeté entre le Gange et la Seine, Rishikesh et Paris ne ressemblerait jamais à aucun autre parmi ceux qui relient l'Orient et l'Occident.

Sous mes paupières toujours closes, je pense au message transmis par la langue hébraïque qui tire le mot fils, *ben*, de la racine du verbe boné, construire. La filiation nous situe bien dans la chaîne humaine, me dis-je. Enracinés, nous cessons de compromettre notre futur, mais ne revenons-nous pas plus facilement à la maison paternelle une fois notre valeur de nous-même reconstruite ? Un parfum de gratitude s'envole vers tous ceux qui m'ont permis de guérir plus vite de mon manque de père, de m'apprécier sans son consentement, de l'apprécier, lui, malgré ses faiblesses et ses silences.

En même temps, le scintillement du sens relie le mot *ben* à *habana*, la compréhension en hébreu. Ce terme est également articulé sur la racine boné.

La guérison du cœur s'édifie aussi sur la raison !

Cette révélation, soutenue par le jeu linguistique, m'amène à la crise actuelle avec certains de mes élèves.

Dans leur quête de sens, ils s'appuient tellement sur ma logique à moi qu'ils cessent de se plaire, s'en vont ou se taisent dès que je n'applaudis plus à leurs raisonnements. De mon côté, j'accepte mal leur droit à se dévaloriser, d'autant que je m'acharne à souligner leurs talents, à saisir la moindre occasion de manifester ma fierté à leur égard.

J'ai fini par ne plus supporter l'impression qu'ils me donnaient, pour la plupart, d'énoncer une sentence au détour de la phrase la plus banale. Agacée par leur acquiescement garanti d'avance, n'arrivant pas, en outre, à leur faire comprendre que s'ils ne risquent pas une interprétation personnelle ils se coupent de leur élan vital, j'ai décidé à l'occasion du Nouvel An 1999 de leur faire un cadeau : ma patience. Cela servirait au moins mon évolution… Mais je n'ai pas su résister longtemps à mon rejet épidermique de leur dépendance obstinée. À la fin du mois d'août, j'ai explosé et tiré un pare-feu entre eux et moi. À toutes leurs questions, j'ai répondu : « faites comme vous voulez ».

Du chaos naît toujours l'ordre.

Je note ce matin, avec plaisir, que quelques-uns ont réussi depuis à se positionner en fonction de leurs valeurs, à s'autoriser ouvertement des satisfactions considérées par beaucoup, et surtout par eux-mêmes, comme spirituellement incorrectes. Peut-être comprennent-ils enfin qu'on n'est pas obligé d'être d'accord avec quelqu'un pour le soutenir. Et qu'on est certainement plus spirituel en étant sincère qu'en trichant avec soi-même.

Si je peux, à certains moments de leur chemin, leur servir de repère, je ne peux éviter à aucun le voyage initiatique qui le ramènera, fils prodigue, à la « maison » paternelle, délivré de l'avarice comme du gaspillage des richesses de son héritage, prêt à mettre en œuvre ses talents particuliers pour les faire fructifier.

Je me réjouis ce matin à l'idée de leur transmettre avec plus de clarté la puissance positive et lumineuse qui nait d'un ego guéri de son masculin négatif. L'envie me prend de lancer un vœu dans l'univers : celui de voir mes proches et mes élèves se réconcilier avec leur racine paternelle. J'ajoute une prière pour moi : la patience… encore et toujours. Car il faudra que souvent je me souvienne qu'en matière de filiation, les failles de valeur de soi ne se comblent que pierre après pierre. Ce mot, *even* en hébreu, relève d'ailleurs lui aussi de la même étymologie que le mot *ben*, fils…

N'ai-je pas attendu la réédition de mon premier livre, en janvier 1999, pour ajouter mon nom de famille à mon prénom spirituel ?

Délivrée de mon image de disciple idéale et du piédestal sur lequel le swami trônait dans mon imagination, j'abordai de façon plus naturelle et détendue son univers personnel.

Je découvrais la modalité d'être de la prodigalité : la bienfaisance, énergie masculine, concrète de la générosité. Je me demandais maintenant ce qui pourrait lui faire du bien, en ses termes à lui. Cela m'amenait à m'intéresser à ses goûts, ses joies, à anticiper, questionner : ouverture à une écoute et une parole qui transforment une « personne » anonyme, universelle, en individu unique, un « particulier » qui occupe une place privilégiée dans nos pensées. Je comprenais enfin en quoi consistait l'intelligence du cœur : la compétence de réfléchir à la vie de quelqu'un, l'habileté à le lui exprimer.

Cette nouvelle aptitude ajoutait chaleur et délicatesse à l'obligation morale de contribuer à la divine tâche de mon guru. Sur les tables de la Loi, il n'est « commandé » nulle part d'aimer ses parents. L'affection adjoint un supplément gratuit au devoir de les honorer qui figure dans les « dix paroles » bibliques. Elle l'augmente de plaisir. Cela vaut aussi pour un père de transfert.

Ti voglio bene, « je te veux du bien », disent les Italiens pour différencier le « je t'aime bien » du « ti amo » amoureux.

Qu'il devenait doux maintenant de ne pas oublier l'heure d'un médicament du swami, de penser à emporter son châle au cas où le temps se refroidirait. Je l'avais toujours fait, mais le pieux sentiment de redevance avait jusqu'alors bloqué l'affection qui inspirait mes gestes. Ravie, j'observais les mêmes mouvements, désormais en meilleure prise avec mon cœur et ma tête, se déployer dans l'espace avec la fluidité d'un glissé de harpe. Le plexus dilaté, je me laissais aller à plus d'extraversion. Un sourire remplaçait un namasté, une esquisse de courbette finissait souvent en accolade. Ma tendresse libérée d'une dévotion fondée sur le manque de valeur de moi exprimait mon admiration pour ses qualités réelles.

Par contraste, il m'apparut que jusque-là je n'avais fait que lui *rendre* service. Un « rendu », comme contrepartie à sa généreuse présence sacerdotale. À accompagner tant de gens sur le chemin de lumière, mon guide spirituel méritait bien d'être soutenu. Comme s'il ne s'agissait que de mérite ! Une valeur du domaine de la justice, certes, mais qui m'avait fait oublier son humanité. M'étais-je jamais posé la question de son contentement ?

Au bout d'une semaine, cependant, une ombre se profila sur mon enthousiasme. Cette proximité affectueuse ne risquait-elle pas de profaner le caractère spirituel de notre relation ?

La petite voix se moqua aussitôt de cette idée, digne, disait-elle, d'une grenouille de bénitier ! J'hésitais encore à l'époque à la prendre au sérieux. Malgré des expériences persuasives, le doute persistait en moi sur la réalité d'un monde invisible, de messagers, d'anges, capables de communiquer avec les humains. Mon scepticisme la faisait taire rapidement. Cette fois, quoi que je fasse pour l'ignorer, espiègle et provocante, elle revenait ébranler ce qu'elle appelait le côté étriqué de ma vision de l'amour spirituel. Chaque fois que je l'entendais, le sentiment qu'une présence intensifiait soudain l'air ambiant me saisissait. « Un ange passe », dit la vox populi pour signifier ces moments où l'espace semble se remplir d'un supplément d'âme qui laisse les interlocuteurs hésiter entre sacré et sarcasmes... avant que la conversation reprenne, plus tout à fait sur le même ton.

Ce fut là je crois que je commençai à entrevoir la vraisemblance de messagers invisibles, extérieurs à soi, qui passent par ce qu'on appelle la voix de la conscience. Je finis par lui répondre.

— Tu ne vas pas me dire maintenant que l'amour spirituel n'est pas l'aboutissement suprême de l'amour humain ?

— *Il en est la source. De là à en être la fin... Ce qui coule ne peut jamais se déclarer arrivé. Tu as l'air d'oublier que la matière n'est rien d'autre que de l'énergie condensée. En ce sens, peux-tu me dire ce qui dans l'univers n'est pas spirituel ? Tout le monde est spirituel. Dans la plupart des cas, sans le savoir, comme Monsieur Jourdain faisant de la prose. De même l'amour, sous toutes ses formes, est spirituel à la mesure du degré de conscience qui l'anime. Ce ne sont pas les plaisirs qui sont ordinaires ou sublimes, c'est l'homme qui, à sa mesure d'âme, va les banaliser ou les élever. Sinon, c'est quoi un amour spirituel, peux-tu me le dire ?*

Je commençais à me le demander vraiment ! Je n'étais sûre que d'une chose : ma relation au swami ne cessait de s'écarter des chemins battus par la tradition, et cela me troublait.

— Si la relation guru-disciple n'est plus limitée à la connaissance de soi, à l'éveil de conscience, si l'amour, même filial, n'y est plus sublimé par la déférence, ne risque-t-il pas de dévier ?

— *Bonne question*, claironna la voix, d'un ton tellement moqueur qu'elle ne laissa aucun doute : j'avais tout faux.

Conciliante, elle ajouta : *il n'y a de déviation spirituelle que dans l'excès*.

Ce fut la première leçon de sagesse que je reçus en direct de l'Invisible. Trop ignorante de ce que professait son messager pour en être moi-même l'auteur, j'ai fini par admettre, sans encore en comprendre le processus, que la voix de ma conscience puisait ses inspirations à l'extérieur de moi !

De mon point de vue, seul le caractère parfaitement chaste de mon amour pour le swami garantissait son caractère spirituel. Alarmée par les manèges sexuels que, sous prétexte de fusions d'âmes ou de transferts d'énergie, j'avais pu observer dans certains milieux consacrés au divin, je me méfiais de toute utilisation « sacrée » de l'adrénaline. Intransigeante par inquiétude, j'avais fini par assimiler l'amour spirituel à l'amour platonique pur et dur.

La voix insista :

— *Toute énergie, aussi platonique soit-elle, peut être en excès. Tu ne crois pas ?*

— Je ne sais pas, il faut que j'y pense.

Comment y penser, lorsque l'enjeu même de la méditation védantique enseignée par le swami consistait à arrêter le mental ?

Pour conquérir la paix intérieure promise par cette pratique, j'avais renoncé, après ma thèse, aux débauches d'analyses propres à mon intellect d'Occidentale. Trop contente de donner libre cours à ma nature mystique, n'avais-je pas, déjà là, été un peu excessive ? Afin d'éviter de retomber dans les méandres sans fin d'élucubrations mentales, n'avais-je pas profité du silence transcendantal de mes contemplations pour cesser de remettre en question mon idée même de la spiritualité ?

Le lendemain, mue par une inspiration subite, j'essayai dans ma méditation matinale d'utiliser le vide comme un tableau blanc sur lequel projeter mon interrogation de la manière la plus neutre possible : quelles sont les déviations possibles de l'amour spirituel ?

Résistant à la tentation de l'emballement cérébral, je mis un bon moment à astreindre ma pensée à contempler la question sans intervenir, à trouver ce que j'appelai plus tard une posture active-réceptive du mental. Elle l'amena au point sans localisation d'une pensée non analytique, et pourtant consciente. En ce lieu entre deux pensées dont je ne savais pas, à l'époque, qu'il est celui du Songe pour la kabbale, du supra-mental pour Aurobindo, je découvris ce que les chamans appellent le pouvoir lucide du Rêve. Ma conscience nourrie d'informations se délectait, confirmant le lien, souligné par la langue hébraïque, entre le rêve, *halom*, et le pain, *le hem*.

Ce jour-là, pour la première fois, je me surpris à retracer spontanément l'itinéraire de mon sentiment amoureux. Ce fut ma première récapitulation consciente.

Dans le silence feutré de la réminiscence, ma conscience s'impressionna du film douloureux des temps où nous nous trompons d'amour.

Je me revis, jeune fille, attirée par les gentils garçons prêts à offrir à mes lassitudes existentielles leurs bras enveloppants ou leur épaule rassurante en guise de matrice. Porteuse, à mon insu, du désir d'unité, je tissais autour de nous une gaze isolante qui enfermait mes partenaires dans mon idée romanesque du Tout : tout, tout de suite, maintenant et pour l'éternité.

Me lover dans les creux et contours des corps doux et maternants de grands frères affectueux apaisait la blessure ontologique de la séparation. Pour un peu de tendresse, je m'étais souvent retrouvée dans des lits décalés par des motivations divergentes, jusqu'à ce que l'autre s'éloigne, confus, d'un rêve qui n'avait jamais été le sien. C'est ainsi que longtemps, attendant d'être consolée plutôt que désirée, je m'étais trompée de relations, confondant copains fraternels et amants.

Plus tard, étudiante en psychologie et férue de psychanalyse, j'avais fini par reconnaître, en accord avec Freud et compagnie, le manque maternel comme la source de la nostalgie fusionnelle qui se console dans les berceaux de l'amour. Pour m'en sortir, j'avais choisi de m'allonger... sur le divan psychanalytique. J'étais tombée dans les très bonnes mains thérapeutiques de B.

Pour lui, tout, ou presque, s'expliquait par le manque de sécurité affective qui entoure les premiers contacts des nouveau-nés avec le monde extérieur. J'étais née tôt le matin, d'où ma difficulté à ouvrir les yeux sur un univers vécu comme peu accueillant.

Après deux ans de monologue assisté, dans la bonne tradition lacanienne, nous avions d'un commun accord amorcé un travail haptonomique : une pratique du « corps de contact » qui vise à rétablir une sécurité de base dans l'organisme. Durant de longs mois, il m'avait fallu reconnaître que mon corps se contractait dès que B. le touchait. Un paradoxe, vu que je n'avais aucune difficulté par ailleurs à m'engager dans un échange sexuel. Ce fut là que je compris qu'on passe souvent à l'acte le plus vite possible, comme on saute d'un coup dans le grand bain en fermant les yeux, en se bouchant le nez, pour exorciser le froid, la noyade.

Tant que notre corps n'est pas redevenu un corps de contact, la réaction de peur, paralysie ou fuite, se met automatiquement en place à la moindre approche physique. Non « confirmée affectivement », notre peau, messagère de mémoire, ne traduit que son incompétence à différencier affection et séduction.

Ce qu'il y a de plus profond en l'homme c'est la peau.
Paul Valéry

Après de nombreux revécus de naissance et dix-huit mois d'une psychanalyse révolutionnée par la participation du corps dans l'échange thérapeutique, j'avais pu enfin me détendre sous la main rassurante de B. Une main qui guérit, console ou cicatrise la douleur d'être séparé, l'inévitable coupure du naître.

J'avais cessé de paniquer au premier regard affectueux, prise dans les affres du « et après ».

Après ? Rien.

M'exercer à rester présente au contact d'un geste tendre, sans futur sexuel, proposé par un homme maternel aux frontières claires qui aurait pu être mon père, m'avait enfin permis de sourire à un inconnu, d'accepter une caresse sans me tendre vers un avenir à contrôler d'avance.

Cessant de confondre tendresse et génitalité, j'avais abandonné, sans effort ni contrainte morale, l'usage de la séduction. Surprise : il n'était pas besoin de manipuler pour obtenir, un jour de cœur triste, cajoleries et câlineries. Il m'était aussi devenu plus facile de reconnaître les propositions malhonnêtes qui, sous une approche tendre, masquent une banale libido en demande.

Guérie des amours de consolation, les jouvenceaux charmants avaient perdu pour moi beaucoup de leurs attraits. Je devenais plus sensible à ceux des hommes mûrs.

Il m'avait fallu un peu de temps, et quelques phrases percutantes de B., pour me rendre compte que leurs tempes grises me séduisaient à la mesure de leur position sociale, leur célébrité ou leur richesse. La valeur de soi se reconstruit tellement plus facilement dans le luxe et le pouvoir.

À l'évocation de cette vérité découverte alors, un sourire glisse ce matin sous mes paupières closes : les hommes mûrs, sans argent et sans titre, ont moins de succès auprès des jeunes femmes. Parallèlement, un élan de gratitude monte en moi pour le « non » de père de transfert manifesté dans une affection sans ambiguïté par un thérapeute et un guide spirituel qui n'ont jamais abusé de l'admiration que je leur vouais.

À l'époque, je contemplais, stupéfaite, les informations qui émergeaient de ma première récapitulation.

Les plaisirs de l'esprit que j'avais partagés, au début de ma rencontre avec mon sage guru, ne faisaient plus carburer mon organisme qu'à la pure essence métaphysique. Mon désir, focalisé sur la connaissance du Soi, mon moi spirituel, trouvait une totale satisfaction dans la jouissance du vide transcendantal et la discipline du service au guru. Ces célestes bonheurs, intensément impassibles, ne risquaient pas de m'entraîner dans les feux de l'enfer. Ma chasteté militante était devenue un bouclier contre les relations de consolation et de compensation. Je les avais remplacées par l'échange platonique que je considérais, avec la conviction des opinions qui tiennent lieu de protection, pour le summum de l'amour spirituel.

La consécration de mon énergie sexuelle au divin exorcisait ma crainte maladive d'être déçue. La vérité fit mal !

Ma peur de l'autre avait changé de case, mais elle constituait toujours le moteur de mon rapport à autrui. La gorge nouée, j'ai dû m'avouer qu'au commencement de mon chemin spirituel, mon enthousiasme pour la sagesse se nourrissait du réalisme désabusé de ceux qui en ont fini avec les balivernes romantiques... afin de mieux fuir l'amour ! Si mon engagement au ciel avait calmé mes hormones, il avait mis mon cœur en jachère.

Les larmes brouillèrent l'écran. Je ne trouvai, ce matin-là, ni la force ni le courage de contempler la suite de mon voyage d'amoureuse. Mais le lendemain matin, à peine assise, comme un flot impétueux en attente de la levée d'un barrage, les images déferlèrent.

Elles s'arrêtèrent sur les quelques semaines que le swami avait passées en France, sur mon invitation durant l'été 79, un an exactement avant ma rencontre avec Richard.

Été 1979. La gaieté qui accompagnait l'empressement quasi amoureux d'Anya auprès du swami me choquait. Ses éclats de rire bousculaient le côté quelque peu psychorigide de mon service au guru. Très vite, j'en étais devenue misérablement envieuse.

Comme un aimant, l'envie qui oblige à se reconnaître désirant, tira du coffre-fort dans lequel je la refoulais la pulsion d'adoration, le moteur de l'élan amoureux. Traversant le barrage de mon puritanisme protecteur, elle s'enflamma d'un seul coup. Le besoin humain d'aimer et d'être aimé infiniment qui habite l'âme, d'abord étouffé par ma peur de souffrir, attendait son heure. Sans le moindre effort, le courant régénérateur du Désir retrouva sa place dans mon cœur avec la vigueur joyeuse d'un fleuve en crue.

L'amoureuse sage et froide que j'étais devenue avait retrouvé le courage du feu. C'est comme pour la bicyclette, ou la natation, *ça* ne s'oublie pas.

Plongée dans la contemplation de cette époque, je vis sur mon écran mental mon corps, rassuré par la chasteté sacerdotale du swami, s'autoriser à nouveau la radieuse impudeur de ses élans.

La dimension spirituelle de mon amour pour lui sublimait ma sensualité naturelle vers les plaisirs d'âme. Attiré vers le haut, mon feu vital dansait à la verticale. Loin de me décentrer comme avant, l'excitation de mes sens m'installait dans la légèreté d'être caractéristique de l'exultation.

Exultation – ex-saltum, un saut à l'extérieur – celui que l'homme ressent au plus intime de lui-même quand il a l'intuition qu'il réalise le passage, le saut, d'un stade à un autre. Elle est une trans-ascendance, une danse de l'existence vers le haut, dans la joie d'une âme qui ressent qu'elle s'est ouverte à son devenir.

M.A. Ouaknin

Je retrouvais comme une seconde nature la joie extatique de la voie tantrique, le yoga des sens. J'aurais pu voltiger longtemps sur ses hauteurs frémissantes sans jamais les remettre en question, si mon guru ne m'avait pas alors présenté son miroir sous une autre facette. Il ne reflétait plus les ombres de mon ego mais la ferveur de mes danses de Salomé et la démesure quelquefois hystérique de leurs effets.

La frontière est ténue entre la jubilation de l'âme en adoration et la frénésie amoureuse qui enchaîne l'adoré à nos attentions.

Le jour où, pour la énième fois, je demandai au swami s'il avait besoin de quelque chose et qu'il me répondit : « oui, que tu me laisses tranquille », une secousse m'éveilla du sommeil de la bonne conscience qui confond le don d'amour avec la prise en otage. Au satsang, le soir même, il trouva une occasion anodine pour souligner qu'en sanscrit le mot ami a la même étymologie que le mot colle. Comme on dit dans ma famille en yiddish : « Ma fille, je te parle, ma belle-fille, c'est à toi que je m'adresse ». S'il parlait à tous, son message était pour moi.

Entendu ! Même dans les relations d'âme, il fallait apprendre à ne pas coller à ses partenaires, à ne pas les étouffer d'adoration.

Ma nature passionnée avait trouvé son maître. Je pouvais l'adorer autant que je voulais. Non seulement il n'en abusait pas, mais attentif à ne pas se laisser marcher sur les pieds, il limitait mon enthousiasme par des propos éclairants, sans jamais me donner le sentiment qu'il se trouvait englouti, dévoré par ce féminin ardent dont il était la cible.

Quelle chance, après avoir admiré la droiture sexuelle de mon analyste, d'avoir pu chérir un sage d'une grande puissance masculine et d'une lumineuse beauté, sans craindre qu'il manipule l'éros spirituel dont il était l'objet.

Je sus en profiter pour laisser le feu sacré, rencontre entre l'esprit et *l'Ardent Désir*, envahir la chambre mystique de mon cœur. Mon âme s'engouffra dans l'immensité sur laquelle elle ouvrait. Là, toutes ailes déployées, je savourai mes ravissements, délivrée du risque de me blesser aux réticences d'un partenaire frileux.

Ses flammes firent fondre ma peur intime de l'élan spontané. Sa puissance sublima la beauté sauvage, instinctive, de mon inconscient. Enfin tout allait bien pour mes sens.

Les états d'extase qui transformaient maintenant mes assises méditatives en communions amoureuses avec l'univers confirmaient que les passionnés comme moi n'étaient finalement pas si fous de croire à l'amour fou. Il y avait bien, dans nos cœurs, une flamme qui connaît et reconnaît l'intensité infinie de l'énergie amoureuse. La ferveur dépourvue de toute ambiguïté sexuelle qui habitait mes échanges avec mon guru et, par là même, avec mon environnement, démontrait qu'il pouvait même se vivre sur terre.

— *Quelles sont les déviations de l'amour spirituel ?* répéta alors la petite voix, que j'avais complètement oubliée.

Novice dans l'art de la récapitulation, je m'étais laissé emporter par le mouvement du film. J'avais perdu en route son enjeu. De retour dans le lieu mental où la pensée se déroule en l'absence du verbe penser, une réponse finit par émerger, aussi désagréable que la découverte d'un bouton sur le nez : j'étais passée d'un excès de froideur métaphysique, au début de ma quête spirituelle, à un débordement mystique.

Après avoir, en guise d'émotions, préféré les sensations pures, électriques et sans chaleur procurées par la concentration sur le vide ou un mantra, j'avais, pour ranimer les braises de mon âme assoiffée de septième ciel, transformé mon guide spirituel en objet de « transport » amoureux. Mon adoration dévotionnelle m'ouvrait à son âme, mais l'état dans lequel me plongeait l'amour vertical que je lui portais gommait sa réalité existentielle. Les échanges qui en découlaient étaient peut-être à hauteur d'âme, mais ils sublimaient sa personne au point de la transformer en interlocuteur virtuel, à la lisière de la projection, voire de la sacralisation.

L'état extatique frôle l'onanisme spirituel.

Les yeux dessillés, je vis comment l'idolâtrie qui transforme ce qu'on adore en objet de culte, pouvait facilement se profiler dans l'adoration du bhakti-yogi, le pratiquant de la voie mystique du yoga.

Heureusement, dans les premières années de ma rencontre avec le swami V., je m'étais réconciliée avec la Loi. Sans la reconnaissance d'un ordre symbolique, la dépendance aux états limites fait trop facilement tituber l'assoiffé d'absolu dans l'hystérie, ou le fanatisme qui rend capable de perdre la tête à en mourir.

Heureusement, mon guru était assez sage pour dénoncer, à chaque occasion, les motivations équivoques de la ferveur des fous… et folles de Dieu.

D'accord, l'excès mystique peut faire dévier l'amour spirituel, concédai-je à la voix, de mauvaise grâce, mais si je n'avais pas libéré ma pulsion d'adoration, je n'aurais jamais éprouvé les ravissements des beautés de l'âme propres à l'amoureux qui sommeille dans le cœur humain.

N'est-ce pas dans l'exultation qu'on connaît la totale intimité avec soi-même, sans laquelle il est inutile d'espérer une intimité avec quelqu'un d'autre ? Sans cet éveil mystique, je n'aurais jamais réussi à relier mon énergie sexuelle à la jubilation sacrée des sens. Au mieux, j'aurais fini par ressembler aux dévots cérémonieux qui entretiennent leur ferveur à la force de l'habitude, des rituels !

Il me sembla entendre la petite voix au loin. Emportée par mon indignation, j'enchaînai mes arguments d'avocat du droit à exulter.

L'artiste véritable ne découvre-t-il pas le même ravissement dans sa créativité ? Le musicien vénère les sons, le poète adore les mots, le mathématicien les chiffres, le peintre les couleurs et les formes, le philosophe les idées, le scientifique l'exploration. C'est peut-être une jouissance de même nature que l'on retrouve, en lambeaux, chez l'ivrogne accroché à sa bouteille, le drogué à sa dose. À tout prendre, la fusion transcendantale m'offre des joints raisonnables, des ivresses saines autant qu'exaltantes, en m'abreuvant de l'amour sans limites qui m'habite l'âme.

— *Soit !*

C'est tout ce qu'elle trouve à dire ! La brièveté de son acquiescement me calma sur-le-champ.

Il y a certes d'autres chemins pour se défaire de la pudeur narcissique qui fait barrage à l'éros de l'âme, me dis-je, cessant de m'opposer à elle pour mieux me justifier. On est ce qu'on est. Moi, c'est dans l'extase spirituelle que j'ai appris à vibrer à l'unisson du vivant, de la pulsation cosmique. C'est là que j'ai découvert mon cœur d'amante souveraine. C'est comme ça !

Silence... Inquiète, je tendis l'oreille. Je n'« entendis » qu'un son de tendresse infinie, aussi doux qu'une caresse angélique. Le sentiment d'évidence qui l'accompagnait me rassura. Et je « vis » ce qu'il y avait à comprendre.

L'éveil à la dimension mystique du chakra cardiaque constitue bien un passage obligé de l'ouverture du cœur. Mais s'il est important de nourrir sa compétence à exulter, il ne faut jamais cesser de veiller à ne pas se laisser déborder par sa nature égocentrique. Car, à se donner tout entier aux pulsions de l'âme, le mystique, comme l'artiste, finit souvent par gommer la réalité de ses interlocuteurs. Ils les « inexistent ».

Là se trouvait la source de déviation de la facette extatique de l'amour dit spirituel, que j'avais d'abord confondu avec l'assèchement de l'énergie sexuelle, puis avec le débordement mystique.

J'avais ainsi occulté la réalité humaine du swami... et probablement celle de Richard !

N'avions-nous pas rendu l'extase plus désirable, plus importante que la personne qui la provoquait ? D'où, à l'arrivée, la pénible constatation que le cœur n'était pas forcément au rendez-vous de nos corps exaltés – littéralement sortis d'eux-mêmes.

Ma première récapitulation m'amenait à comprendre que, si la voie du Tantra permet de sublimer les sens par l'accompagnement de la conscience, elle n'apprend pas à aimer l'autre dans le temps et dans l'encombrement de sa réalité existentielle.

J'ai alors repensé à la proposition que j'avais faite à Richard, deux mois avant notre départ pour l'Inde, de vivre une période de chasteté. Il avait accepté à contrecœur. C'était sans doute cela qui avait motivé son choix de me quitter.

Il n'était parti que depuis une semaine. Déjà, grâce au retour sur mon passé d'amoureuse, je « voyais » que cette pause nous aurait permis de passer de la relation de guérison dans laquelle nous étions établis depuis deux ans, à la relation d'âmes sœurs que la magie de notre rencontre pouvait nous laisser espérer. Chacun avait offert à l'autre toute l'énergie de consolation et de compensation dont nous étions capables, jusqu'à épuisement. Nous avions reconnu et honoré ce don mutuel et connu la grâce de vivre l'acte de chair à hauteur du sacré. Notre rêve tantrique était réalisé. Mais, l'habitude étant une seconde nature, nous aurions eu besoin d'un répit sexuel pour laver nos cellules de leurs réflexes thérapeutiques. Je le savais d'instinct, sans pouvoir encore trouver les mots pour le dire. Maintenant, les mots étaient là. Richard, lui, était loin.

D'une récapitulation à l'autre… Dix-neuf ans plus tard, sous le choc des images qui s'entrecroisent, je vois Richard prendre une nouvelle place sur l'échiquier relationnel de mon histoire.

« Pourquoi se sont-ils quittés ? » a demandé à mon attachée de presse la journaliste d'un très sérieux hebdomadaire, chagrinée par la fin de ma belle histoire d'amour avec lui. Le premier volet de mon voyage initiatique de femme moderne, *Dis-moi si je m'approche*, venait de paraître. « On n'a pas la chance de rencontrer tous les jours une âme sœur », a-t-elle ajouté en écho à de nombreux lecteurs.

Pourquoi nous sommes-nous quittés ? Quand j'ai rédigé les dernières pages du livre, j'ai tenté moi-même de répondre à l'indigeste question. Une bonne part de responsabilité dans la rupture me revenait sûrement. Après tout, c'était moi qui avais choisi de m'engager dans une voie spirituelle, dite de renoncement. Pauvre Richard… voué au célibat forcé, par ma faute ! Lui qui désirait tant un enfant. Ces conclusions s'écrivaient au rythme d'un mea culpa rétrospectif jusqu'au dernier mot fataliste : c'était l'Un, la quête de Dieu, ou bien lui et la vie familiale. J'avais fait mon choix. On ne peut pas tout avoir, n'est-ce pas ?

Ensuite, j'ai téléphoné à Raphaèle : le manuscrit est prêt... Répondant à l'appel de l'amitié, elle est arrivée le soir même pour me donner son avis sur le dernier chapitre. Après une lecture attentive, elle s'est lancée dans une de ces diatribes dont elle a le talent : « Richard ? Ce n'est pas vos chemins divergents qui vous ont séparés. Avec le temps, vous auriez trouvé des ponts pour les relier. Il a été passif, lâche, muet... Comment peux-tu être masochiste au point de te sentir coupable de son éloignement ? Tu ne veux pas voir qu'il n'était épris que par désir interposé... le tien ! »

Mon Richard amoureux, érotique, chevaleresque, se défaisait impitoyablement sous ses mots. Je suis restée muette de surprise. Raphaèle nous avait suffisamment vus ensemble, lui et moi, pour meubler de détails accablants sa démonstration. Et si elle avait raison ? Mon prince charmant n'avait-il pas abandonné sa bien-aimée sans résistance ni combat ? Il n'avait pas esquissé la moindre tentative d'influer sur ma décision. Il n'avait su que se taire.

« Tu n'as juste pas vu que ton beau prince était redevenu crapaud. Pas une once de négociation. Le silence et le retrait culpabilisant en guise de position : c'est cela que tu dois regarder en face. Dors dessus et tu verras que demain ton chapitre sera obsolète », a lancé Raphaèle en guise d'adieu.

La nuit lui a donné raison.

Au petit matin je me suis avancée vers mon ordinateur en samouraï concentré, prête à la victoire. J'ai réécrit d'une traite la fin du livre.

Au ton de ma voix, Raphaèle a compris que je ne l'appelais pas seulement pour approuver ma conclusion mais pour être le témoin d'une page de ma vie délivrée. Elle est arrivée dans la demi-heure. Je lui ai tendu les quelques feuillets. Aux derniers mots, les yeux écarquillés, je l'ai vue éclater en sanglots. Elle qui, comme ma sœur Stéphy, fait partie des pudiques qui ne pleurent jamais en public !

Dans le silence de notre émotion partagée, j'ai su que je venais d'arracher un éclat de vérité à la dénégation. Face à l'inconnu, Richard avait reculé. Son choix était honorable, mais pas son refus cruel d'en parler.

Ma demande de prendre une pause sexuelle, peut-être maladroite, avait exprimé mon désir encore flou d'une relation d'âme allégée de trop d'échanges thérapeutiques. En tout cas elle portait déjà mon rêve d'un partenaire affirmé dans ses valeurs, quelles qu'elles soient. Prêt au moins à les éclairer avec moi par le dialogue. Si elles s'étaient avérées non négociables, nous aurions toujours pu nous séparer d'un commun désaccord, sans que l'un fasse porter à l'autre le poids de sa décision, aussi ambiguë soit-elle. Faire appel à la raison, au lieu de réagir aux tempêtes par ses seules émotions, n'est-ce pas le privilège des hommes… et des femmes ?

Trois mois après son départ de l'ashram, espérant que le temps l'avait ramené au rivage du sens, j'avais pris l'initiative de l'appeler.

— Ne serait-il pas temps de parler, de faire le point ? De décider plus sereinement de notre avenir ? Nous pourrions nous retrouver à mi-chemin entre Cologne et Paris. Prendre un hôtel…

Pouvais-je laisser l'avenir plus ouvert ?

Sur le quai d'Aix-la-Chapelle où je l'attendais avec la meilleure volonté, j'ai vu arriver un homme que je ne connaissais plus. Froid, dur, mâchoires serrées. Il n'a pas fallu plus de cinq minutes pour qu'il m'accuse d'avoir provoqué la rupture. Pas lui.

— Mais avant même de partir en Inde, tu étais d'accord pour prendre le temps de réfléchir à la manière de poursuivre notre relation. Tu voulais venir avec moi pour que nous en parlions au swami et décider ensuite de notre avenir. Souviens-toi.

— Pas du tout. C'est toi qui as voulu prendre la robe orange.

— Cela ne nous empêchait pas de rester ensemble.

— Tu ne m'as pas demandé mon avis

— Rien ne t'empêchait de me le donner.

— Je n'avais rien à dire.

— Ça, ce n'est pas de ma faute.

Si, c'était de ma faute. Son visage décomposé laissait apparaître les marques d'humiliation du petit garçon mortifié.

À l'écouter débiter son texte comme s'il avait répété dans le train une plaidoirie, je me tus. Après tout, dans sa logique, sa colère était légitime. Il avait raison... En acceptant la robe orange, j'avais confirmé mon intention de sevrer nos enfants intérieurs. J'avais brisé le moule de notre relation de guérison. Il ne me quittait pas parce que je ne voulais pas de bébé. À trente-quatre ans, je pouvais encore changer d'avis. Il me connaissait suffisamment pour savoir que je remettais régulièrement en question mes opinions définitives. Il me quittait parce que en endossant officiellement une fonction sacerdotale, j'acceptais un rôle de « mère universelle ». Il voulait l'exclusivité de mes talents maternels pour le « fils blessé » qu'il portait en lui, et sa progéniture. Nous n'étions plus sur la même longueur d'onde. C'était le seul constat à faire, sans blâme, ni jugement.

Son réquisitoire terminé, je l'ai senti au bord d'une violence telle que j'ai apprécié d'être dans un endroit public.

Il a repris le train suivant. Je suis rentrée seule à l'hôtel.

Six mois plus tard, il m'envoya une petite carte m'annonçant qu'il avait trouvé la femme de sa vie. Elle était mère d'une fille de 15 ans. Il la connaissait depuis des années. Comment n'avait-il pas vu que c'était « elle » depuis toujours ? « Souvent on passe à côté de ce qui se trouve à portée de main », notait-il en conclusion, non sans me souhaiter mille bonnes choses. Avec cette petite phrase assassine, il avait rayé notre histoire d'amour, protégeant par avance sa mémoire de tout regret.

C'est là que j'ai pris conscience de l'agressivité caractéristique des passifs.

1992. Dix ans plus tard, rencontre avec Foster. Comment ai-je pu à nouveau m'embarquer avec un fuyard relationnel que j'ai toujours dû poursuivre de questions pour connaître ses intentions ? La seule chose qu'il savait, pour sûr, était qu'il ne désirait pas d'enfants. Son enfant intérieur ne voulait clairement pas de rival. C'était lui, et lui seul, qu'il fallait materner, consoler de la passion envahissante et destructrice que lui vouait sa mère. Pour mes retrouvailles avec le couple amoureux, j'ai encore été le bon couvercle pour le pot d'un passif-agressif... bien plus endurci que Richard. Lui et moi, nous avions encore l'excuse de la jeunesse.

2001. Neuf ans plus tard, rencontre avec le Dr R. Lui incombe la tâche de remettre de l'harmonie dans un cœur presque guéri de ces mauvais souvenirs. Résultat : ces sacrées sinusites qui me poussent aujourd'hui à repasser ma vidéo « déception et colère contre les passifs-agressifs ».

— *Jamais deux sans trois. C'est une règle initiatique. Pour cette troisième étape, la récapitulation suffit à pointer les dernières traces réactionnelles inscrites dans la mémoire cellulaire*, reprend la petite voix, inquiète de me voir m'arrêter à mi-chemin.

Ensuite vient le test de réalité qui met à l'épreuve tes nouvelles compréhensions. Richard... Foster... le Dr R. Profite donc de ta rencontre avec lui pour les mettre en pratique. Comme la dernière goutte dans une réaction chimique qui fait virer le rouge au bleu. Il suffit d'un dernier geste pour que s'accomplisse le miracle de la mutation. Une fois cette alchimie opérée dans ton corps, tu seras tranquille, ce que tu comprends intellectuellement deviendra chair et os. Alors tu éviteras les passifs-agressifs sans effort.

Quelle force de persuasion ! Bien... reprenons.

Comment concilier son adrénaline, son ego en quête de puissance positive, la prise en compte de l'altérité et de la tendresse… sans perdre ni sa tête ni son âme… encore moins la parole ? C'est ce que, vaguement sonnée, je me demandai après ma première récapitulation.

Il me reste quinze jours pour trouver la réponse avant le départ du swami, me dis-je à l'époque. Je me sentais le courage de soumettre mes nouvelles prises de conscience à son regard affectueux. J'étais en territoire sécurisé.

Tout en entretenant mon feu sacré par mes méditations, je commençai à jouer mon travail de disciple sur la gamme des nuances variées du *ti voglio bene* : prévenance, attention, sollicitude. Je tendais l'oreille aux mises en garde de l'Invisible sur d'éventuelles confusions sentimentales. La petite voix se taisait. C'était bon signe. Je me laissai aller d'autant plus volontiers aux plaisirs de l'intimité.

Mon âme se dilatait dans ce service magnanime. Je constatais que l'exultation ne me mettait plus « hors de moi » mais bien face à l'autre. Maintenant que je recevais les attentions du swami sans fuir émotionnellement ou me sentir paralysée par mes fantasmes, je me rendais compte qu'il s'était toujours préoccupé de ma petite personne, pas seulement de mon âme. Faute de m'aimer moi-même, je n'avais pas su accueillir la sollicitude qui fondait son amour pour moi. Quel temps perdu ! Mais ce n'est pas en tirant sur une plante qu'on accélère sa croissance. Faites confiance au processus, disait-il souvent.

Emportée par les douces sensations que me procurait ma nouvelle bienveillance à l'égard du swami, je ne remarquai pas quelques légers reculs, certains rétrécissements interrogateurs de sa pupille.

Je ne savais pas encore que le processus de récapitulation ménage une épreuve de réalité aussitôt après une prise de conscience. Ignorante de ce suivi cosmique qui réclame une vigilance particulière après un flash d'entendement, je ne prêtai pas grande attention à son léger changement de vibration.

Comme un phare en plein jour, ces signaux subtils finirent pourtant par m'alerter.

Je commençai à me demander si, désireuse de prendre affectueusement soin de lui, je n'avais pas, en douce – un piège certain de la douceur –, laissé le souci de l'autre engloutir ma noblesse d'âme.

Mes gestes avaient perdu un peu de leur souveraine verticalité. Ils s'étaient colorés d'ordinaire.

« La familiarité engendre le mépris », disent les Anglais. Je n'en étais pas là, mais je prenais la route glissante de la désinvolture qui, dans la proximité, grignote petit à petit le sens du sacré.

Rétrospectivement, je m'amuse aujourd'hui en notant qu'au moment précis où je croyais avoir conjuré la peur de l'intimité, j'ai dû apprendre à faire la différence entre l'affection névrotique qui consiste, comme l'a si bien épinglée Lacan, à « donner ce qu'on n'a pas à quelqu'un qui n'en veut pas », et la compétence à « bien » prendre soin de l'autre, qui consiste à donner ce qu'on a à celui qui en veut… et je soupire en constatant que ce n'est pas forcément si facile.

Comment faire plaisir sans s'égarer dans le plaire, chérir sans tomber dans la familiarité ?

En évitant de s'approcher… Cette réponse commode justifie la distance affective dans ma famille, et dans beaucoup d'autres. Elle ne me convient pas.

À l'époque, inquiète à l'idée de gâcher ma dernière semaine avec le swami, ma question sur le bon usage de la proximité devint l'unique sujet de mes prières. « Demandez et vous recevrez. » Combien de fois avais-je remarqué la véracité de cette formule. Là encore la réponse ne se fit pas attendre.

Sur l'écran du Songe revient la fameuse après-midi où le swami était resté dans sa chambre. J'avais à récupérer un dossier urgent laissé sur sa chaise. Je frappai discrètement. Pas de réponse. Peut-être faisait-il une sieste. Frapper plus fort pouvait le réveiller. Je choisis, comme ses disciples proches le faisaient souvent, de pousser la porte sans bruit et de prendre, sur la pointe des pieds, l'objet en question. Je le surpris dans un de ces moments où « le roi est nu ». Vision d'un maître à l'humanité imparfaite, surpris dans sa réalité incarnée, provoquant la même honte équivoque que l'image troublante de la nudité de ses parents. La main posée sur la poignée, je reste pétrifiée.

Je ramenai rapidement le battant vers moi, m'attendant à subir l'assaut de sentiments embarrassés.

Comme il y a presque vingt ans déjà, je retrouve entière la gêne que l'on peut éprouver lorsque le physiologique pèse de toute sa densité sur le regard tourné vers l'autre, ou que le ou la bien-aimée se trouve, dans l'instant, réduit à sa manière de manger ou de se moucher…

Contrairement à mon attente, une indulgence radicale me fit refermer la porte doucement. Un calme de glacier me tomba dessus. J'étais arrivée au lieu sans jugement de l'amour, où l'âme embrasse le corporel au lieu de le mépriser. La conscience d'une mortalité sans poids, d'un temps biologique qui intègre la limitation tout en caressant l'éternité, m'envahit... En ce point de contact entre Réel et réalité, essence et existence, je connus le goût du sublime sans fuite transcendantale.

L'évidence s'imposa : le sublime, ici-bas, puise sa justesse dans la bonté, substance de l'amour inconditionnel des mères. Non dans l'absolu.

En fermant la porte sur l'imperfection humaine du père spirituel, le « fils » prodigue en moi entrouvrit celle de la chambre maternelle de son cœur.

J'y découvris la bonté : l'indulgence radicale qui sublime la fatigue, le dégoût, la plainte. Là, le bon s'ajoute au bien. N'est-ce pas ce que découvrent aussi ceux qui prennent soin d'un malade, d'un déshérité et, bien sûr, d'un enfant ? Probablement parce que dans ces moments de fragilité, d'incertitude, le *visage* de l'être humain émerge plus facilement des masques, révélant, au-delà de sa précarité, la beauté qui défie le temps.

Ce matin, mon être vibre encore au souvenir de cet instant où j'ai vu le *visage* du swami émerger de sa faiblesse humaine, et non de son rayonnement spirituel.

L'amour ressenti ce jour-là me désignait la bonté comme le plus puissant antidote à l'égocentrisme mystique autant qu'aux déviations du bien qui transforment le don en droit sur autrui. J'avais mon bâton de pèlerin pour la suite de mon voyage sur la voie de l'amoureux.

Je comprenais enfin que, même s'il avait été pour moi une matrice spirituelle, mon guru n'en restait pas moins dépendant de la compétence maternelle des gens qui désiraient prendre soin de lui. Cette prise de conscience me fit regarder en face la vulnérabilité ontologique qui nous humilie, tant qu'elle n'est pas assumée comme la racine même de la joie du partage.

People who need people
are the happiest people in the world.
Les gens qui ont besoin des gens
sont les gens les plus heureux de la terre.
Barbara Streisand

Mes vexations infantiles m'avaient jusqu'ici empêchée d'admettre que sans une mère, le petit enfant ne peut *réellement* pas survivre. L'acceptation de la faille narcissique qui accompagne jusqu'à leur dernier jour tous les humains sans exception, aussi évolués soient-ils, se manifeste par la reconnaissance de notre besoin fondamental de l'autre, pour cause d'imperfection originelle.

Ti voglio bene. Vouloir du bien à l'autre ne consiste-t-il pas à prendre soin de sa solitude ontologique, tout en se gardant de l'illusion de la combler ?

La coupure du naître, qui nous rend manquants du « Tout », n'épargne pas nos géniteurs. Une vérité qui s'appliquait à moi, comme aux autres... à tous les autres, ainsi qu'à ma mère. À cette pensée, l'idée que je pouvais aussi prendre bon soin d'elle traversa les couches égocentriques de l'enfance qui emprisonnent le côté féminin de l'amour familial.

Si notre consentement symbolique à la Loi, au « père », libère le « fils », seule la reconnaissance de notre vulnérabilité fondamentale permet à la « fille » en nous une approche pacifiée de sa mère biologique, et en conséquence, l'ouverture à sa propre dimension maternelle, sans laquelle sa polarité féminine reste négative, dormante dans le meilleur des cas.

Sans ces deux intégrations qui unissent en nous le père *et* la mère, le masculin reste coupé du féminin, et l'échange entre l'homme et la femme risque de manquer d'amour.

Si la confiance du swami avait soigné mes blessures de « fils de son père », c'était ma tendresse qui avait permis à « la fille de ma mère » de sortir de sa tanière. Restait à continuer la route jusqu'à elle.

Le lendemain, je glissai discrètement un peu de coton dans le trou de serrure de la porte de sa chambre. Le swami m'inonda d'un caressant silence. Il ne se servit jamais de la clé que j'avais fait faire. Mais il ouvrit plus grand son cœur à l'amoureuse adulte que je devenais.

Quelques jours plus tard le swami commença à rassembler ses affaires en vue de son départ pour l'Australie. Son vieux sac de voyage lui parut trop usé. Le fameux sac qui avait éveillé ma mémoire de disciple, quatre ans plus tôt. Quatre ans seulement. Déjà il me laissait la lourde responsabilité de guide spirituel.

Trop heureuse de pouvoir encore lui rendre service, me voilà courant tout Paris à la recherche du bagage idéal.

Pourquoi les gens dans la rue me regardaient-ils aussi fixement ? Quand une voiture s'arrêta au beau milieu du pont de la Concorde pour me laisser passer, et que j'entendis derrière moi un vieux monsieur dire à sa compagne : « Regarde, regarde ! », je finis par prendre conscience du tableau qui les sidérait. Une jeune femme, aux cheveux noirs tombant sur les épaules, drapée d'une longue robe orange, des sandales de moniale aux pieds, glissant sur les pavés parisiens comme sur les dalles d'un temple, suivie de près par deux groupies, attentives comme des gardes du corps ! Protégée par le drap de laine mandarine, je souriais du plus profond de mon âme à l'étranger, au passant. Beaucoup réagissaient d'un sourire interrogateur, timide, puis souvent franchement ouvert, heureux d'abandonner pour un instant leur réserve parisienne. La force de Vie circulait, le pouvoir de bénédiction ramené d'Inde sublimait aussi l'espace de la ville en Occident. Miracle du sourire.

LE SOURIRE EST LA PRIÈRE
DE CHAQUE PETITE CELLULE,
De chacune et elle monte jusqu'à la bouche.
Le sourire élève au-dessus de tout.
Le sourire intérieur est la condition première.
Dialogues avec l'Ange

« Il manque une poche pour mes papiers, la fermeture éclair est trop rigide, le cuir trop fragile »... Après avoir échangé plusieurs fois mes trouvailles, je dénichai enfin un sac acceptable. Le swami entreprit de le remplir. Je pliai ses vêtements et les lui passai, tandis qu'Anya rangeait ses affaires de toilette. Un silence harmonieux planait sur nous. Une fois le nouveau sac bouclé, il jeta le vieux dans un coin. Je suivis son geste des yeux et ma paix s'envola. Je voulais ce sac. Je désirais ardemment qu'il me le donne.

Par la force négative de son énergie, mon obsession transforma notre petit paradis en enfer. La tension montait. Le swami se tourna alors vers Anya et dit : « Prends mon vieux sac. » Des hauteurs du sublime au gouffre de la vexation, la pente est raide. Je m'accrochai désespérément à un reste de dignité pour ralentir la chute. D'autant que son jeu était d'une transparence élémentaire. Mon attente anxieuse, mon envie sentimentale pour ce sac ne lui avaient pas échappé. Trop d'attachement au passé. Trop d'avidité infantile. D'accord, d'accord. Il était puéril de m'accrocher ainsi à cet objet symbolique de mon chemin de disciple. N'en parlons plus. Anya peut le prendre. Une grande respiration. La bataille contre la susceptibilité est gagnée. Plus rapidement qu'avant, avec moins de profondeur dans le drame : autant de critères pour mesurer la cicatrisation de nos blessures narcissiques et de leur insatiable besoin de preuves d'amour.

Ce rétablissement héroïque à peine achevé, la phrase d'Anya tombe avec la légèreté d'une plume : « C'est Aruna qui devrait avoir ce sac. Cela fait longtemps qu'il lui plaît ».

« Oh ! bien sûr, pas de problème », répondit-il. Quand la sécurité revient, l'objet du désir perd son statut de trophée. Élémentaire, comme la petite leçon qui pétillait au coin de l'œil du swami.

À regarder le sac ramené dans ma chambre, ridé comme une vieille pomme triste, le tourment me prit. Demain. Demain, il partirait, me laissant face à une cinquantaine de candidats disciples. Horreur !

Dix ans plus tôt, je m'étais approchée de lui avec prudence, me méfiant des faux gurus, des petits tyrans au masque de sagesse. Aujourd'hui, disciple libérée du transfert, j'étais bien placée pour me méfier d'aspirants toujours prêts à abandonner leur pouvoir, à se coller comme des moules au premier bateau afin d'arriver au port sans nager. Saurais-je éviter les pièges du piédestal ? Le sac semblait me narguer, comme l'annonce du bagage d'épreuves qui allaient accompagner l'aventure.

Le gros soupir qui monte de la bulle de ma mémoire oppresse mes sinus. En cette matinée maintenant bien avancée, une émotion signale que le dossier est loin d'être clos. Telle une tentation, l'envie me prend d'une tasse de thé. Les aiguilles toujours brûlantes dans mon cerveau s'agitent comme un appel à ne pas me laisser divertir à un moment clé de ma récapitulation. D'accord, je continue. J'ai de toute façon moins mal à la tête quand elle se dilate dans l'espace contemplatif. Le film de la réminiscence repart. Son mouvement me pousse vers un point d'ombre qui se précise doucement.

Retour à l'ashram, où je m'entends grommeler : une fois le swami parti, qui va prendre soin de moi lorsque je m'occuperai des plus petits ?

Sur l'instant, mon estomac se serre avec la même force qu'en ce temps-là. Je n'arrive pas à le croire ! Mon vieux syndrome d'aînée récalcitrante est toujours vivace. Pas complètement guéri ? L'aigreur qui monte me relie d'un coup au non-dit qui a miné ma naissance. J'aurais peut-être mieux fait de m'arrêter et de me la préparer cette tasse de thé ! À défaut, c'est une autre tasse qu'il me faut boire pour en finir avec cette honorifique position de sœur aînée qui m'a si longtemps maintenue à une fausse place.

Retour au fameux voyage en train avec ma mère, deux ans après la mort de mon père.

J'avais profité de ce rare face-à-face pour l'amener à me parler de sa rencontre avec mon père, son époux. Devant mon insistance, elle exhuma des bribes de souvenirs, évoquant tout à coup une femme d'avant elle dans la vie de mon père.

— Quoi ! papa était marié avant la guerre ? Avant toi ?

Elle s'arrêta net, épouvantée par les mots qui s'étaient souvenus malgré elle. Devant mon insistance, sur un murmure malheureux, elle lâcha le secret que la mort ne m'avait pas laissé le temps d'arracher au silence paternel : « Je crois même qu'il avait eu un enfant. »

Non, elle ne le croyait pas, elle en était sûre. Mais elle ne se rappelait plus si c'était un garçon ou une fille. La seule chose qu'elle savait, c'était que la première femme de mon père et l'enfant étaient morts en camp de concentration. Mon père était en Russie lorsque les Allemands avaient envahi sa ville. Il n'avait pu revenir en Pologne. Il n'avait donc appris le sort des siens qu'après la guerre.

Je n'étais donc pas l'aînée.

Cela, personne ne me l'avait jamais dit. Mais rares sont les secrets de famille qui ne transpirent pas. Et les petits devinent tout de ce qu'on cherche à leur cacher dans l'idée fausse de les protéger.

Sur le moment, cette révélation me fit comprendre l'oppression thoracique qui, au moindre silence opaque, m'avait longtemps laissée sans voix, accablée. Erna, mon prénom d'origine... Air n'a... N'a pas d'air... Une partie de mon souffle était partie en fumée dans la chambre à gaz où mon aînée avait terminé sa courte vie. Une forme d'expiation. N'avais-je pas usurpé sa place d'aînée ?

En découvrant son existence, j'avais mieux compris comment Stéphy, ma cadette, avait pu aussi facilement s'imposer comme chef de famille à la mort de mon père, tandis que j'endossais en silence le vêtement d'aînée irresponsable qu'elle m'avait taillé. À mon insu, coupable de vivre en place d'une autre, j'avais acheté son plat de lentilles.

Quand je pense aujourd'hui que pendant près de vingt ans, elle et moi avons occulté la nouvelle ! Peut-être en voulions-nous à la morte d'avoir « récupéré » notre père, alors que nous, ses demi-sœurs, avions à en subir l'absence. Il a fallu un mariage, au printemps 1991, à Toronto où nous habitions à ce moment-là, pour nous rappeler à notre devoir de mémoire. Ma mère nous signala la présence d'un homme qui avait connu la première famille de mon père. Il pourrait nous donner les détails de l'histoire. C'était une fille, confirma-t-il. Elle s'appelait Renia. Bon ! Le prénom d'Erna dont j'avais été affublée à ma naissance par erreur d'état civil, prenait au moins un sens qui allégeait l'idée saugrenue de me donner, après la guerre, un prénom allemand. Renia-Erna… Aruna, mon prénom spirituel, auquel s'ajoutera un O plus tard, n'en était pas si loin non plus…

Renia ! Une fois tirée du grand trou de mémoire où nous la tenions déportée une seconde fois, sa présence a marqué un tournant dans mes échanges avec Stéphy. Alors que nous étions quasiment fâchées, son ressentiment de cadette, rebelle à toute autorité, a soudain desserré son étau. De mon côté, j'ai commencé à me responsabiliser à son égard, au lieu d'attendre une reconnaissance d'antériorité qui risquait fort de ne jamais arriver. Je serais à jamais son aînée dans cette vie. Elle pourra, en dépit de mes meilleures dispositions, continuer à détester être une seconde.

QUI ALLAIT PRENDRE SOIN DE MOI PENDANT QUE JE M'OCCUPERAIS DES PLUS PETITS ?

À la veille du départ du swami, la séparation imminente raviva, à mon insu, une colère de demi-orpheline d'autant plus forte que Renia était encore en ce temps-là prisonnière de l'oubli, innommée. L'éloignement de mon guru allait me faire porter seule la responsabilité de mes cadets spirituels, comme le sien m'avait laissée sans aînée pour m'épauler.

Le crédit de confiance que j'accordais à mes compétences de leader, empoisonné par la résistance que Stéphy opposait à mon antériorité, était, en ce jour, au plus bas. Je n'en percevais alors qu'un vague bourdon que j'attribuais au chagrin des départs.

Je ferais mieux de profiter de notre dernière soirée pour parler de ma tristesse au swami, me dis-je alors, lui demander, au moins, comme à chaque fois que nous nous quittions, quel était mon prochain pas.

Dans l'après-midi, nous nous retrouvâmes en petit nombre à bavarder avec lui autour d'un goûter.

Ma mélancolie fit soudainement place à une brutale anxiété. Depuis quelques jours déjà j'avais remarqué la pâleur qui tirait ses traits. J'avais choisi de l'attribuer à la fatigue accumulée après les nombreuses conférences qu'il avait données. Au lendemain de l'inauguration, la plupart des invités étaient repartis. Il s'était beaucoup reposé depuis, et la dizaine de personnes installées à demeure à l'ashram, Anya et moi-même formions une compagnie plutôt agréable. Le gris sombre et sournois qui collait à son visage me nouait la gorge. C'était sans doute la peine de le voir partir le lendemain… Inutile de lutter.

Il avait annoncé à ses proches qu'il ne vivrait pas au-delà de son soixante et unième anniversaire : le 29 décembre de cette année. Dix mois. C'était loin. C'était impossible. Irréel. J'allais lui parler ce soir. Le prochain pas qu'il me désignerait créerait un futur qui mettrait en échec son insupportable prédiction.

À l'heure tranquille d'avant le dîner, je me glissai dans sa chambre. Calé au fond du fauteuil, le regard fixe, il était plongé dans un état de concentration aiguë qu'il manifestait rarement en public. Je m'assis à ses pieds. Telle une autorisation silencieuse à pénétrer son intimité, il posa une main sur ma tête. Accueillie et portée par sa puissante vibration, je le rejoignis sans effort dans l'univers de l'âme. Nous restâmes un long moment à voyager à l'unisson. Sur la terre comme au ciel. Pas de nuage entre nous, aucun dans les cieux spirituels. Ce vol couplé dans la lumière consacrait notre récente accession à l'intimité d'âme. Quand nous en émergeâmes, je posai la question liée au rituel de nos séparations : « swamiji, what is my next step ? » Quelle est la prochaine étape ?

— La suite, c'est que j'ai fini de te guider. À partir de maintenant tu t'adresseras directement à Dieu.

Il plaisante ! Ou il me provoque pour voir comment je vais réagir. Il vérifie si ma nouvelle position de guru ne me monte pas à la tête. Mais rien ne semblait plus sérieux que le silence qui suivit. Autour de moi, tout commença à tourner. Il m'avait initiée à la prêtrise hindoue, dans la grande tradition des swamis de sa lignée, à peine deux mois plus tôt. Certes, cela faisait dix ans que nous nous connaissions, mais notre relation, dégagée des projections familiales qui l'encombraient, venait seulement d'amorcer sa phase adulte. J'avais besoin de temps. De goûter aux fruits suaves de cette longue préparation à l'approche, à l'intimité avec un de mes « antérieurs ». Qu'est-ce qu'il essaye de me dire ? Qu'il n'est plus mon guru. Que sera-t-il ?

— Tu deviens ton propre maître. Tu n'as plus besoin de guru.

Sa voix, étonnamment douce, répond à ma muette interrogation. Je n'y comprends rien. Et si on devient son propre maître, est-on encore un disciple ? Je ne veux rien savoir. La métaphysique est bien la dernière chose qui m'intéresse en ce moment. Je veux juste le convaincre que j'aurai toujours besoin de lui. Qu'il doit rester mon guru.

— Comment saurai-je que je ne me raconte pas d'histoires ? Comment pourrai-je me vérifier ?

— Tu te lieras directement au monde invisible. Tu établiras ta propre liaison. Ne t'inquiète pas. Tu es prête. Et puis, tu as tes disciples à aider. Et beaucoup de travail à venir.

Si je réponds, il entendra un enfant criant à l'univers, à Dieu, à quiconque se trouve dans ce sacré monde invisible que je me fous d'avoir des disciples, de devenir un maître. La seule chose que je veux c'est rester aux pieds de mon guru pour l'éternité !

Je ne dis rien. Sa main se fit plus lourde sur ma tête. Oppressante bénédiction pesant sur mon sentiment d'être flouée. Oui, je sais qu'il y a toujours un nouvel enjeu dans les fins de cycle. Un mal pour un bien. Pour mon âme peut-être. Mais mon cœur pleure.

Pour chacun sonne un jour le moment de quitter l'enfance, de se confronter à sa propre dimension paternelle, son autorité dans le champ de ses compétences personnelles, en chemin vers sa tâche unique dans la chaîne de l'humanité.

Les vrais maîtres s'utilisent comme ponts sur lesquels ils invitent leurs disciples à traverser. Puis, ayant facilité leur traversée, ils s'effondrent de joie, les encourageant à créer leurs propres ponts.

Nikos Kazantzakis

J'aurais pu admirer mon guru pour son intégrité. Ne me laissait-il pas libre de voler de mes propres ailes, de construire ma passerelle entre l'acquis et la créativité personnelle qui permet de le renouveler ? Mais le sentiment qu'il me laissait tomber comme un jouet dont il aurait épuisé le mécanisme et l'idée qu'il aimerait poursuivre sa route sans m'avoir sur ses talons, ne me lâchaient pas.

Je l'entendis confusément répéter que tout irait bien. Que je comprendrais bientôt. Je ne l'avais jamais vu manifester autant de patience verbale. Sa voix résonnait d'infinie tendresse. J'étais trop misérablement en colère pour la recevoir. La rage protège si bien de la peine !

Que dire ?

Je sentais bien qu'il m'ouvrait la route d'un moi libre, audacieux et puissant. J'avais à embrasser mon pouvoir personnel, à me savoir capable de le vivre sans en abuser, sans le perdre à nouveau. J'étais terrorisée à l'idée d'échouer.

« Tout ira bien. Aie foi en Dieu et confiance en toi », conclut-il, en me poussant gentiment vers la porte. La foi !

La foi ! Très peu pour moi, la foi aveugle du réconfort. Il doit m'expliquer pourquoi il me laisse tomber.

Je restai coupée de l'amour pendant tout le dîner, oscillant entre bouderie et mécontentement. Cela m'évitait de ressentir les affres qui tiraillaient mon plexus solaire à chaque fois que le teint émacié du swami traversait mon champ de vision. Il y avait une tristesse dans l'air que même la veillée ne réussit pas à lever. Un mauvais sort semblait obscurcir la maison et tous ses habitants. Nos pauvres regards n'invitaient pas au partage. Le swami quitta rapidement la pièce.

Quand un enfant a peur ou qu'il pleure, une mère sait trouver les mots qu'il faut pour le rassurer. Ce soir-là, face aux visages affligés de mes élèves, je puisai la force de parler, en dépit de l'oppression thoracique qui, une fois de plus, m'étouffait. Comme le fameux jour où, à l'île Maurice, j'avais dû surmonter ma crainte de ne pas être à la hauteur et faire à la foule un discours improvisé en anglais, je me mis à parler sans autre intention que de les consoler.

Là encore les phrases, maladroites au début, vinrent toutes seules. Elles me posèrent, à nouveau, dans ce lieu de parole où ma pensée semblait entrer en résonance avec une Intelligence invisible, extérieure à moi. Pour la première fois je m'entendis nettement dialoguer avec une voix qui, bien que passant par la mienne, restait différenciée. Simultanément elle corrigeait, améliorait, suggérait une idée. Elle influençait ma pensée sans mettre de mots dans ma bouche, m'amenant à une sorte de compréhension intuitive qui alimentait les phrases suivantes. Dans ce positionnement mental, connaissance et intimité s'avèrent bien renvoyer à une même étymologie. « Inspiration consciente » fut le nom que j'inventai plus tard pour ce type particulier de médiumnité, de co-création dialogique avec les « petites voix ».

Je dis, sans y avoir jamais pensé auparavant, que la foi relevait de la connaissance, non de la croyance. Aussi longtemps que nous *croyions* en Dieu, nous ne pouvions pas en éprouver le mystère, car nous opposions au sans-Nom un dieu fait à notre image. Le faisant, nous nous engagions sur un chemin spirituel menacé de bigoterie, de piété vertueuse. Nous n'avons pas à croire que tout ira bien après le départ du swami, claironnai-je en guise de conclusion, nous avons à nous souvenir que même si nous ne la percevons pas, une logique invisible fonde l'enchaînement des événements. N'ayant pas, pour l'instant, les moyens de l'appréhender, nous pouvons au moins rester certains que le sens émergera tôt ou tard de ce tournant de nos existences, au lieu de subir les faits en victimes, ou d'ânonner avec piété : que la volonté de Dieu soit faite. Les plus athées diraient : c'est comme ça, c'est la vie. Et cela revient au même, dis-je, en me levant.

Il est plus facile de croire en Dieu que de lui faire confiance, n'est-ce pas ? ajoutai-je, illuminée par la prise de conscience qui au même instant me tombait dessus : mon anxiété chronique ne venait-elle pas d'un manque d'espérance dans la Vie, de ma propre incapacité à Lui faire confiance ?

Mon moral avait repris du tonus. Je ne sais si mon auditoire s'en trouva mieux, mais j'avais réussi à me convaincre moi. À me consoler. Le mieux à faire dans ce moment solennel était de m'abandonner à Dieu, à la Vie. Je perdais de toute façon mon énergie à tenter de contrôler bêtement ce qui n'existait pas encore, le futur. Demain serait un nouveau jour. Demain, je m'approcherais plus près des mystères, je comprendrais davantage.

Je me couchai en mettant à la porte de mon cœur mes chimères de disciple abandonnée, me jurant d'être plus attentive à leur pouvoir. Elles savaient si bien limiter le sublime à de courts instants, laissant le reste du temps au désamour, au temps perdu.

Le lendemain, le swami se trouvait toujours dans le même état méditatif. Inhabituel. Pas de plaisanteries, ni de petites marques d'affection comme à l'accoutumée. Je ne l'avais jamais vu aussi sérieux. Sa route avec Anya et moi arrivait à une fin. Il nous rendait notre liberté en même temps qu'il récupérait la sienne. Il choisissait de partir vraiment. Il portait sa décision avec gravité. La profonde tendresse qui habitait ses yeux m'indiqua qu'il se demandait combien nous allions lui manquer. À sa manière détachée, rude quelquefois, il nous aimait.

Je me souviens d'avoir souhaité que mes disciples se sentent un jour aimés, comme je savais l'être ce jour-là. Avec cette pensée, j'enfilai mes propres chaussures de guru, d'aînée spirituelle.

Un employé de l'aéroport l'emporta dans le fauteuil roulant que nous avions réservé pour lui éviter de se charger de son lourd bagage à main. Personne ne l'accompagnait dans ce voyage. Grignoté par l'escalator, il s'éloigna, partie intégrante de mon existence, me laissant forte de sa confiance en moi, de ma confiance en un amour plus fort que l'absence.

Deux grosses larmes s'étirent sur mes joues. Les yeux clos, collée à l'invisible présence orangée, je me sens tout à coup comme une fleur sans eau. Ce matin, le swami me manque. Il devient urgent d'ouvrir les yeux si je ne veux pas me laisser entraîner dans le tourbillon de la nostalgie, et transformer ma récapitulation en promenade sentimentale.

À contrecœur mes paupières se séparent.

Le monde extérieur apparaît. Mon regard glisse sur les murs… la fenêtre… Étirer bras et jambes… se lever pour replier les volets : les mouvements m'établissent dans la réalité. Le zinc gris du toit de la maison d'en face apparaît, le bruit d'une voiture… Soif ! L'envie d'une tasse de thé. Vert… à la bergamote peut-être, ou au jasmin. Tandis que j'émerge du Songe, les contours se dessinent, mon univers se répète en même temps qu'il s'élabore, toujours neuf comme le jour qui revient, comme mon humeur, gaie, maussade ou dynamique. La matinée est déjà bien avancée. Je grogne, comme souvent, d'être bousculée par les contingences de l'existence que, de manière prosaïque, une envie pressante actualise en ce moment.

Direction : la salle de bains. Une assise de penseur, la chasse que je tire en automate. Un peu d'eau sur les mains, quelques gouttes symboliques sur les yeux. C'est tout. Je veux prolonger autant que possible ma conscience étale de contemplative, afin de maintenir un halo de lumière sur les mondes parallèles. La récapitulation n'est pas terminée.

Enveloppée de présences invisibles, j'arrive dans la cuisine pour préparer le thé.

Une pensée m'effleure : une fois de plus j'ai posé la casserole d'eau sur le petit feu. Habitude ! Ce serait plus rapide sur le grand brûleur. Évaluation, comparaison, choix à faire. La vie, quoi ! Celle des détails, des mille petites décisions à prendre. Le thé est prêt. De l'importance de préférer la petite tasse bleue à celle, banale, en duralex. D'entendre intérieurement ma mère me reprocher de ne pas me faire un vrai petit déjeuner. Je m'assois dans mon gros fauteuil. Confortablement installée, mes yeux se referment. Me voilà repartie dans l'absence de pensées. Le téléphone sonne. C'est Raphaèle :

— Quoi ! Tu n'as pas encore pris ton thé ?

— Ah ! mince, je l'ai oublié celui-là. Il est déjà tiède. Je déteste ça. Je refais chauffer de l'eau et je te rappelle.

— Je ne serai pas là. C'est maintenant, ou sinon ce soir, peut-être.

— D'accord. Salut.

Son « peut-être » m'agace. Il ne me donne pas envie de lui parler, d'autant qu'elle devait rappeler avant-hier. Je n'ai d'ailleurs envie de parler à personne. Je ferais mieux de débrancher mon téléphone. Je m'exécute en notant que malgré nos retrouvailles je réagis au moindre signe de retrait émanant d'elle. Notre temps n'est pas revenu au beau fixe. Entre l'eau qui commence à frémir et le toast que je surveille du coin de l'œil, je nous revois aux premières années de notre amitié, solidaires et complémentaires comme le jour et la nuit.

Elle éclairait d'un bon sens qui penchait toujours en ma faveur les nombreuses déceptions jalonnant ma route d'amoureuse incorrigible. De mon côté, j'apportais intensité et quête de sens à la tranquille routine de sa relation avec Jean-François. Plus tard, au temps de ma vie de guru, elle seule, de tous mes amis, sut briser le champ de mon indifférence pour le monde. Inquiète et néanmoins acceptante de mes choix, elle s'est refusée à l'éloignement diplomatique ou ulcéré, contrairement à beaucoup d'entre eux pour qui j'étais devenue trop exotique, trop farfelue. Pourtant, elle n'avait pour la spiritualité qu'une méfiance proche du dédain. Le moindre soupçon de transcendance, d'adhésion vaguement mystique, provoquait chez elle des salves verbales assez véhémentes pour redonner des couleurs au plus pâle des macrobiotiques de la planète. Ce qui a fait d'elle, au long de ces années, mon plus bienveillant garde-fou, l'interlocutrice lucide et attentive d'une swami novice, incertaine et souvent maladroite dans l'apprentissage de son ministère.

Sur fond de Kant, Husserl, Vedanta et kabbale, combien d'heures, de pensées et de thés avons-nous investis, elle et moi, dans les mystérieux arcanes de l'altérité, afin de comprendre les subtils manèges du proche et du lointain. Les mêmes qui nous éloignent aujourd'hui, en dépit de nos affinités électives.

Ces réminiscences remettent doucement en mouvement le Songe orangé, en même temps qu'elles diluent son « peut-être » dans le courant de notre vieille amitié.

Au lendemain du départ du swami, suivi de celui d'Anya, je me trouvai bientôt les nerfs saturés, au bord de la crise. Il fallait que je bouge, sous peine d'étrangler quelqu'un. J'appelai Raphaèle, qui n'en revint pas : elle allait m'avoir pour elle seule une après-midi entière. Nous n'avions pas eu le temps d'engager une vraie conversation depuis mon retour d'Inde et le départ de Richard. J'avais tant de choses à lui raconter.

Elle sut se taire en voyant arriver son amie en robe orange, fraîchement transformée en prêtresse. Devinant mon trouble face à ma nouvelle vie, elle en oubliait le sien.

— Raph, j'ai d'abord besoin de prendre un bain et me laver les cheveux. On se voit plus tard pour un thé et on refait le monde.

Elle sourit. Quel monde, maintenant que nous vivions sur deux planètes éloignées ? Mon cœur se serra au souvenir du cocon de bonheur formé par nos deux appartements situés à chaque bout de la même rue. De nos va-et-vient incessants depuis son salon jusqu'au mien.

— Viens chez ma coiffeuse, finit-elle par dire. Elle va te prendre sans rendez-vous. Cela t'évitera d'avoir à gérer ta tignasse toute seule.

Plus que mille discours, ces quelques mots firent couler le miel sur mon inquiétude de la perdre. Si nous ne savions pas bien encore où trouver un univers commun, nous pouvions toujours partager les petites choses de la vie, celles qui rapprochent autant que les grands discours.

La tête à peine posée sur le bac, la coiffeuse, délicate, me dit à l'oreille que j'avais la tête pleine de poux et suggéra un traitement. Le regard désespéré de Raphaèle croisa le mien. Allais-je rire ou pleurer ? Quel que soit ton choix, ce sera le mien, disaient ses yeux. Je grimaçai un rire nerveux qu'elle transforma en franche rigolade, tout en essuyant les larmes de lassitude qui coulaient de mes yeux. Je dévalisai la pharmacie de toute la gamme des produits possibles avant de rejoindre mon logement parisien. Je fis couler un bain qui tourna en un maniaque et très symbolique lavage de cerveau. Après une dizaine de douches successives, l'eau apparut enfin vierge de traînées larvaires. Je plongeai alors dans un sommeil hébété, sans penser à rien, ni à personne, ouvris les yeux vers onze heures du matin, et pour la première fois depuis longtemps, me délectai à ne pas méditer.

J'appelai Raphaèle pour lui dire que le monde devrait attendre que mon cerveau se remette à fonctionner plus sereinement. Je retraçai néanmoins à grands traits la révolution qui avait eu lieu entre mon départ et mon retour d'Inde. « Tu peux faire ce que tu veux. Moi, je serai toujours là. » Sur l'instant, l'éclat de l'amitié qui permet de se relâcher, d'être au plus près de soi face à l'autre, sans masques ni défenses, éclaira mon âme. Je raccrochai et pleurai longtemps, remerciant Dieu pour cette facette de l'amour. Assurée d'une présence amie à mes côtés pour affronter l'inconnu, je contemplai le néant le reste de la journée, non sans avoir encore lavé et relavé mes cheveux.

Le matin suivant me trouva étonnamment claire, régénérée par le vide, spirituellement compacte et émotionnellement blindée. Ces quarante-huit heures passées dans une vacuité zen, sans Dieu ni personne sur la tête, semblaient avoir trempé ma sensibilité dans un mental d'acier.

Combien de fois avais-je remarqué chez le swami cette vibration électrique qui ajoutait à son impassibilité une acuité saisissante avec laquelle il transperçait, du coin d'un œil laser, les illusions et les danses de l'ego. Cette concentration mentale venait de se faire une place dans ma nouvelle tête. Elle congelait naturellement le trop-plein d'émotions qui brouillait souvent mes intuitions.

C'est en guru impeccablement efficace, ayant relégué sa sentimentalité dans une chambre froide, que je revins à l'ashram, riche de cette lucidité tant désirée dont je ne soupçonnais pas encore, à l'époque, les revers.

À peine arrivée, invoquant le printemps, j'exigeai que les murs, les matelas et même les quatre chats de l'ashram soient aspergés de produit désinfectant.

D'abord étonnée de ne voir apparaître aucune bestiole, je fus plus surprise encore du silence obéissant de mes apprentis disciples, affairés au minutieux lessivage des coins et recoins de la maison. Pas un ne m'interrogea sur ce ménage frénétique d'un lieu parfaitement propre. Ils pensaient sans doute qu'il s'agissait d'une épreuve pour tester leur obéissance. Moi qui voulais simplement éviter une panique en parlant de poux !

Le malentendu qui confond la relation guru-disciple avec celle de maître-esclave commençait à s'infiltrer dans nos échanges.

J'observai les jours suivants que leurs yeux déférents guettaient mes instructions comme la manne au milieu d'un désert de pensées. Cela me jeta dans un agacement proche du désarroi. Au secours ! Que quelqu'un s'occupe de la situation ! Comme une mère célibataire, j'en appelai au père absent. Le swami était déjà arrivé en Australie. Impossible de rester seule face à cette situation qui me renvoyait mon image d'aînée encore récalcitrante, de guru peut-être inadéquat.

Le visage affable de maître O., un sage occidental rencontré en 1979, me traversa alors l'esprit et ne me lâcha plus.

À la lecture de quelques-uns de ses ouvrages, j'avais été impressionnée par la modernité de son discours. Je m'étais alors inscrite pour une semaine de congrès au centre où il dispensait son enseignement. Le choc avait été à la hauteur de mon pressentiment. Il pensait la spiritualité comme une science. C'était bien une révolution !

Ses conférences avaient bousculé mon approche transcendantale, non dualiste, du divin. La rebelle en moi, qui avait jeté sa religion juive aux orties, se tortillait sur sa chaise lorsqu'il affirmait que la kabbale constituait le ferment de toutes les traditions, la face cachée, ésotérique, des religions du Livre. Transmise depuis l'origine des temps, elle fondait ce qu'on appelle en Occident la science initiatique : un savoir sur le monde invisible, le Réel, et sur la nature humaine et divine de l'homme. L'Arbre de Vie kabbalistique, constituait, disait-il, le modèle le plus éclairant, la plus complète métaphore du mystère de la création.

J'avais d'abord résisté, puis inexpliquablement, cet Arbre m'avait attirée comme un aimant.

Il ne pouvait y avoir de mal à étudier d'autres philosophies, encore moins celle de ses origines, m'étais-je dit alors, vaguement inquiète du plaisir que je prenais à dévorer, en rentrant, tous les livres que je trouvai sur la kabbale. J'y avais découvert, stupéfaite, une approche logique des liens et des échanges entre le visible et l'Invisible.

Il n'avait pas fallu longtemps pour que l'Arbre aux racines célestes me prît tout entière. Du coup, je m'étais inscrite, au congrès suivant, à Pâques 1980, pour quinze jours.

Durant ce séjour, les dix régions de l'Arbre, les vingt-deux lettres de l'alphabet hébraïque qui marquent les sentiers d'une sagesse à trente-deux voies m'avaient bombardée de questions. Le matin, durant mes méditations, mon mental agité par une myriade de points d'interrogation avait quelquefois du mal à retrouver sa demeure du silence. Je basculais de moins en moins souvent dans l'éternel présent du vide. La relation de l'homme au cosmos, fondée sur les lois que maître O., dans ses conférences, reliait, par analogie, à la vie de chaque jour, occupait ma pensée au point d'empêcher toute extase mystique. Le Tout m'échappait.

L'éthique fraternelle qui constituait le nerf de son enseignement n'arrangeait rien. Non seulement l'Un n'empêche pas l'autre, semblait être le message de ce maître, mais plus encore, l'Un oblige à l'autre.

Faire l'impasse de la connaissance conduit beaucoup de spiritualistes à une intériorité si profonde qu'elle ne se manifeste plus à l'extérieur. « Ils ressemblent à des chauves qui vantent les mérites d'une lotion à faire pousser les cheveux », affirmait-il, en riant dans sa barbe.

Il exagère, me disais-je, non sans passer en revue le nombre d'enseignants occidentaux de la non-dualité croisés sur ma route, qui cessaient souvent de rayonner en privé, notamment avec des membres de leur famille. En public, ils blanchissaient leur difficultés relationnelles en taxant de divine leur indifférence pour le monde.

Baigner dans la lumière est une chose, l'incarner dans l'existence, et tout particulièrement dans ses relations à autrui en est une autre, et cela s'apprend ! insistait ce maître. Là était le hic. Je connaissais l'amour comme état de conscience, comme extase mystique, et me sentais fort aise d'en rester là. J'avais assez donné dans les embrouilles sentimentales pour ne plus avoir envie de conjuguer le verbe aimer de manière trop active. L'idée que s'entendre, s'approcher, voire aimer, supposait un apprentissage, me laissait songeuse.

Si être assis constituait le meilleur tremplin vers la transcendance, notre derrière devait aussi, sur la voie de la connaissance, disait ce maître, servir à acquérir du savoir. N'est-ce pas ce que ma mère me suggérait déjà, lorsqu'elle m'exhortait à étudier. « Ce n'est pas en rêvant que tu passeras tes examens. »

« Tu rêves. » Ces mots, entre elle, ma sœur, mes amis, mes amants, je les avais entendus décliner sur tous les tons, gentil, moqueur, admiratif, ironique, méprisant. Il faudrait un Fabrice Luchini pour exprimer la gamme des sous-entendus impliqués par cette injonction frôlant l'accusation... Naïve, idéaliste, irresponsable, illuminée. J'entendais maintenant un sage occidental déclarer qu'au pouvoir du Rêve qui lie passé et futur, dans ces moments d'éternel présent bien connu des mystiques, chamans et poètes, doit s'ajouter l'étude, une connaissance, sans laquelle les perceptions spirituelles restent démunies de garde-fous.

Trop heureuse d'avoir réussi à canaliser mon mental trépignant vers les hauteurs silencieuses du vide, je n'avais pas la moindre envie de le ramener dans les méandres de l'intellect. Le renoncement à la dialectique, à ses analyses interminables, n'était-il pas légitimé par des millénaires de sagesse ?

Ne vous attachez pas aux vues duelles
Évitez soigneusement de les suivre.
Si l'esprit demeure en paix dans l'Un,
Ces vues duelles disparaissent d'elles-mêmes.
Toutes les oppositions
Sont fruits de nos réflexions/.../
L'esprit de foi est non duel.

Le Tch'an

Ressentir le divin, au lieu de laisser mon intellect se perdre dans des élucubrations sur ce qui ne peut précisément que s'éprouver, et non se prouver, m'avait semblé jusque-là le plus noble accès à son mystère. Je ne tenais pas à retrouver la confusion et les contradictions de la pensée dualiste, encore moins à renoncer à mes envolées mystiques, dans l'idée extravagante de m'approcher « rationnellement » de l'autre. Comparée à l'énigme de l'altérité, celle de Dieu m'apparaissait presque simple.

Au regard de la lente évolution du sens fraternel depuis Caïn et Abel, les voies de l'Un étaient plus sûres que celles du deux, avais-je conclu en fin de séjour.

Mais après ce congrès, la possibilité d'envisager la spiritualité comme une science de l'Invisible, d'une relation à Dieu, au monde, à l'autre, ne m'avait plus laissée tranquille. Comme par hasard, j'avais reçu un mois plus tard une invitation à participer, en septembre, à une convention internationale sur le thème « Science et spiritualité ». Il fallait en avoir le cœur net. Pour prendre le temps d'étudier la science initiatique, j'avais donc décidé de passer l'été 1980 au centre de maître O. avant de partir en Espagne, à Saragosse, où se tenait la convention.

Dès mon arrivée, en juillet, j'avais déposé dans la boîte aux lettres de maître O. l'exposé de mes réticences, bardées des meilleurs arguments que j'opposais à ses thèses. En réponse, j'avais été surprise de me retrouver invitée à de nombreux entretiens privés avec lui.

« Simple, accessible, fraternel », tels étaient, d'après lui, les attributs d'un véritable initié, d'un sage engagé sur la voie de la connaissance. Le concernant, j'avais très vite pu attester des deux premiers. Mais en quoi était-il fraternel ? Je ne pouvais pas mettre de mots pour le dire, sinon que son abord engageant poussait au questionnement. Contrairement aux maîtres orientaux, il ne se contentait pas d'un paradoxe, d'un sourire entendu, d'une énigme à méditer. Il expliquait.

Cet inhabituel mélange de sagesse et de parole créait entre nous un échange qui me mettait en joie tout en me déstabilisant. Rien à voir avec la traditionnelle relation guru-disciple. Je l'abordais pourtant comme un guide spirituel. J'en avais déjà un. Mon attirance pour ce sage moderne frôlait l'infidélité. Je ne savais plus trop qu'en faire.

Après Saragosse, où j'avais rencontré Richard, ma vie avait été trop vite, trop fort pour supporter la pression d'un conseil extérieur à la voie non duelle. J'avais préféré soumettre ma relation amoureuse aux seuls conseils du swami.

M'écarteler entre deux maîtres ne pouvait que mener à une double déloyauté. Confusément, je sentais que la science initiatique ouvrait à une réflexion sur l'amour trop éloignée de mes capacités du moment. Je m'en étais donc écartée, non sans un petit soupir de regret.

Un an et demi plus tard, le swami quittait l'ashram. Avec lui, c'est toute l'Inde qui semblait m'avoir quittée.

Face à la passivité quémandeuse des postulants disciples dont il me laissait la responsabilité, mon désir de m'en aller dans le Midi assister aux conférences de maître O. grandissait d'heure en heure.

Je n'y étais pas retournée depuis l'été 1980, à l'exception d'un très court séjour l'année suivante. Seule, car Richard ne manifestait aucun intérêt pour ces regroupements communautaires qu'il considérait comme du boy-scoutisme attardé. Pendant ces quelques jours le maître ne m'avait offert aucune invitation particulière et je n'avais demandé aucun rendez-vous. Notre relation était clairement en statu quo. Ni l'un ni l'autre n'avions envie qu'il en soit autrement.

Le congrès de Pâques 1982 venait de commencer. Puisque mon « ex-guru » me laissait en prise directe avec l'univers, ne me fallait-il pas en comprendre le mystère ? J'ai peut-être besoin maintenant d'étudier la science initiatique, me disais-je pour légitimer mon envie de revoir maître O., refusant de m'avouer que je ne pouvais pas encore me passer de la présence rassurante d'un maître en chair et en os.

S'approcher d'un « ancien », d'un sage, en quelque domaine que ce soit, relève de la prudence. Cela ne remet en cause aucune loyauté. Après tout, quelques conseils pour éclairer ma route de jeune guide spirituel ne peuvent me faire aucun mal. Au contraire, ajoutais-je pour me convaincre. De toute façon, tous les avions pour Nice seront sûrement complets en cette veille de vacances scolaires.

Non seulement il restait une place, mais à un tarif avantageux ! Le manque d'obstacles confirmant souvent la justesse d'une décision, je m'envolai, tranquille, avec le sentiment d'être divinement confirmée dans mon besoin épidermique de fuir l'ashram.

À travers le hublot, je contemplai la danse des nuages. Flottant au fil de leurs mouvements, je me retrouvai soudain portée sur le tapis magique d'une évidence, aussi irrationnelle que certaine : maître O. m'attendait.

J'arrivai au portail du domaine la veille de Pâques.

Le même jour, à la sortie de la salle de conférences, sa secrétaire me fit savoir qu'il souhaitait me voir le lendemain à seize heures. « Étrange, grommela-t-elle, en s'éloignant, il reçoit rarement le jour de Pâques. » Comment savait-il que j'étais arrivée ? Il m'avait probablement aperçue dans la salle. Pourtant, j'étais restée au fond.

Troublée par cette invitation qui allait relancer notre échange suspendu comme un vêtement au clou d'une antichambre, je passai une nuit agitée. Qu'allais-je lui dire ? De mon histoire d'amour jusqu'à ma robe orange, de l'éloignement de Richard et de celui, spirituel, du swami, il ne savait rien. Que pouvait-il bien avoir de si urgent à me dire pour me convoquer le jour de Pâques ?

Sur l'heure, libérée de ma cohorte d'aspirants disciples, j'étais davantage attirée par le repos que par le déchiffrage des arcanes symboliques du calendrier. La dernière pirouette de mon guru m'accablait. Ce n'était pas un abandon, mais cela en avait le même mauvais goût. Ce maître voulait me voir. Ainsi soit-il.

Demain, le chaos serait peut-être moins confus. Je finis par m'endormir, rêvant d'un jour plus clair.

Dès que j'entrai dans la pièce où maître O. recevait, il attaqua, sans même me laisser le temps de le saluer :

— Ah ! vous voilà. Eh bien, ça y est. L'Inde, c'est fini maintenant.

Les ressorts lâchent. Je bascule dans l'univers rocambolesque de l'absurde : comment peut-il dire une chose pareille ? À la Saint-Valentin, je suis devenue swami, nous sommes en avril, et l'Inde c'est fini ! Cette fois il se plante complètement.

Sauf que... mon guru ne vient-il pas récemment de me dire qu'il n'est plus mon guru ? Les rouages s'irritent dans mon cerveau comme une dent sur du papier d'aluminium. Provocatrice, avec la pointe d'ironie propre à mes grands désarrois, je lâche :

— Et quoi maintenant ?

— Maintenant ? L'esthétique. L'es-thé-tique, insista-t il, en appuyant sur les syllabes comme pour mieux ignorer le ton sarcastique de ma voix.

Malgré mon irritation, je ne pus retenir un sourire en entendant : « laisse tes tiques ». Ce n'est pas possible. Il ne peut être au courant de ma récente bataille contre les poux. Et ne voilà-t-il pas maintenant que le mot « époux » vient ajouter sa petite touche de sens dans cette affaire de parasites ! L'information passa en enregistrement automatique.

C'est quoi l'esthétique ? Certes, un peu de raffinement ne peut faire de tort à la spiritualité, me dis-je, essayant désespérément de limiter le débat à cette interprétation superficielle.

Perdue dans un silence qui se prolongeait, et embarrassée par le regard moqueur du maître, je finis par balbutier d'une voix faible, incertaine du désir d'entendre sa réponse :

— Qu'est-ce que vous voulez dire ?

Son regard s'appesantit sur ma tenue. Jamais je ne me sentis plus vêtue d'orange qu'en cet instant. J'avais pourtant laissé la robe sacerdotale à l'ashram. Un pantalon blanc, un pull orange et blanc tenaient lieu de compromis vestimentaire entre l'Inde et le monde occidental. Qu'avait-il à redire à cet ensemble ? Un sursaut de rage, propre au Juif pointé du doigt, me saisit. Eh bien quoi ? Je ne vais tout de même pas la jeter à la poubelle, ma robe orange, juste parce que ce n'est pas son style.

Ignorant avec noblesse mes pensées querelleuses, le maître se lança alors dans une diatribe enflammée contre l'Inde. Un pays où l'eau était bourrée de microbes. Tous les Occidentaux en revenaient malades, au mieux couverts de poux. Encore ! L'idée de pur hasard s'effondra sous ce deuxième coup. Deux fois le même signe en un court laps de temps rend une coïncidence définitivement signifiante. Qu'est-ce qu'il essayait, ou l'univers à travers lui, de me dire ?

Je me souvins alors de l'insistance avec laquelle le swami lui-même dénonçait les risques que présente la terre indienne pour un Occidental mal adapté à sa culture et à ses virus. Combien de fois l'avais-je entendu mettre en garde les chercheurs spirituels, sincères et intenses, contre le risque de se carboniser à la flamme de la pure transcendance, de se délabrer dans les eaux du Gange, de se perdre dans la mystique safranée ?

N'était-ce pas finalement lui qui, me tirant par la main, m'avait traînée hors de l'Inde après mon échantillon d'illumination, comme pour m'arracher au plus vite à la magie de ce pays enchanteur ? Alors ? Alors, pour lui, comme pour ce maître, mon parcours hindou semblait ne devoir servir qu'à une chose : accélérer mon accès direct, mystique au divin, une voie peu fréquentée, voire refusée aux femmes, dans ma religion de naissance.

En ce jour de retour sur mon itinéraire, cette évidence illumine l'écran de ma conscience.

Je me rends compte que la puissance de certains lieux, d'une culture particulière, raccourcit le chemin des retrouvailles avec le Soi, son moi souverain. Si j'ai pu si rapidement rétablir ma liaison au Tout, à la transcendance, et ranimer ma nature sacerdotale dans la tradition de l'Inde, c'est parce que cette terre fait partie de ma génétique spirituelle. Reliées au cordon ombilical du passé, les mémoires d'âme émergent plus facilement de leur torpeur en territoire familier. Le refoulé y fait plus facilement retour.

C'est ainsi que du Tibet au Pérou, de lamas en chamans, la recherche intérieure est alimentée par le « déjà vu ». Oui, mais ! Une escale n'est pas une arrivée. Comme des revenants, beaucoup de chercheurs spirituels finissent par revivre leur passé au présent, oubliant que celui-ci ne peut s'accomplir qu'en se renouvelant. De ce piège, le swami m'avait bien gardée.

En ce jour de Pâques 1982, les propos de maître O. initièrent le sevrage de mon attachement à l'Inde et sa philosophie non dualiste de l'Advaïta-Vedanta.

Confortablement calée dans mon gros fauteuil, une théière pleine à mes côtés, je referme les yeux sur la peine que j'ai ressentie en voyant l'Inde et ma spiritualité océanique se ratatiner sous les mots de maître O.

« L'ascétisme, l'esprit de caste, le renoncement, le détachement, l'éloignement du monde, le mysticisme, la dévotion, le nirvana, c'est VIEUX, VIEUX, VIEUX, déclara-t-il d'une voix forte. Un nouvel esprit doit s'établir sur la terre : un esprit de fraternité où l'humanité constitue l'enjeu même de toute prétention spirituelle. C'est dans notre vie, au contact des autres, que notre spiritualité se vérifie, pas dans les théories ou les extases mystiques. Le nouveau, c'est de vivre dans le monde sans penser comme le monde, au lieu de fuir la réalité et les humains dans des grottes ou des ashrams. »

Et voilà mon bel ashram, à peine inauguré, déjà mort et enterré. Autre chose ?

En guise de réponse, il ajouta d'un ton plus doux : « Ce qui importe, lorsqu'on veut participer au programme cosmique de notre époque, c'est de préparer une terre sur laquelle une véritable fraternité humaine puisse prendre racine. Et cela commence par soi-même. Il ne s'agit pas de changer sa religion, sa culture ou ses appartenances. Mais mépriser ou seulement négliger l'humain au nom de Dieu amènera toutes les catastrophes sur la terre. »

Fraternel, fraternel… je ne voyais toujours pas ce que cela voulait dire. Comme un écho à mon grognement intérieur, il aborda précisément ce thème : « Être fraternel, c'est reconnaître que tout est lié. Il n'y a que des liens. »

Bon, et alors ? N'est-ce pas justement l'étincelle divine, commune à tous, qui unit les êtres au-delà de leurs dissemblances ? En quoi la conscience d'unité propre aux voies non duelles se différencie-t-elle du sens fraternel ? J'avais pensé, sans l'énoncer, le « bon, et alors », mais il transparaissait clairement dans le ton de ma voix. Mon agacement semblait beaucoup amuser ce maître. Son oreille fine ne confondait pas le sauve-qui-peut avec l'insolence.

En souriant presque tendrement, il expliqua : « Sur la terre, il n'y a pas d'égalité. Même si chacun est potentiellement une divinité, les hommes sont tous différents. Être fraternel, c'est respecter la différence. Aucune feuille d'arbre n'est pareille à une autre. Dans notre corps, pas une cellule n'est parfaitement identique à ses semblables. »

Une petite histoire du Talmud que mon père racontait souvent me passa par la tête : pourquoi les hommes sont-ils si différents ? demandait à son rébbé, son maître, un hassid, un disciple éploré de confusion. Parce qu'ils ressemblent tous à Dieu.

En parallèle, j'entendais le maître poursuivre : « Il ne faut pas confondre différence et séparation. Le sens fraternel émerge d'une responsabilité à l'égard de chaque parcelle du vivant, fondée sur la connaissance de la loi du choc en retour. Comme un boomerang, tout ce que nous faisons, pensons et sentons nous revient tôt ou tard. C'est pourquoi vous devez connaître la nature de toute chose afin de trouver la clé qui convient à chaque porte, à chaque situation. Un être humain est aussi une porte. C'est seulement par l'étude des lois de l'échange, enseignées par la science initiatique, que l'être humain comprendra qu'il doit en finir avec son moi égoïste, cruel, individualiste qui, même au nom de Dieu, nourrit la séparativité et les guerres. À quoi sert de prôner une unité de conscience qui ne permet pas de vivre en paix avec son voisin ? Si la spiritualité conduit à l'intolérance, à la division, elle n'est qu'un vernis sur l'ego. Vous devez savoir que l'esprit se manifeste par la sagesse, l'âme par l'harmonie. Dans le corps, l'énergie spirituelle se concrétise sous forme de santé, de vitalité. Sa réalisation dans les sociétés, c'est la paix, que seule rend possible la fraternité. Ce n'est pas en fuyant dans l'exotisme et le nirvana que les spiritualistes prendront part à cette tâche gigantesque », conclut-il en me regardant du coin de l'œil.

Exactement comme le faisait le swami, lorsqu'il utilisait une généralité destinée à me pousser vers une prise de conscience personnelle.

Je me sentais au bord du vertige. Sans voix… alors que pour compléter le tableau, une autre murmurait à mon oreille intérieure que la noblesse humaine traduit la beauté divine dans la matière : j'étais bien naïve de croire que par esthétique, maître O. ne faisait allusion qu'à mes poux ou à mon apparence.

Quand je pense, aujourd'hui, que je venais à peine de découvrir l'importance d'ajouter le bon au bien lorsque ce sage occidental m'a rappelé qu'il me restait encore à explorer le beau ! Je m'explique mieux le choc ressenti lors de son « maintenant, l'esthétique ».

L'esthétique. Il y a dix-neuf ans, j'ai eu la désagréable impression qu'il m'offrait une pierre précieuse dont j'étais incapable de mesurer l'énergie, le pouvoir.

Me revient tout à coup, intacte, la conférence où il démontrait que l'esthétique est au-dessus de l'éthique. À ce souvenir, comme une exhortation, le feu reprend de plus belle dans mes sinus. Tu brûles, disent les enfants, pour informer un joueur qu'il s'approche de l'objet caché. Suis-je tout près d'une nouvelle compréhension ? Si seulement je pouvais avoir un nez moins encombré ! L'Arbre de Vie parvient néanmoins à s'afficher sur mon écran mental. Où placer l'esthétique dans cette structure qui représente la trame mystérieuse de la création, de même que celle de l'être humain ? Dans Tiphéret ? Le centre solaire de l'Arbre veut dire splendeur, une forme certaine de beauté, me dis-je... Mais cette région correspond à la sphère éthique de l'Arbre. Ça ne colle pas. Dans Kéther, donc ! La couronne de lumière, le lieu d'accomplissement de notre parcelle divine. Évidemment ! Du coup, cela établit l'esthétique sur des sommets quasi nirvaniques, difficilement accessibles.

— *Sauf si tu comprends la splendeur de Tiphéret comme expression de l'esthétique.*

L'éthique comme modalité existentielle de l'esthétique, du rayonnement divin ! Mais oui, bien sûr ! C'est cela que maître O. essayait de me faire comprendre. La conscience fraternelle qui constitue le maillon manquant entre l'Un et l'autre, est aussi le ferment de l'esthétique, la clé d'une beauté divine à usage humain. Voilà au moins une information replacée dans le puzzle de mes connaissances.

Si on vise une esthétique qui transgresserait l'obligation de fraternité on peut, comme les nazis esthètes des camps de concentration, écouter de la grande musique la larme à l'œil, tandis que ses frères et sœurs en humanité brûlent dans les chambres à gaz. L'éthique, garde-fou des déviations du beau... Je commence seulement à évaluer l'importance de la graine de Beauté que le maître a plantée dans mon jardin intérieur en 1982.

Cela m'encourage à la faire grandir. De quoi reprendre avec entrain mon voyage d'âme à rebours... non sans me verser une tasse de thé supplémentaire. Je vais en avoir besoin.

Dans le petit salon de maître O., ce jour de Pâques 1982, trop accablée pour engager un débat métaphysique, je portais mon regard sur un vide de plus en plus profond.

Sensible à mon absence d'enthousiasme pour sa nouvelle terre, il finit par me dire : « Allez, profitez de votre séjour ici pour bien vous reposer. Avec tous vos disciples, vous aurez beaucoup de travail à votre retour. » Quels disciples ? Lui aussi, il s'y met. Comment veut-il que je me repose avec toutes ces petites bombes à retardement qu'il a posées dans ma tête ?

Une secousse aiguë ébranla l'encéphalogramme plat de ma pensée. Qu'est-ce qui les rend si sûrs, lui et le swami, de mon destin de guru ? Ne se rendent-ils pas compte que plus ça va, moins le job m'intéresse ?

Le maître se souleva de son fauteuil, prêt à mettre fin à l'entretien. À son monologue plutôt. Ah ! ça, pas question ! Je ne vais pas tout avaler sans rien dire. J'en ai assez d'être bousculée sans que personne songe à me demander mon avis. Il me doit une explication, au moins une information, qui me permette de donner sens à ce nouveau raz de marée.

Puisant l'audace dans l'irritation, le courroux, le dépit, la curiosité, l'agacement, l'exaspération, l'indignation et autres sentiments grincheux traversés au cours de son discours, je me lançai.

« J'ai des choses à vous dire. »

C'était à son tour de m'écouter. Tant pis si ce que j'allais raconter n'avait rien de transcendantal.

Après avoir marqué une légère surprise devant ma détermination, le maître se recala confortablement dans son fauteuil. J'enregistrai le fait. L'idée qu'il pouvait ne pas s'intéresser à ce que j'avais à dire était la mienne : une projection classique ! Un peu plus, sur un reste de manque d'estime de moi, je l'aurais accusé de m'ignorer. Il attendait patiemment. Surprise et détendue par la conciliante vibration qui émanait de lui, je racontai tout. L'Inde, mon initiation, l'ashram, Richard, les derniers mots du swami, tout... comme à un frère en humanité, plus sage, bien plus évolué certes, un initié sûrement, mais un grand frère quand même.

« Ah ! le swami ! lança-t-il alors dans un élan de joie. Comme j'aimerais le tenir dans mes bras, l'embrasser. Quel être extraordinaire. Quelle humilité. Laisser partir une de ses meilleures disciples, me l'envoyer, parce qu'il sait que vous allez pouvoir aller plus loin avec la science initiatique. C'est formidable. Comme je lui suis reconnaissant. Vous le lui direz. Demandez-lui aussi de venir me rencontrer ici. Je voudrais beaucoup le revoir. »

Le revoir ? Ces deux-là se connaîtraient ! Il faut arrêter ici la farce dont je suis le dindon. La sensation qu'ils communiquaient au-dessus de ma tête me frappa soudain comme un gong. Dans une vision subite, l'attache qui les unissait m'apparut. De boucle en boucle, elle déroula une longue chaîne reliant entre eux une multitude de sages, de maîtres spirituels de tous bords.

Le concept de « communauté des saints », celle des Ishim qui dirigent la région de Malkout, le Royaume terrestre, la base de l'Arbre de Vie, me vint à l'esprit. Ma tête se mit à tourner en même temps que la ronde arc-en-ciel d'une fraternité d'initiés se riant des jeux de compétition et de pouvoir qui divisent sur terre les groupements dits spirituels comme les autres.

Mon cerveau implosait. Arrêtez le monde que je descende un instant. « Si vous ne mourez pas, vous ne vivrez pas. » Oui, je sais. Aujourd'hui c'est Pâques. Que le ciel fasse que je sorte vivante de ce chaos. Si je comprends correctement la symbolique du jour, le swami jouerait le rôle de Jean-Baptiste le Précurseur dans cette histoire. Pour le maître, le scénario semble parfaitement clair. Et moi là-dedans ? Moi, j'aimerais qu'on me laisse tranquille.

Je me levai et saluai rapidement, au bord de la fuite.

Me raccompagnant à la porte, le maître en guise de réponse à mon salut, posa une main sur mon épaule. Avec une infinie douceur, sur le ton de l'aveu qui cherche à rassurer une petite sœur de combat insécurisée, il murmura : « Vous savez, moi aussi je suis un Hindou. »

Soudain la couleur orange satura l'espace. Les murs, le fauteuil, les objets... tout devint orange. L'immensité autour de nous s'emplit de présences célestes arrivant sans fin d'horizons divers.

Venu de très haut, l'éclat de l'amour fraternel qui brise toutes les frontières de races, religions, culture, éclaira en cet instant un coin ignoré de mon cœur.

Je dormis, cette nuit de Pâques 1982, dans un univers de pure beauté, celui de l'âme du monde, espace de lumière infinie habité d'entités différenciées et néanmoins unies.

« Si vous ne mourez pas, vous ne vivrez pas. » À mon réveil, la sensation d'avoir abandonné une vieille peau épaissie par l'illusion de la séparation allégea mes cellules. « L'Inde, c'est fini », avait dit le maître.

S'il voulait dire que mon âme amorçait ce jour-là un tournant radical, il avait raison.

Je n'en étais pas encore à m'avouer que l'énigme du deux me passionnait autant que le mystère de l'Un. Mais une révolution n'est-elle pas, comme le mot l'indique, le moment où le rêve que l'on porte en soi évolue ?

La piste fraternelle m'ouvrait de nouvelles perspectives dans l'abord de mes apprentis disciples. Elle donnait un sens nouveau à la convivialité forcée qui m'attendait à l'ashram.

J'en étais presque à la souhaiter.

À Paris, je retrouvai ma robe orange, aussi familière qu'une deuxième peau.

Tandis que je l'endossais, l'Inde et sa spiritualité transcendantale reprirent possession de mon organisme avec la puissance des automatismes. Il est si confortable de remettre un bon vieux pull, même troué, un peu mité, plutôt que de s'imposer un vêtement neuf, encore raide aux entournures. On y reprend sans effort les postures, les attitudes coutumières. Dans mon emballage safrané se recomposaient, avec le naturel de l'habitude, le regard, les gestes de guru traditionnel.

Branchée à la lumière blanche, en ce lieu de pure énergie, hors du temps, où nous ne percevons plus sa gamme arc-en-ciel, où notre taux vibratoire s'accorde à sa vitesse, je n'avais plus qu'un but en tête : amener ceux qui m'approchaient à retrouver leur souveraineté d'être, afin qu'à leur tour ils deviennent disciples de l'univers, du Réel, mes compagnons spirituels. Les mettre en résonance avec leur moi souverain me comblait du sentiment jubilatoire de servir l'essentiel. Ce sacerdoce me donnait, chaque jour, une plus grande envie de me réveiller à l'aube.

Ne savais-je pas d'expérience qu'il est nécessaire d'entrouvrir une petite lucarne sur le Tout, de ranimer la mémoire de son premier amour, du divin dans son expression de pure lumière, d'éternité, si on ne veut pas projeter sur le monde, sur les autres, sa soif d'absolu, sa nostalgie de l'ailleurs ? N'était-ce pas ce que mes élèves commençaient à faire avec moi ?

Forte du noble désir de guider leur âme vers la bonne adresse, je remisai la science initiatique, maître O. et ses idées fraternelles dans les greniers de mon âme.

Une dizaine de mes anciens élèves s'étaient déjà installés à l'ashram de façon permanente. Il fallut administrer.

L'argent, piège rebattu du parcours associatif, présenta son habituel arsenal d'obstacles. Transparence devint mon maître mot. Avec Dana, ma trésorière du centre de yoga, nous choisîmes d'établir un relevé des frais, accessible à tous. Sur cette base fut fixé un loyer pour les résidents, modulable en fonction de leurs moyens. Ceux qui, pour des raisons familiales ou géographiques, ne pouvaient s'établir à demeure, venaient pour un dîner, une nuit ou quelques jours. Une petite contribution était demandée à ces visiteurs réguliers, qu'on appela « les amis de l'ashram ».

Le week-end voyait souvent arriver la tribu bretonne, avec enfants, galettes de sarrasin et lait ribot. Les matelas couvraient alors les moindres recoins de la maison. Au petit matin, ils avaient disparu comme par enchantement, laissant une salle de méditation aérée, impeccable. L'encens brûlait. La flamme de la lampe à huile ondulait. Dans les volutes de ces fumées d'Orient, d'invisibles gopis, danseuses amoureuses du dieu Krishna, semblaient s'étirer et s'arrondir voluptueusement. Au sortir de nos assises matinales, suivies de pranayama, d'exercices respiratoires, le petit déjeuner nous attendait sur la longue table de la salle à manger. Guéridons et tabourets d'appoint l'agrandissaient au gré du nombre de convives.

Pour calmer l'appréhension qui me prenait à la vue du magnifique tissu en chintz fleuri qui décorait les murs, je priais en silence que rien ne vînt l'égratigner. La maison m'avait été louée par de hauts fonctionnaires partant en mission à l'étranger. La confiance que m'avait, contre toute raison, accordée la maîtresse de maison, m'engageait plus que le contrat signé. Notre tableau d'informations générales se trouvait régulièrement épinglé de notes appelant à la maîtrise des gestes, au respect des lieux. Je n'avais pas de souci à me faire. Tel un iceberg émergeant des profondeurs, le sens de la discipline, propre au karma-yoga, remontait naturellement à la mémoire de mes apprentis.

Il en allait de même pour le bhakti-yoga.

Agréablement surprise par leur soumission volontaire, quasi amoureuse, à la règle qui veut que l'orchestre s'accorde à son chef, j'en oubliai que l'imitation, une forme certaine de flatterie, participait pour beaucoup à leur zèle. À reproduire mes propres comportements avec le swami, les plus empressés réussirent un temps à masquer, à mes yeux, la part d'abandon au désir de l'autre qui se glissait dans leur adoration. Leur ravissement apparent à méditer me fit aussi naïvement croire que la ferveur qui habitait, avec si peu d'effort, leur sens du service, se déversait naturellement dans leurs pratiques intérieures.

Lorsqu'à six heures du matin j'arrivais dans la salle de méditation, les dix permanents plus une douzaine d'élèves de la région s'y trouvaient déjà. En week-end, le nombre atteignait facilement la cinquantaine. Assis en silence, les yeux fermés, en attente des trois Om qui aligneraient nos énergies, tous affichaient une belle allure de contemplatifs. Le temps de faire le vide mental, je lançais les sons sacrés. Le voyage commençait.

Quelques wagons s'accrochaient à moi, comme à une locomotive en route vers les éthers de lumière. Mais la plupart, bercés par la douce atmosphère, s'endormaient assis, la tête dodelinant jusqu'à ce qu'une secousse un peu brusque les rappelât aux lois de la gravité.

Il ne me fallut pas longtemps avant de me rendre compte que nos pratiques matinales ne remplissaient pas vraiment leur objectif transcendantal.

Lorsqu'à six heures du matin j'arrivais dans la salle de méditation, les dix permanents plus une douzaine d'élèves de la région s'y trouvaient déjà. En week-end, le nombre atteignait facilement la cinquantaine. Assis en silence, les yeux fermés, en attente des trois Om qui aligneraient nos énergies, tous affichaient une belle allure de contemplatifs. Le temps de faire le vide mental, je lançais les sons sacrés. Le voyage commençait. Quelques wagons s'accrochaient à moi, comme à une locomotive en route vers les éthers de lumière. Mais la plupart, bercés par la douce atmosphère, s'endormaient assis, la tête dodelinant jusqu'à ce qu'une secousse un peu brusque les rappelât aux lois de la gravité.

Il ne me fallut pas longtemps avant de me rendre compte que nos pratiques matinales ne remplissaient pas vraiment leur objectif transcendantal.

L'assise silencieuse favorise les retrouvailles avec son être, sa dimension spirituelle, à condition d'accorder un crédit de confiance à sa souveraineté intérieure. À défaut de se souvenir, il faut au moins croire qu'elle constitue l'essence même de notre identité. Mes élèves avaient intégré ce postulat. Mais les croyances sont fragiles, facilement altérables.

Tant que nous restons identifiés à nos limitations, à nos manques, aux frustrations de notre enfant intérieur, les réminiscences du sublime passent difficilement la barre de l'inconscient. Et la plupart de mes élèves collaient à leur moi blessé comme à un chewing-gum... Plus je le tirais pour tenter de le détacher d'une meurtrissure, plus il s'accrochait ailleurs. Comme avec une casserole de lait sur le feu, ils n'arrivaient pas, un seul instant, à se quitter des yeux. Si au moins ils avaient porté cette attention sur leur splendeur intérieure ! Mais plus intoxiqués aux misères de l'ego qu'à la souveraineté de l'esprit, c'étaient leurs ombres qu'ils ruminaient. À force de m'entendre répéter le jeu de mots qui les faisait rire, sur leur pote-en-ciel, leur nature divine, ils en rêvaient comme d'un vœu pieux.

Ils me faisaient penser à l'histoire souvent racontée par le swami, de la dame qui cherche une broche perdue, devant un porche éclairé d'un lampadaire. L'ami qui l'aide dans sa recherche finit par lui demander :

— Tu es sûre que tu l'as perdue à cet endroit ?

— Non, répond-elle.

— Alors pourquoi cherches-tu là ?

— Parce que là, il y a de la lumière.

Emplis de craintes mais désireux d'avancer vers leur moi souverain, mes élèves comptaient sur mon éclairage au lieu de chercher à allumer, en eux-mêmes, leur torche intérieure. N'avais-je pas, au début, fait la même chose avec le swami ? Son rayonnement ne m'avait-il pas aidée à traverser les opaques tentures qui couvraient le mien ? Certes, mais... en parallèle avec une confrontation psychanalytique sur le divan de B. qui avait évité la surcharge de bagages psychologiques dans mes escalades spirituelles. Dans les premiers temps, convaincue que mes élèves s'occupaient de déblayer par ailleurs leurs chemins personnels des schémas parentaux, je m'installai avec innocence dans le détachement altier, transcendant, de la conscience non duelle.

Du point d'éternité où elle m'établissait, mon regard traversait mes interlocuteurs pour les rencontrer au-delà d'eux-mêmes, dans leur essence : la subtile vibration d'être, aux lueurs variables, aux tons plus ou moins brillants qui émane d'un individu. Leurs fractures existentielles baignées dans l'invisible quintessence de lumière qui saturait l'espace entre nous, se dissolvaient. L'état d'empathie dans lequel je me trouvais alors me révélait sans effort l'écart entre leurs aspirations d'âme et leurs motivations psychologiques, le combat que leurs intentions menaient contre leurs émotions. À elle seule, cette vue de l'esprit devenait le miroir de leur état du jour. Elle m'emplissait, pour ma part, de l'enivrant parfum de la puissance du laser qui traverse les voiles de l'apparence. Eux devaient se sentir compris, ainsi que je l'avais été par le swami. La shakti, la magie de la traditionnelle relation guru-disciple, circulait.

Mais dans un monde endormi, celui qui a ouvert un œil sur le Réel se trouve vite adulé soit par les mélancoliques en manque d'absolu, soit par les exaltés en quête d'états limites.

J'attirais plutôt la première catégorie. La seconde ne résistait pas longtemps à mes références à l'ordre symbolique de la Loi. Les rebelles à la hiérarchie comme les amateurs d'extases désordonnées, quittaient rapidement mon sillage.

La place masculine de leader ne me posait aucun souci. En revanche, porteuse d'un féminin en cours de guérison, j'étais moins préparée à la place d'objet dévotionnel.

La vénération des aveugles fait souvent oublier au borgne qu'il lui reste encore un œil à ouvrir. Il se laisse aisément prendre, comme je le fis alors, aux filets de son propre rayonnement, ignorant que la ferveur qui l'entoure relève plus de transferts thérapeutiques que d'une authentique pulsion d'adoration pour le divin.

Heureusement qu'il me restait un brin de vanité vénusienne. C'est elle qui permit très vite à mon miroir de remettre en cause mon look de guru perché sur ses hauteurs éclairées.

— *Tu as vu la tête qu'elle te donne, la lumière de l'esprit ? Serait-elle devenue si froide qu'elle n'arrive plus à se réchauffer aux flammes de ton âme ?* me demandait-il, un peu plus fort chaque jour.

À force de me renvoyer, avec une moue dubitative, l'aspect émacié de mes traits, mon miroir me sauva de l'excès de transcendance. En l'absence d'un guide en chair et en os, je mesurai l'importance de décrypter tout seul sa propre apparence. Ce faisant, l'impassible et hiératique visage que me renvoyait mon reflet finit par me rappeler quelques éveillés, spiritualistes évolués, libérés de la maya, de la dualité, que j'avais croisés dans des congrès de yoga, dans des ashrams en Inde et ailleurs, dans des centres bouddhistes, tibétains ou autres, de par le monde.

Au nom de l'absence de désir, propre au détachement métaphysique, j'avais observé que leur corps accusait souvent, comme le mien depuis quelque temps, une espèce d'en-creux qui laissait à l'autre toute l'initiative de l'approche. Enveloppés d'une aura de rayonnante indifférence, je les avais vus accueillir des aspirants timides ou impressionnés par un insondable silence, ou un langage réduit à quelques paradoxes, un koan zen, une question déstabilisante du style : qui est Dieu ? Qui êtes-vous ? Êtes-vous spirituel ? Ah ! combien je les avais souhaités moins réalisés et plus vivants, dans ces moments d'embarras paralysants qu'ils provoquent. Combien de fois m'étais-je plainte au swami V. de la façon qu'ils avaient de se cantonner dans leur quant-à-soi spirituel comme dans une tour d'ivoire ? Pour beaucoup, l'éveil ne servait-il pas de prétexte à un radieux mépris de l'humain ? Légitimés par la bonne conscience d'aider leurs interlocuteurs à s'élever, leurs méthodes pédagogiques ne frisaient-elles pas le dédain ?

D'un air entendu que je ne m'expliquais pas, mon guru riait de mon agacement.

Rétrospectivement, je suppose qu'il savait que j'allais glisser dans les mêmes chaussures. Elles correspondent à une représentation culturellement codée de l'éducation non dualiste de l'âme qui coulait dans mes veines. Maître O. ne m'avait-il pas dit, à notre toute première rencontre en décembre 1979 : « Vous, vous êtes une vraie hindoue » ? Mais trois ans plus tard, il me disait : « Maintenant, l'esthétique ».

À revoir le film des événements, je mesure l'état de choc dans lequel je me trouvais à l'époque. Tout allait si vite. Entre mon initiation de swami et son tonitruant « l'Inde c'est fini » je n'avais pu, de retour à l'ashram, que refouler son exhortation au renouvellement. Je m'étais accrochée à ma robe orange comme à une garantie d'authenticité spirituelle, par instinct de survie.

Face au miroir de ma salle de bains, force m'a été de constater que mon expression de guru oriental ne réussissait pas à mon teint. Pareille à une terre sans arrosage, je m'asséchais. Cela expliquait la sourde épouvante que je lisais sur les traits de certains de mes élèves à la moindre de mes remarques. En transperçant les jeux de leur ego, ma lucidité procédait à des chirurgies nécessaires dans le tissu de leurs illusions. Leur donnais-je en contrepartie suffisamment de « bon » pour supporter l'aridité des prises de conscience ?

Comment le swami arrivait-il, lui, à rester proche, chaleureux, tout en rayonnant de souveraineté ?

— *Il maniait parfaitement le mutisme et le sibyllin, dans la lignée védantique de Sivananda, son maître. En ce sens, il honorait Shiva, le destructeur de l'ego, mais ton guru était aussi proche du dieu Krishna, le dieu de l'amour,* glisse alors la petite voix de retour dans ma conversation intérieure. *C'est pourquoi il n'a jamais poussé son détachement jusqu'à l'indifférence, aussi divine soit-elle. Par son humanité effectivement peu orthodoxe, il a renouvelé, à sa manière, la traditionnelle relation guru-disciple.*

Je comprends mieux pourquoi lui seul, et aucun autre des maîtres croisés sur ma route, a pu calmer l'intellectuelle et amadouer la femme rebelle que j'étais lorsque je l'ai rencontré.

L'amour est évidemment la clé !

À l'époque, j'étais convaincue d'en déborder. Tout mon temps n'était-il pas consacré à m'occuper des autres ? Concentrée sur leur éveil de conscience, je ne voyais pas que ma sollicitude ne s'exprimait que sous forme de rayonnement... J'avais oublié que la lumière est froide, par nature. En accueillant l'étincelle divine, immortelle de l'esprit, commune à chacun, je laissais l'humanité de mes interlocuteurs à la porte de mon cœur. Quelques semaines de régime d'équanimité non duelle avaient suffi à m'établir dans l'état de conscience impérial et détaché caractéristique de l'énergie-lumière.

Installée dans son univers, hors de l'espace-temps, j'aimais dans l'absolu tout le monde et personne. Une conséquence logique et difficilement évitable de l'arithmétique non duelle.

Je me devais de trouver au plus vite le secret de la chaleur, de l'affection que le swami avait laissée se développer dans notre relation, si je voulais éviter les risques de dépendance qui font trop souvent basculer les éveilleurs d'âme dans l'arrogance éducative ou, pire, dans la tyrannie du sublime et autres abus « d'église ».

Alors que je me demandais par où commencer, il m'apparut soudain que le swami n'avait jamais dirigé un ashram. Il était un solitaire, un « guru errant » en quelque sorte. De Rishikesh à Paris, en passant par Berlin, Vancouver, l'île Maurice, l'Afrique du Sud, l'Australie, etc., il arpentait le monde comme un ambassadeur du ciel auprès des humains. Invité par des ashrams, des centres ou des particuliers, il n'a jamais fait que passer, apportant son offrande de lumière et de parfum : les deux mots, *or* et *réah*, qui en hébreu constituent le mot invité, *oréah*.

Il m'avait bien eue ! Je ne pouvais pas appliquer ses recettes de guru indépendant. Il m'avait collé la responsabilité d'un lieu, d'une « terre ». Moi qui n'avais jamais jusqu'à présent posé mes valises... Il devait avoir une bonne raison. J'avais intérêt à la trouver, avant de devenir agressive pour cause d'atteinte à ma liberté.

Quel pouvait être le sens positif d'un ashram, de l'expérience communautaire à laquelle j'étais astreinte ?

Aurait-elle pour enjeu de tester l'idéal politique, au sens littéral de modèle de vie sociale, que chacun véhicule souvent à son insu ? Le moins que l'on puisse dire, c'est que les congrégations spirituelles construites sur le modèle des ashrams, couvents et ermitages ne préparent pas à vivre une proximité conviviale dans le monde, concédais-je. Ne sont-elles pas plutôt des refuges adaptés aux nostalgiques de l'ailleurs, dont je faisais partie ?

« La spiritualité doit se vivre aujourd'hui dans le monde. » Le discours de maître O. émergeait doucement du refoulé. Et si l'enjeu de l'épreuve tenait dans l'apprentissage fraternel ? Une préparation à vivre autrement dans un monde où chacun ne tirerait pas la couverture, ou Dieu, vers soi. Je contemplais avec ébahissement le paradoxe d'un ashram visant à l'apprentissage de l'altérité plutôt qu'à la réalisation de soi. Réussir à vivre l'Un, en se sentant responsable de l'autre, suffirait certainement à spiritualiser une société ! À commencer par le microcosme social que symbolisait l'ashram.

Et si j'essayais de le transformer en ashram fraternel, ne serait-ce que, comme au poker, pour voir ? En commençant moi-même à être plus simple et accessible, me dis-je. Dans cet esprit, je pris la grande décision de partager la vie « normale » de la maison.

Je dus vite me rendre à l'évidence : devenus apprentis disciples, mes élèves, les mêmes qui me tutoyaient en bavardant de tout et de rien à la fin de mes cours de yoga, préféraient maintenant des rôles clairement démarqués. Comme des enfants sécurisés par des parents qui ne brouillent pas les frontières, ils me délimitaient tacitement ma place. J'étais devenue l'ordre qui interdit et permet, qui différencie le mal du bien. C'était ma prérogative. J'en découvrais le joug, plaignant au passage le swami d'avoir eu à subir de ma part le même type de projection parentale.

Si je lavais une assiette ou goûtais un plat en cours de cuisson, je pouvais les entendre se demander quelle raison cosmique m'amenait à le faire. Je cherchais peut-être à les faire réfléchir sur l'humilité, le sens du service ou leur approche de la nourriture... Attentifs au message silencieux que j'essayais vraisemblablement de leur faire passer, ils m'ignoraient en tant que personne.

Cette attitude qui me transformait en outil pédagogique finit par tirer de son sommeil léger l'amour de ma liberté, toujours vivace sous ma robe orange, que j'avais sacrifié à la vie communautaire. M'énerver contre leur paralysie respectueuse les laissait ébranlés et confus. Regrettant mes éclats de colère, évidemment sainte à leurs yeux, je n'en finissais plus ensuite d'expliquer que se rabaisser ne grandissait pas l'autre. Leur silence tournait mes commentaires en monologues, qu'ils écoutaient avec une piété telle qu'elle les rendait sourds à mes arguments. Je ravalais mon ressentiment, me jurant plus d'une fois de me contenter d'une parabole bien placée ou d'un mutisme éloquent.

Jusqu'à la fois suivante, où je me laissais emporter à nouveau à des prêches de redresseur de torts.

Disciplinée, je m'évertuais le soir, durant certains satsangs, les veillées qui nous réunissaient après la journée de travail, à sacrifier l'ambiance mystique à leur humanité. Je m'intéressais avec une patience vertueuse aux états d'âme de mon petit monde.

Comment aider Tara à faire comprendre à Annabelle que mettre des artichauts farcis au menu du week-end n'était pas forcément une bonne idée ? Passer des heures à les évider, à les remplir ensuite de légumes divers coupés en tout petits morceaux, organiser, de surcroît, sur la table, un système permettant de rassembler les feuilles mâchouillées, relevaient pour Annabelle d'un acte d'amour envers la communauté. « L'artichaut n'est peut-être pas un légume fraternel », lui disais-je, dans l'espoir qu'un peu d'humour détendrait son ego crispé sur son point de vue. Elle ne voyait toujours pas pourquoi la simplicité et l'économie de temps prévalaient, dans une collectivité, sur son plaisir de faire plaisir. Pourquoi ne pas consacrer ses talents culinaires à donner du bonheur gustatif aux pieux aventuriers d'une vie spirituelle ? Elle avait raison, Annabelle, quand elle soutenait que vivre en ashram ne revenait pas à vivre tristement. Ne m'étais-je pas dit, quelques jours plus tôt, face à mon miroir, que devenir terne et sèche ne prouvait pas mon sérieux métaphysique. Mais les autres verraient-ils, comme elle, une source de félicité dans des artichauts farcis ? C'est ce qu'Aline s'empressait d'infirmer en accusant Annabelle de s'accaparer le mérite d'une nourriture excellente, dont la réputation commençait à s'étendre au-delà de l'ashram, alors qu'elle-même était cantonnée à l'épluchage et au lavage de vaisselle. N'y avait-il pas moyen de faire vite, simple, chic et pas cher, en même temps que bon, demandais-je à Annabelle qui pleurait déjà.

En place de chants et de méditations, la plupart des satsangs tournaient à l'arbitrage de conflits dignes du jugement de Salomon.

Pour couper court à des discussions enflammées sur des comportements qui ne relevaient que d'un peu de bonne volonté, il ne me restait quelquefois qu'à trancher à propos de petites culottes restées trop longtemps dans le lavabo de la salle de bains, de serviettes personnelles accrochées au portant commun.

Face aux petits et grands problèmes de la vie collective, j'admettais de plus en plus facilement que si je renonçais à établir la paix par le nirvana, en moi et à l'ashram, il ne me restait qu'à développer chez mes apprentis le sens fraternel, pour sauver notre petite communauté des duels propres à la dualité.

Je décidai donc d'ajouter l'étude de la science initiatique à nos pratiques spirituelles traditionnelles. Elle devint la bible des droits et devoirs relationnels du Sivananda Yoga Ashram, la lanterne qui éclairait de sagesse les constantes chamailleries des résidents. Les règles de pur bon sens qu'on y trouve finirent par me convaincre qu'avec la connaissance des lois de l'échange qui fondent le Réel, la dualité avait une chance de se vivre dans l'harmonie, peut-être même dans une joie terrestre, contrairement à ce que soutenait la tradition non dualiste.

Si vous croyez qu'une gifle peut faire du bien à quelqu'un, demandez-vous comment vous réagiriez si vous la receviez, suggérait maître O. dans un de ses livres. À elle seule, cette formule avait considérablement raccourci les récriminations des uns et des autres. J'en étais fort aise. Mais au bout d'un mois, après ces satsangs plus proches de la psychologie de groupe que de la spiritualité, je rentrais dans ma chambre, dépossédée du sublime, avec le sentiment pesant d'être infidèle à l'Un, au nom des autres et de leurs embrouilles.

Frustrée des hauteurs de l'esprit, je rappelai alors à mes élèves, avec le sentiment grandissant de radoter, l'importance de retrouver son identité spirituelle. Sans ce cordon attaché à la lumière, on risquait de se perdre dans les dédales de ses propres ombres, l'analyse interminable de ses limitations et vexations.

Comment s'approcher de l'autre sans perdre l'Un ?

Heureusement qu'il restait l'ambiance méditative du matin.

Après une bonne heure de silence et de respirations, je m'inquiétais, dans une ambiance propice aux échanges d'âme, du cheminement intérieur des uns et des autres, les amenant à s'interroger sur ce qui se passait dans leur demeure du silence. Je ré-expliquais encore et encore ce qu'était l'identification, la fusion avec le Tout, pour mieux la différencier de la concentration, de la méditation et de la contemplation. J'arrachais chaque jour aux muses de l'imagination de nouvelles illustrations, des commentaires plus éclairants, afin de frapper plus fort sur les portes blindées de leurs consciences.

Les jours suivants, il fallait accepter, avec flegme et sourire, que nos assises matinales produisaient, au mieux, une profonde et agréable relaxation, et reprendre, au petit déjeuner, les réponses aux questions sur les conflits en cours.

Entre le désir de mes élèves de trouver en moi une autorité supposée tout savoir, consacrée à les surveiller et à bousculer leurs complaisances, et mon identification au rôle pluriel d'éveilleur-passeur d'âme-destructeur d'ego, et nouvellement instructeur de la science initiatique, je dormais de plus en plus mal.

La nuit, dans le silence, montait une plainte.

Le mutisme de Richard y était certainement pour quelque chose. Il n'avait toujours pas donné la moindre nouvelle. Mon corps se souvenait. Le silence du swami n'arrangeait rien. Il manquait à mon âme.

Après son départ de Paris, mon « ex » guru m'avait envoyé un mot de remerciement pour l'accueil reçu à l'ashram. Depuis, rien. Mes lettres restaient ostensiblement sans réponse. Son silence le rendait plus absent que s'il était mort. Impossible de ne pas voir les pages du calendrier s'effeuiller. Et s'il disait vrai ? Si l'annonce de sa mort s'avérait prémonitoire, je ne le reverrais plus jamais.

Les vacances d'été approchaient. Pourquoi ne pas le rejoindre en Australie où il se trouvait ? M'occuper de lui me rappellerait que l'humilité reste le meilleur antidote à l'arrogance, cette antichambre de l'orgueil qui guette les habitués de l'énergie-lumière. N'avais-je pas besoin de nourrir mon âme, si je voulais correctement prendre soin de celle des autres ? Je pourrais aussi vérifier auprès de lui s'il était juste, pour moi, de m'approcher aussi près de la réalité existentielle de mes élèves. Auquel cas, il saurait me dire comment le faire sans danger de perdre l'Un en chemin. Voilà des arguments qui allaient le convaincre. J'appelai l'ashram de Perth. Après quelques minutes d'attente, j'eus la surprise d'avoir le swami lui-même au bout du fil.

— Oh ! Aruna, me dit-il, c'est vraiment impossible. Il n'y aurait pas où te loger.

C'était péniblement drôle. J'avais dormi plus d'un mois sur un bloc de ciment à l'ashram de Rishikesh. Et à même le sol dans sa chambre, en Inde. Sensibilisés par l'alerte cardiaque qu'il avait eue deux ans plus tôt, nous avions décidé de nous relayer auprès de lui certaines nuits, lorsque Mira, sa disciple infirmière, trouvait sa tension inquiétante. Et il parvenait, sans rire, à me raconter qu'il n'y aurait pas un lit disponible à

Perth ! Cet argument invraisemblable ne laissait aucun doute sur son refus.

Je raccrochai et, le cœur lourd, décidai de passer l'été au congrès de maître O.

Dans l'idée d'alléger ma responsabilité pédagogique, je fis miroiter à mes élèves l'opportunité d'étudier en direct avec un maître occidental les codes fraternels du savoir-vivre collectif. Pour les convaincre, je jouai, consciente de les manipuler quelque peu, sur leur curiosité et leur envie de ne pas me déplaire.

En mon for intérieur, j'espérais que l'exemple d'une communauté rodée à la connaissance initiatique servirait de modèle à l'ashram.

Était-ce la chaleur du Midi, la beauté du lieu, l'abondance de couleurs vives ou les sourires que les congressistes nous distribuaient généreusement lorsque nous les croisions dans les allées bordées de roses et de lavande ? Toujours est-il qu'à peine arrivées, comme des élastiques étirés qu'on lâche, nos âmes se détendirent d'un coup.

La pieuse pesanteur de mes élèves semblait avoir disparu par magie. Ils me rappelaient les sérieux technocrates arrivant au Club Med, aussitôt métamorphosés en joyeux lurons.

Tout au long de l'été 1982, ils se relayèrent par vagues successives d'une vingtaine environ. Pétillants et bavards, ils s'installaient gaiement dans les coquets dortoirs qui leur étaient assignés, soudain heureux d'être ensemble. Par contraste, l'ambiance compassée, recueillie qui régnait à l'ashram me sauta aux yeux.

Dans ce centre fraternel, l'intensité spirituelle n'était peut-être pas aussi forte, mais les pratiques collectives en cours – méditations en extérieur, gymnastique, chant choral – détournaient mes élèves de leur concentration obsessionnelle sur le service au guru. Ils en devenaient plus simples avec moi. Le fait que durant l'heure méditative du matin, maître O., contrairement aux maîtres traditionnels, regardait le soleil, devait y être pour beaucoup. Assis sur un socle de pierre légèrement surélevé, il tournait le dos aux participants. Je pris l'habitude de m'asseoir en avant, sur la rocaille. Pour la première fois, mes élèves méditaient sans m'avoir, moi ou le swami, face à eux. Par ailleurs, j'habitais à côté de leurs dortoirs, dans une petite caravane, près de Cathy – une disciple de maître O. qui m'avait prise sous son aile bienveillante lors de mes premiers séjours. Proche d'un peu plus loin, immergée dans le bain collectif en même temps qu'eux, j'évoluais au sein de la communauté comme une de leurs sœurs en humanité parmi d'autres… ou presque. Marqués du sceau fraternel, nos échanges se trouvèrent allégés du poids hiérarchique.

La vitalité qui animait leurs regards devait peut-être plus à l'ambiance de vacances qu'à l'adoration transcendantale, mais elle ensoleillait leur passivité de disciples traditionnels. Ils gagnaient en naturel ce qu'ils perdaient en dévotion. Devenant moins solennels, plus conviviaux. Entraînés par des spiritualistes mieux exercés à la cohabitation fraternelle, ils se chamaillaient moins qu'à l'ashram.

Pareils à des alpinistes qui s'arrêtent de grimper, d'affronter intempéries et obstacles de parcours, ils surent recevoir comme un cadeau cette halte régénératrice. Après l'intense tourbillon des derniers mois, posés dans leurs chambrées comme en bivouac de luxe, ils décompressaient. Ils prirent la mesure du chemin parcouru, du voyage surprenant qu'ils avaient accompli, ensemble, à mes côtés. Du tapis de yoga à la science initiatique en passant par la mystique hindoue, ils se découvraient unis par une odyssée d'âme commune. Après en avoir essuyé les désagréments à l'ashram, tels des touristes à l'étranger ils percevaient dans ce groupe l'originalité de leur propre tribu. Ils savouraient le sentiment d'appartenance à la communauté d'esprit qui les liait tous à moi.

À mon grand étonnement, je constatais que comme la Loi étaye la liberté, l'esprit de fraternité conforte les particularités. Se reconnaissant singulier, n'est-on pas mieux disposé à jouer sa mélodie personnelle dans une symphonie ?

« C'est bien une harmonie dans la diversité, une unité qui tient compte des différences, que le sens fraternel permet d'accomplir », soulignais-je avec enthousiasme, aussi fière qu'eux d'établir un pont entre la spiritualité hindoue et la science initiatique.

Commencèrent-ils là à se rendre compte de ce que représentait, d'un point de vue philosophique, ma décision d'ouvrir les portes de l'ashram à l'expérience fraternelle ? Certains me donnèrent, en tout cas, l'impression de mieux comprendre mes rebuffades et agacements comme des refus de les laisser s'enfermer, en mon nom, dans la tradition dévotionnelle du bhakti-yoga. Je lus dans quelques regards la surprise et l'admiration devant mon renoncement aux bénéfices honorifiques de leur dévotion dont j'aurais pu être l'objet incontesté pour longtemps.

Touchée d'être reconnue comme un bon parent par des enfants devenus jeunes adultes, je respirais mieux, déposant à mon tour le « complet veston » de directrice d'ashram intoxiquée au devoir et à la responsabilité.

Ensemble, nous découvrions combien le partage communautaire, alimenté par le sens fraternel, vivifiait le plaisir d'appartenir à une même famille d'âmes. Dans une ambiance monacale, la rigueur l'assèche. Dans un milieu mystique, l'exaltation le noie. « Encore faut-il bien assimiler les règles de l'échange fraternel si l'on ne veut retomber ni dans l'une, ni dans l'autre à notre retour », leur rappelai-je, les incitant à ne pas laisser le jardinage, les pluches de légumes et autres activités de groupe court-circuiter le temps de l'étude et de la lecture. Jusque dans les plus petites manifestations de la dualité, l'un n'empêche pas l'autre.

« N'avons-nous pas déjà remarqué, à l'ashram, que les bons sentiments ne suffisent pas pour bien s'entendre. Il reste beaucoup de choses à apprendre pour réussir à s'approcher les uns des autres sans s'écorcher. » J'attendais moi-même avec impatience la conférence de maître O. qui rassemblait chaque jour les participants au congrès dans la grande salle du domaine.

En ce temple moderne, comme dans un hall d'opéra ou un jardin zen, je me sentais d'emblée chez moi, en attente d'infini. Là, j'oubliais le monde et mes élèves.

Je portais toute mon attention sur la pensée du maître qui jonglait, telle une magicienne avec des foulards multicolores, autour de thèmes variés lancés dans tous les sens. Avec un mot, une phrase, il les rattrapait d'un coup, les nouant dans un moment de cohérence parfait, avant de repartir pour un nouveau tour. Admirative, je me laissais entraîner dans le mouvement aérien de son discours. Au bout de quelques jours je remarquai que, sur un souffle à peine perceptible, sa voix poussait vers moi un message personnalisé qui, tel le discret muguet, me surprenait par la vigueur de son parfum. Comme une note soutenue qui n'en finissait pas de résonner, une idée, simple en apparence, explosait soudain dans ma tête en mille brandons de lumière, éclairant un trésor d'informations cachées.

Je sortais de chaque conférence avec une moisson de points d'interrogation. Mes élèves, interpellés par une spiritualité qui s'étudiait comme à l'école, s'agglutinaient autour de moi avec leurs questions. Trop heureuse de partager mon enthousiasme d'intellectuelle ressuscitée, je passais des heures avec eux à décortiquer les thèmes du jour.

Connais-toi toi-même
et tu connaîtras l'univers
et les dieux.

Dans la nomenclature de ce maître, expliquais-je à mes élèves, le « toi » correspond à notre nature humaine, la personnalité ou l'ego. Le « toi-même » renvoie à l'individualité, notre nature divine, ce que j'appelle le moi souverain. Il correspond au Soi auquel il suffit, dans les traditions orientales, de se fusionner pour « connaître » l'univers et les dieux. Mais qui trop embrasse mal étreint, comme dit le proverbe.

S'appuyer seulement sur son ressenti comme le font les mystiques, ou sur l'altération sensorielle comme les adeptes de la voie chamanique, en vue d'appréhender la réalité du monde Invisible, maintient une coupure entre le dedans et le dehors, le subjectif et l'objectif, voire ultimement entre science et spiritualité. Pour que le viatique socratique s'accomplisse, n'est-il pas plus passionnant, plus utile pour l'évolution de l'humanité, de rapprocher ces deux modalités de la compréhension : révélation intérieure, immédiate et ineffable, et perception logique, rationnelle, structurée par le langage. Ajouter l'entendement au ressenti est l'enjeu même de la voie initiatique : une voie de la connaissance.

Le fonctionnement de l'être humain dans sa connexion à l'univers n'est-il pas plus intéressant à explorer que les jeux mille fois analysés de son moi blessé, leur demandais-je ? Peut-être, répondaient leurs visages perplexes.

— Et nos ombres, qu'est-ce qu'on en fait ?

— À chaque siècle son outil de prédilection. Freud, Jung, Lacan, Dolto, bien sûr..., mais une psychologie des profondeurs qui ne tiendrait pas compte de la révolution spirituelle survenue en Occident dans les années 1960 et 1970, se contente d'une analyse de l'ego. Mes méditations m'ont permis de découvrir que l'inconscient possède aussi une face lumineuse. C'est elle qui se révèle dans vos assises silencieuses. Mais ces deux approches de soi, spirituelle et psychologique, restent fondamentalement intérieures. Vous pouvez maintenant à l'aide du savoir initiatique harmoniser vos ressentis à l'entendement, le dedans et le dehors, la conscience et la science.

— On peut faire les deux à la fois ?

— S'il faut attendre de retrouver sa souveraineté d'être par l'illumination transcendantale ou l'analyse complète de son ego avant de devenir fraternel, le monde attendra longtemps l'entrée des spiritualistes sur la scène sociale.

Encore moi-même sous le choc de cette prise de conscience, je n'étais pas bien sûre de la possibilité de mener de front l'exploration intérieure, identitaire, et une quête de sens où la relation à l'autre, au monde, deviendrait l'enjeu, l'épreuve de réalité de nos perceptions spirituelles. Soucieuse de me convaincre moi-même, j'accumulais les arguments afin d'inciter mon entourage au moins à y réfléchir.

— Il faut juste être cohérent. Si nous préférons l'amour comme état de conscience, plutôt que comme échange avec autrui, le meilleur choix reste la dissolution de nos ombres dans l'énergie lumière de la transcendance. Il est alors logique de s'engager pleinement dans la voie non duelle. Ceux qui optent pour ce chemin traditionnel cessent d'analyser leurs souffrances existentielles. En guise de pratiques thérapeutiques ils se contentent de répéter des mantras, méditer et servir un guru. La compréhension intellectuelle de l'Invisible est la dernière chose qui les intéresse. Le fait que les ashrams, les couvents ou autres communautés spirituelles soient pleins de gens qui ne s'entendent pas est secondaire. Ils comptent sur le service au guru, l'obéissance ou les disciplines personnelles pour canaliser leurs émotions négatives.

Se confesser, se mortifier ou noyer sa négativité dans le vide peut conduire à la sérénité, faire de nous un être de contentement, mais pas forcément un individu capable de relation. Si vous souhaitez vous approcher les uns des autres, en conscience, sans vous emberlificoter dans des conflits de personnalités, il me semble indispensable que vous vous atteliez en parallèle à une thérapie et à une pratique méditative, à une étude sérieuse des droits et devoirs relationnels qui régissent nos échanges avec le cosmos et avec l'autre. Ce que l'on sépare en soi divise à l'extérieur. C'est ainsi qu'une spiritualité qui ne s'appuie pas sur un corps sain, un cœur guéri et un mental capable de raisonnements clairs ne peut conduire à des échanges fraternels. D'accord avec Brassens : tout est bon chez l'homme, *il n'y a rien à jeter*.

Comme s'il avait entendu mes commentaires, le maître se lança les jours suivants dans une description accablante des sadhus, les moines itinérants de l'Inde, tellement plongés dans la béatitude qu'ils laissent leur corps se délabrer. « Probablement pour dégager une odeur de sainteté », ajouta-t-il en riant, le regard tourné vers moi. Son rire englobait, au passage, les ascètes, les ermites cloîtrés dans les grottes, monastères et ashrams.

« Il est pratique de s'appuyer sur la juste rétribution des méchants, ou le karma, pour justifier son indifférence à un monde qui s'écroule, à des gens qui souffrent », poursuivit-il. Je souriais.

Moins attachée à défendre ma robe orange, je percevais mieux le caractère pédagogique de sa véhémence contre les spiritualistes désincarnés qui, tendus vers le nirvana, ignorent royalement leurs manquements relationnels. N'y avait-il effectivement pas lieu de s'interroger sur un amour de Dieu qui ne se traduit pas par une compétence d'amour humain ?

« Malkout, le royaume de l'Arbre de Vie, représente, par analogie, notre corps. C'est là que nous pouvons vérifier, disait-il, si nous sommes rois ou esclaves sur nos terres. On parle de paix intérieure et on perd son calme à la moindre broutille... C'est plus fort que moi, dit-on après. Avec cette phrase, on signe son appartenance à l'école de la faiblesse. »

Je comprenais mieux la parole biblique : *aime ton prochain comme toi-même*. Avec ses « lointains », l'amour n'est pas mis à l'épreuve de l'encombrement d'une présence physique dont il faut tenir compte à tout moment. La spiritualité ainsi comprise devenait une éthique, non une idéologie ou un credo.

« Savoir, c'est pouvoir. Pouvoir expliquer autant qu'appliquer ce qu'on sait », lança le maître en guise de conclusion.

« Terre et Roi seront un. » La formule des chercheurs du Graal me revint instantanément en mémoire.

C'est bien l'esprit de chevalerie que la science initiatique insuffle à la démarche spirituelle traditionnelle, expliquai-je ce jour-là à mes élèves, tandis que le défi d'une connaissance incarnée faisait fondre mes dernières résistances. Et les leurs ! J'avais touché leur esprit d'aventure.

Passionnés par les longues conversations qui suivaient les conférences, ils en oubliaient leurs bobos existentiels. Les questions qu'ils me posaient devenaient plus philosophiques que psychologiques. Leur pesanteur narcissique s'en trouvait miraculeusement allégée. Leurs yeux plus vifs, habités de petits lutins curieux, me confirmaient que l'abandon du mental prôné par les pratiques non duelles, séduit souvent davantage les amateurs occidentaux du « prêt à penser » que les mystiques authentiques.

Nous étions clairement entrés dans la voie de la connaissance, en route vers la sagesse des initiés, nourrie par la « force du quoi » inscrite dans Hochmah, le mot hébreu qui signifie sagesse. Le questionnement et l'interprétation en sont les outils. Ils appartiennent à la région du mental, Hod dans l'Arbre de Vie, un terme qui se traduit par « gloire ».

Peut-être celle de l'homme qui ne renonce pas à questionner, penser et interpréter en vue de donner un sens à sa vie, de transformer son existence en quête initiatique.

Interpréter, c'est forcément agir sur la destinée des individus et du monde ; c'est donner à cette destinée un cours nouveau, en prendre l'absolue responsabilité et être prêt à en payer le prix.

Edmond Jabès

Bienvenue au club de la pensée, chantonnaient à mon oreille de petites voix enjouées, en ces jours d'été.

Ou plutôt « *bien revenue* »...

Elle a eu raison la petite voix de corriger, me dis-je en avalant une gorgée de thé tiédasse, il s'agissait bien d'un retour.

Tout en me dirigeant vers la cuisine pour faire chauffer de l'eau, vider la théière au liquide pâteux d'avoir été ajouté sur le même lot de feuilles vertes depuis ce matin, j'admets que si « pourquoi » n'a pas été mon premier mot, c'est qu'il faut d'abord nommer ses premiers interlocuteurs : maman... papa... Mais du plus loin que je me souvienne, n'ai-je pas toujours été une « questeuse », une infatigable poseuse de questions, vite frustrée par un père taiseux et une mère caméléon ?

N'est-ce pas ce qui, justement, a fait de moi plus tard la partenaire idéale des passifs-agressifs ? Un pôle d'attraction pour des hommes, des femmes ou des élèves tentés par la quête de sens, le mystère de l'absolu, mais qui se seraient contentés de mes analyses plutôt que de risquer une interprétation et d'en prendre la responsabilité ? Toujours prêts à se retirer, par ailleurs, si mes questions évoquaient de trop près la nécessité d'un engagement.

Jusqu'à mon départ pour l'Inde, j'ai satisfait avec Raphaèle mon exigence de vérité. Elle soutenait, sans jamais me décevoir, mes assauts d'interrogations. Durant mes années d'université, mon énergie de chercheuse s'est trouvée canalisée dans le bonheur sémantique de l'analyse des signes et des textes. Barthes, Kristeva, Deleuze, Genette et les autres... Ces sources fécondes d'excitation intellectuelle comblaient ma soif de triturer les discours.

Après ma soutenance de thèse, j'ai revu Barthes. La désespérance qui fondait mon analyse de l'ironie, réponse aussi brillante que fuyante au mystère du divin, ne lui avait pas échappé. Ma révolte intellectuelle contre l'insensé faisait écho à l'intelligente mélancolie qu'il affichait avec élégance. Nous exprimions de différentes manières notre nostalgie de l'ailleurs, mais elle nous rapprochait. De nos conversations sans masques me reste le ton du désir frustré d'absolu qui cassait sa voix. Lorsque, quelques mois plus tard, il a emporté son goût de *vie à l'état pur* dans la mort, j'ai tout laissé tomber : l'université, le milieu intellectuel et la verbalisation sans fin des labyrinthes structuralistes dans lesquels je tournais en rond, désenchantée, comme la plupart des penseurs de l'intelligentsia parisienne que je fréquentais.

J'ai transporté mes interrogations sur le terrain silencieux du yoga et de la méditation transcendantale.

Contradictoire, dialectique par nature, comment l'intellect pouvait-il servir d'outil au mystère de la transcendance ? Le chercheur de lumière divine avait tout intérêt à laisser sa tête au vestiaire, à se concentrer sur un seul point, le vide, ou Dieu. La véritable connaissance ne s'offrant qu'à ce prix, disaient les maîtres du passé. J'ai laissé mon cerveau gauche s'endormir comme une Belle au bois dormant.

Petit à petit, dans ma demeure de silence, le saisissement a remplacé le raisonnement, et le ravissement mystique l'interrogation. À force de baigner dans le sublime sensoriel, mon petit moi rouspéteur et ratiocineur est tombé dans l'oubli. L'état de calme serein qui en résulta ne m'a pas donné envie de renouer avec les argumentations conceptuelles et explicatives.

Aujourd'hui, assise dans mon fauteuil avec une théière à nouveau pleine, je constate, entre deux gorgées, l'aisance avec laquelle ma nature mystique, mise à jour par le yoga et la méditation, a mis mon intellect entre parenthèses, me rendant pour un temps vaguement bécasse. Face au monde, je me trouvais souvent le cerveau ralenti, au point de ne pouvoir m'exprimer qu'en pointillés, de me sentir stupide dans les controverses. Il manquait sous ma calotte crânienne une connexion entre les deux hémisphères de mon cerveau, l'analytique et le sensoriel, entre l'éternité et le temps, l'absolu et le tangible. Ce manque de pont expliquait les pannes de ma pensée.

L'été 1982 a marqué le premier déclic d'une jonction entre le côté intuitif et le côté rationnel de mon arbre cérébral. Mes synapses, stimulées par mes lectures, les conférences et les longues discussions qui s'ensuivaient avec mes élèves et Cathy, se sont dégagées de trois années d'un sommeil que, rétrospectivement, je perçois comme réparateur.

Rebelle née et intellectuelle invétérée, pouvais-je autrement que par une soumission irrationnelle au divin – irrationnelle au sens du Larousse : « qui ne procède d'aucune raison » – immerger mon cerveau dans le silence intérieur où s'entend la musique de l'âme, où s'éveille le sens du sacré ? Je comprends tout à coup pourquoi, alors que le swami était indubitablement un érudit, il a toujours refusé que je travaille, comme le faisaient mes codisciples, à l'élaboration de ses livres.

Il savait qu'il fallait mettre mon mental au repos pour préparer le terrain à l'éprouvement de vérités sans preuves, non moins vraies pour autant.

Il y a définitivement quelque chose de vrai dans l'exhortation traditionnelle à abandonner sans réserve son mental à la lumière, dans l'hypothèse d'y rencontrer Dieu, me dis-je ce matin. Faire comme s'il existait afin de se donner une chance de le vérifier, conduit souvent au « miracle du oui » qui fait fondre les résistances d'un intellect habitué aux « oui, mais ».

Mais l'aurais-je dit ce « oui » si je n'avais pas rencontré le swami ? Mon retour sur le passé m'amène à constater que le « oui » nécessaire à l'éveil spirituel, m'a été finalement inspiré par le plus simple des miracles, celui de l'amour.

— Parce que avant la lumière, avant Tout, il y a l'AMOUR. Comment veux-tu que « la lumière fût » s'il n'y avait pas eu quelque chose avant ?

L'amour au commencement de Tout ! Cela faisait un moment qu'elle était silencieuse, la petite voix, mais pour une reprise d'information, celle-là est de taille. J'en reste sidérée.

Par analogie à l'amour originel qui a précédé la lumière, l'amour humain est au commencement du chemin spirituel. C'est ce qu'avait déjà bien vu Lacan, en matière de thérapie : « Au commencement de l'expérience analytique, rappelons-le, fut l'amour. »

C'est bien la chaleur du swami, son humaine noblesse, plus que son ascendant métaphysique, qui ont déchiré les filets dans lesquels mon oui au divin était emberlificoté.

Lorsque je l'ai rencontré, au temps de mes chagrins d'amour et d'une estime de moi trouée comme un gruyère, toute la sagesse du Vedanta n'aurait pas suffi à me faire dire oui au Dieu de mon enfance, celui qui avait pris mon père, permis Auschwitz et laissé la cruauté dominer sur terre. C'est parce qu'un humain a pris le temps d'apprivoiser mon cœur, un homme de surcroît qui, au travers de mes masques, voyait et me renvoyait mon vrai *visage*, que je m'en suis approchée. Sans cette rencontre, ma mémoire blessée aurait sûrement nourri plus longtemps ma colère contre Dieu, me figeant dans une carapace d'intellectuelle coupée en deux, gardant un mental fâché avec son cœur.

Bien ancrée dans la réalité, la sagesse de mon guru m'avait empêchée de me perdre dans la lumière, autant que de m'identifier à un ressenti qui ne devait rien à la raison... La mystique exaltée, ou le détachement métaphysique couvraient si bien mes peines, mes colères et mon désenchantement !

Cet été-là, l'enseignement de maître O. a parachevé la guidance avisée du swami, en réveillant sous les baisers de la connaissance rationnelle ma très intellectuelle Belle au bois dormant.

« Bien revenue au club de la pensée ». Sous la chaude lumière de l'été provençal 1982, mon mental, nettoyé et purifié par son passage dans la transcendance, se remit à danser.

Tandis que la logique de la science initiatique ébranlait la mystique en moi, la sémanticienne que j'avais été dans mes années universitaires, se réjouissait de mon désarroi métaphysique. Elle retrouvait avec délices le goût de lire, déchiffrer, interpréter. Elle découvrait qu'il était possible d'appliquer sa quête de sens au texte de sa propre existence, de participer même à son écriture. Elle n'en avait que plus de hâte à reprendre du service.

Frétillant du plaisir retrouvé de penser, mes neurones composaient enfin leur musique avec les deux hémisphères de mon cerveau, créant des passerelles entre des mondes apparemment irréconciliables, la sensation et l'entendement, la mystique et la science. Mon cœur et mon intellect s'approchaient, commençaient à s'entendre, à marcher ensemble vers un savoir émergeant des sens autant que du sens, à la croisée du corps et de l'esprit, où jouissance et logique s'unifient.

Je commençai à ne plus croire impossible une *union des contraires*, sans fusion ni confusion.

— En ce cas la relation entre l'homme et la femme constituerait le couronnement d'une dualité accomplie, d'une humanité spiritualisée.

La petite voix disait tout bas ce que je n'osais même pas imaginer. Était-ce en écho à ce rêve inavoué d'un « deux », d'un couple sans duels, que mon cœur se mettait à battre, comme à l'arrivée d'un bien-aimé, à chaque fois que maître O. évoquait l'Arbre de Vie kabbalistique dans ses conférences ?

J'avais déjà compris que cette construction sur quarante-neuf niveaux illustrait des états de plus en plus condensés du Réel, de l'Invisible. Nous étions nous-même cet arbre, un vivant microcosme du macrocosme, porteurs d'étincelles d'absolu, dans un corps en totale résonance avec la source. J'entrevoyais maintenant qu'avec ses deux piliers, celui de la rigueur d'un côté, de la souplesse de l'autre, il détenait le secret d'une communication harmonieuse entre le masculin et le féminin, le secret du deux.

Un jour, le maître expliqua qu'aux confins de notre univers, en bordure de l'inconnu, une divinité du Temps présidait au programme cosmique, aidée d'archanges, d'anges et de nombreuses entités, les Elohim. Autant de présences élaborées, explique la kabbale, à partir du tximtxoum, un long processus de densification d'une divine énergie, à l'origine de la création. Son regard chargé d'appels en ma direction me rendit particulièrement attentive.

C'était bien la première fois que je m'interrogeais sur la possible existence d'un calendrier sidéral, modulé sur les différents stades de l'humanité. Quel serait celui de notre temps ? Que voulait Dieu de la planète terre et de ses habitants ? Dieu, qui ? Pas le Sans-Nom ineffable, immuable, touché du bout de l'âme dans mes extases mystiques. Mais le *dieu du Temps*, une manifestation concrète et communicante du divin au cœur même de la dualité. Certes la kabbale mentionnait les hiérarchies angéliques. Dieux et déesses emplissaient les mythes de nombreuses cultures. Oui, mais… mais quoi ? Le vide serait-il plein ? L'énergie-lumière : une illusion de vide ? La question m'obsédait. Durant mes méditations elle me taraudait. Assise sur le rocher, au lever du soleil, je m'interrogeai sur l'hypothèse d'une bureaucratie céleste. Ma tête tournait dans tous les sens, se cognant aux doutes, aux peut-être, aux mais encore… Et puis un matin, entre étonnement et éblouissement, questionnement et tranquille évidence, je me surpris à « *voir* » ce que mon intellect appréhendait sans pouvoir l'énoncer : la plénitude n'était pas seulement une sensation. Pour subtil qu'il fût, l'Invisible était bien l'expression d'une réalité objective. Il y avait du « monde » dans l'air !

Je m'inquiétai aussitôt de l'état de conscience qui m'avait permis de le percevoir aussi tangiblement. Où me trouvais-je ? Pas « ailleurs », dans la pure lumière de mes méditations transcendantales. Pas dans mon intellect, car je n'analysais pas. N'étais-je pas tout simplement en pleine chimère ? À me repasser plusieurs fois le film de ce *sentiment de savoir*, objectif en même temps que subjectif, qui semblait résulter d'un échange d'énergie mentale, je notai que je me trouvais dans un état où j'étais consciente d'être consciente, sans raisonner pour autant. Je ne suis donc pas dans le « Tout », puisqu'il ne peut y avoir Tout et autre chose, or il y a « moi » qui sens et comprends ! me dis-je. Je suis forcément dans l'espace-temps, en *relation* avec un monde de pensée non intellectuelle et pourtant pensante, une sorte d'intelligence cosmique qui communique avec mon cerveau.

Le jour suivant, le maître rappela dans sa conférence l'existence du corps subtil, éthérique, qui double notre corps physique. Ses sens spirituels captent ce que les cinq sens de l'organisme ne peuvent ressentir.

C'est probablement grâce à eux que j'ai pu « voir » et « entendre » des présences invisibles hier, pensai-je. Ce qui ne me dit rien sur la région dans laquelle je me trouvais.

Par analogie avec les différents niveaux de conscience et les états méditatifs qui leur correspondent, le maître s'attacha alors à faire la différence entre l'âme et l'esprit. Tout à coup, la lumière fut !

Dans les méditations dites transcendantales, on se fondait bien au Tout. Mais lorsqu'on lançait une question dans l'air, qu'on la suivait du regard intérieur sans se crisper sur elle, on passait à une méditation de type contemplatif. On n'était plus dans la conscience de l'esprit, de l'éternité, mais dans celle de l'âme, l'immensité diversifiée des éthers fluidiques de l'univers *dans lesquels nous vivons, nous nous mouvons et avons notre existence*.

D'un point de vue métaphysique, l'éternité ne serait pas l'infini ! Et l'infini ne serait pas vide ! Le choc me cloua sur place.

À la sortie de la salle, je m'échappai avec mon trésor, laissant mes élèves à leurs questions. Je ne voulais pas disperser les éclairs de compréhension qui m'avaient traversée pendant la conférence. Comme les rêves qu'on oublie si on ne prend pas le temps de les récapituler, je voulais canaliser le flot des informations qui tourbillonnaient dans ma tête, avant qu'elles ne s'engouffrent dans mon inconscient.

Parvenue à ma caravane, je m'assis face au magnifique tableau de l'Arbre de Vie, acheté à mon arrivée au domaine. Il était devenu ma carte de géographie de l'Invisible. J'y cherchais de quoi soutenir la différence entre l'éternité et l'infini, le Tout et le « pas-tout ».

Observant le fond étoilé sur lequel l'artiste canadien l'avait représenté, je me rendis compte que, comme beaucoup de spiritualistes, j'avais confondu deux choses : le champ de lumière infinie, espace de l'âme de l'univers, la « soupe quantique » pour reprendre une formule de Deepak Chopra, le Ain Sof Aour des kabbalistes, et la zone du « rien », le Ain, le hors-temps d'énergie-lumière.

De ce rien non localisable, où le mystère du divin non manifesté s'éprouve dans la conscience du Tout, on ne saura jamais rien du tout, précisément. Pour exprimer tant bien que mal ce qui ne peut que se « mi-dire », il y a bien du vide, un anagramme de Dieu. Mais il n'est pas le fin mot du Tout, de Dieu non plus, me dis-je avec stupeur. Comme dans un texte, il n'en est que le blanc, l'interstice qui lui donne corps, pareil aux pauses sur lesquelles se bâtit la musique. Est-ce pour autant qu'il n'y a pas d'auteur au texte, de compositeur à la symphonie céleste, de musiciens pour la jouer ?

Dans son enseignement, maître O. remplaçait la traditionnelle concentration sur le vide par un travail sur la lumière solaire. Cela évitait de frôler les lisières de la transcendance, d'être happé par l'absolu, l'éternel présent. En se liant au soleil, on maintenait sa conscience dans le champ planétaire. L'arc-en-ciel n'était-il pas l'accomplissement, le Rêve manifesté de l'énergie-lumière ? Sa palette glorifiait *le chant de la terre* autant que celui des étoiles. À relier la beauté d'en haut à celle d'ici-bas, l'existence cessait d'être un *dés-astre*.

Assise dans mon fauteuil, le cœur battant au souvenir de ce tournant radical de ma route spirituelle, je repense à la conférence privée d'un sage iranien à laquelle j'ai été conviée l'année dernière. À la fin de son exposé, quelqu'un lui a posé une question sur le vide. J'ai arrêté de respirer. Comment allait-il aborder cette énigme métaphysique ?

Je ne me souviens plus de ses mots exacts mais seulement de l'idée qui ressortait de son explication : le vide était une illusion. Il constituait, de son point de vue, une sorte d'épreuve du discernement. « Des esprits profitent de la vacuité de conscience pour nous faire croire qu'il n'y a rien au-delà. » J'ai tout de suite pensé au gardien du seuil que la kabbale situe au fondement, Iésod, de l'Arbre de Vie.

Au tout début du chemin spirituel c'est la peur, sous ses aspects les plus divers, qui joue ce rôle de passeur vers les étages supérieurs de la conscience. Mais comme ce qui est en haut est comme ce qui est en bas, me suis-je dit en écoutant ce sage, il est tout à fait logique qu'il y ait aussi un gardien au seuil des régions plus subtiles, plus métaphysiques de la conscience. Le vide en serait la substance, et le doute l'épreuve initiatique permettant de saisir la réalité « objective » pour le moins rationnelle du divin. « Ce sont les scientifiques qui prouveront un jour que le vide est plein », a conclu le sage E. Je l'aurais embrassé ! Combien je lui suis reconnaissante du poids dont s'allégea mon cerveau ce soir-là.

Dans l'entretien qu'il m'accorda ensuite, il confirma qu'il fallait se méfier de toutes les formes de méditations qui entretiennent la fascination du vide. « Continuez à méditer comme vous le faites », m'a-t-il néanmoins conseillé avec un sourire du coin de l'œil qui m'a rappelé le swami. Mais gardez toujours le contact avec le dieu du Temps », a-t-il ajouté dans la foulée d'une voix chaleureuse, qui finit de me consoler de mon renoncement à m'établir dans les hauteurs transcendantales. Je sais comment replonger dans la conscience océanique, si j'ai envie d'un bain dans l'éternel présent. Il ne me servirait plus à fuir le temps ou le désenchantement, comme par le passé.

« Vous êtes vaccinée maintenant », a murmuré E. tandis que je prenais congé de lui. Il n'avait rien eu besoin d'ajouter. Je savais ce qu'il voulait dire. J'étais enfin immunisée contre les méfaits de la nostalgie de l'ailleurs.

— *Il en reste encore une trace*, glisse la petite voix d'un ton espiègle.

Est-ce que je ne peux pas me réjouir quelques minutes pour autant ? Silence. On a tout de même droit à un instant de répit, me dis-je en attrapant un chocolat qui traîne sur la table. Impitoyablement, le feu de mes sinus confirme le message. Ils trouvent toujours le moyen de se faire entendre, les messagers du ciel.

Durant l'été 1982, je n'en étais qu'au premier temps de ma rencontre avec un univers habité. Je me laissais encore souvent entraîner vers le vide. Mais je n'oublierai jamais ce matin où j'arrivai avant l'aube sur le rocher, de manière à fusionner au Tout sans être dérangée par les sons et lumières de la nature qui s'éveille. Je sursautai littéralement quand une voix forte m'arracha à l'extase. *Il n'y a pas d'unité sans le nombre*, m'invectiva-t-elle. *Un implique deux, trois... et ainsi de suite jusqu'à l'infini. C'est pour signifier cela que le texte de la Genèse commence avec le « b » de bereschit, la lettre beit qui correspond au chiffre deux et qui veut dire maison. Avec le un, le aleph, sans deux, tu bascules dans le nirvana. Tu prends ton pied, mais tu restes éthérée, sans contenant, sans substance, sans demeure.*

Inutile de hurler. Je sais ! Mais je peux tout même revenir au Tout, en oubliant de temps en temps le monde, répliquai-je avec véhémence. Dans ma tête, je « vis » alors le mot Inde se décomposer en un-deux. Mon indignation tomba d'un coup. Et j'« entendis » le messager éclater de rire.

Comment n'avais-je jamais remarqué cette indication caractéristique du « langage des oiseaux » ? On n'en épuise jamais les surprises ! Dans cette langue, j'étais clairement assignée à passer de l'Un au deux, et non de l'Un au Tout.

Vers la mi-août, au beau milieu de cette révolution métaphysique, le baromètre de mon cœur chuta sans prévenir.

Mon plexus solaire noué ressemblait chaque jour un peu plus aux ceps de vigne, alourdis de raisins, qui couvraient une partie du domaine. Comment expliquer cette humeur sombre traversée de sourde irritation qui plombait mon entrain ?

Comme s'il percevait le désarroi dissimulé sous mon air résolu, le maître devint particulièrement gentil avec moi. Un regard bienveillant, une petite phrase personnelle adressée en aparté après les méditations au lever de soleil, un bonbon arrivant dans ma main, par-dessus les têtes des enfants agglutinés à ses basques, un sourire entendu, manifestaient une présence alliée. Comme une caresse sur une tête chagrine, ces petits riens me consolaient de ma tristesse inexpliquée.

Après quelques jours de répit, l'angoisse pure et dure fondit sur moi. Je n'arrivais plus à méditer !

Assise sur le rocher, face à une aube toujours aussi émouvante, un soleil toujours aussi stimulant, je me trouvais soudain dérangée par tout et n'importe quoi, le bruissement des arbres caressés par le vent, les pages d'un livre tournées par quelqu'un derrière moi, l'arrivée d'un retardataire. Le moindre piaillement d'oiseau m'agaçait. Matin après matin, ma nostalgie du Tout revenait en force, en même temps qu'un vague ressentiment contre ces méditations en extérieur qui m'arrachaient de l'ailleurs lumineux dont j'émergeais à mon réveil. Les dix minutes de marche nécessaires pour grimper en haut de la colline et le froid du petit matin me ramenaient trop vite à la réalité. Sans compter les nombreux participants, repliés dans leur concentration comme des escargots dans leur coquille. C'était bien beau de m'émerveiller de la beauté des aurores, d'absorber la vitalité de la nature dans mes cellules, mais cela me dispersait. Je n'arrivais plus à regarder avec plaisir le soleil se lever.

J'essayais de fermer les yeux. Sous mes paupières, le vide tournait vite au néant. À force de va-et-vient entre yeux ouverts et yeux fermés, je n'étais plus nulle part, ni dedans ni dehors. Je perdais l'Un et me fermais aux autres. Pire : je ne ressentais plus la présence du swami.

Glissant un regard entendu de mon côté, maître O. aborda alors en conférence la question de la substance de l'univers, appelée akasha dans les traditions orientales.

Je l'avais déjà entendu dire que nos pensées, nos sentiments et le moindre de nos gestes s'enregistrent sur l'immense bobine magnétique d'éther fluidique qui baigne l'univers. J'avais déjà vérifié qu'en dirigeant mon attention sur ces archives de l'humanité, j'arrivais à ranimer ma mémoire d'âme. Mais je n'avais jamais imaginé qu'il était possible d'entrer dans la tête « archivée » de Pascal, Cléopâtre ou Bouddha.

Cela revenait, tout simplement, expliqua-t-il, à activer le pouvoir de pénétration de la pensée. On pouvait, en maintenant son intention de feuilleter un livre de cette bibliothèque, entrer en contact avec son auteur, l'interroger. C'est ainsi qu'il faisait pour comprendre le sens des paraboles de Jésus. « Il est donc possible, conclut-il, en poussant l'idée de mon côté, de s'approcher intimement de quelqu'un, proche ou lointain, en l'invitant au dialogue mental. »

Je pensais aussitôt aux voix avec lesquelles j'avais jusqu'à présent entretenu une communication, hésitant entre incrédulité et curiosité. Je prenais soudain conscience que c'était toujours la petite voix qui m'avait interpellée la première. Et si j'essayais de déclencher la conversation, me dis-je, vexée de noter ma passivité de « communicante cosmique ».

Je me sentirais moins seule si je pouvais, à distance, établir un tel dialogue avec le swami ! Me déchiffrant mieux que moi-même, il pourrait m'éclairer sur cette désagréable tristesse qui me colle à l'âme comme la poisse. Motivée par cette perspective, j'attendis avec impatience l'aube du lendemain pour essayer le « cosmo-téléphone ».

Au petit matin, je grimpai d'un pied leste la route caillouteuse qui menait au rocher. Après un rapide bonjour à la nature, je fermai les yeux et dirigeai toute mon attention sur le swami. Automatiquement, sans même y penser, je lui parlai en anglais. Dans ma tête, une voix répondit dans la même langue. Elle avait une nette musicalité indienne et les formes-pensées qu'elle exprimait prenaient indubitablement le style du swami. Un doute immense m'envahit. Et si cet échange n'était qu'illusion mentale, une projection destinée à prendre mes désirs pour la réalité ? Au mieux, le fruit d'une imagination féconde en quête de réconfort ? Je m'inventais sûrement la présence qui me manquait tant, me glissant toute seule des mots doux à l'oreille.

Ce premier dialogue cessa vite, faute de conviction.

Au cours de sa conférence du lendemain, le maître se lança dans une envolée sur le pouvoir formateur de l'imagination. « L'imagination peut seulement retrouver ce qui existe déjà, elle ne peut pas inventer », lança-t-il dans ma direction, avec ce discret sourire qui dessinait un espace intime entre sa table et la mienne. Il compléta son exposé en insistant sur la puissance créatrice de la pensée. Nous sommes capables de la diriger par l'intention. C'est elle qui positionne notre mental sur telle ou telle longueur d'onde, nous mettant en liaison avec ce qui émet sur cette fréquence.

« J'y pense, donc j'y suis », en quelque sorte. Le temps que je fasse ce petit pied-de-nez à Descartes, le maître affirma en écho : « Il suffit de penser à quelqu'un pour être branché à lui. »

Si je comprends bien, l'imagination densifie la pensée, de façon que son énergie subtile devienne audible ou visible à nos sens spirituels, le troisième œil ou la troisième oreille. C'est là qu'on dit « je vois » sans avoir forcément devant les yeux des formes concrètes, à la manière des clairvoyants. « L'œil écoute »..., les poètes comme les kabbalistes ne décrivent-ils pas ce phénomène qui relève de ce que nous appelons communément l'intuition, un savoir à la jonction des sens et du sens, de la jubilation et de l'entendement ?

« Il faut aussi ne pas douter. Si on doute c'est qu'on est ignorant OU qu'on a oublié », ajouta-t-il avec un regard appuyé de mon côté... Qu'est-ce que j'avais oublié ? « La foi n'est pas une croyance aveugle mais la résultante d'un savoir déjà expérimenté dans un passé lointain. » En me référant au nombre de fois où j'avais « su », avant de décrocher, qui appelait au téléphone, et où j'avais rencontré quelqu'un auquel j'avais justement pensé la veille, je pouvais au moins donner une chance au postulat de communication télépathique. Essayer honnêtement en imaginant par avance le succès de l'entreprise, n'était-ce pas finalement la manière la plus scientifique de procéder ?

Cette approche de l'irrationnel était, en tout cas, suffisamment rationnelle pour me rassurer.

Le lendemain, je « rappelai » le swami.

Tout alentour devint soudainement vivant : les arbres, les collines aux pins parfumés, l'air ambiant. Le rocher lui-même s'anima d'une vibration subtile qui électrisa mon assise. La pierre rose cendré prit part à la conversation. « *La fonction d'antenne me convient parfaitement*, "disait"-elle. *Ce n'est pas la première fois que ma substance pierreuse sert de relais avec l'akasha.* »

D'où venait que nous nous « entendions » si bien ?

Aujourd'hui, bien installée dans mon salon légèrement obscurci par le jour qui tombe, j'arrête mon mental sur cette interrogation restée jusqu'à présent sans réponse. Ajoutée aux prises de conscience qui s'accumulent depuis mon réveil, la question palpite d'excitation. Les ondes frémissantes du sens parcourent mon plexus solaire. Une compréhension n'est pas loin.

Sous mes paupières closes, l'appellation géographique du lieu, Capitou de l'Esterel, scintille de tout son potentiel sémantique. Et je « vois ».

Capitou veut dire « petite tête ». C'est bien à cet endroit que j'ai retrouvé la mienne. Esterel. Ester-el. Mes parents n'avaient-ils pas souhaité m'appeler Esther ? El est une appellation hébraïque du divin…

La petite tête de l'Esther de Dieu… j'avais toutes les raisons de me sentir liée à ce rocher où je découvrais la puissance d'une parole vibratoire capable de vivifier l'absence, de jeter des ponts de dialogue aussi bien en direction des habitants invisibles du cosmos que des humains, et de la nature.

« Savoir, vouloir, oser et se taire » : la consigne traditionnelle des initiés s'ajoute au déroulement textuel en cours.

Il fallait adapter la formule à notre époque, disait maître O., « parler » et non plus se taire. Le temps n'était plus aux enseignements ésotériques destinés à une élite, mais à une parole exotérique accessible, bien qu'exigeante. Il en ressortait que l'épreuve d'un initié, dans quelque domaine que ce soit, ne relève plus de sa compétence à l'hermétique, au sibyllin, à l'occulte, toujours favorisés par les nostalgiques des sociétés secrètes ou de la manipulation élitiste, mais de son discernement : savoir quoi dire, quand, combien, comment et à qui. Du pouvoir de la parole !

N'était-il pas amusant d'avoir retrouvé le mien sur la roche – la tête en hébreu – bien nommée du Capitou de l'Esterel, alors que la puissance du silence, où s'éprouve le Réel, s'était révélée à moi sur un autre rocher, celui de Rishikesh, îlot tellurique posé au bord des flots orange du Gange ?

Esther… et se taire. Ma gorge se noue. Les mots n'auraient-ils pas fini de tirer le fil du sens ?

À la vitesse de la lumière, ma pensée me ramène soudain sur le divan psychanalytique. Je m'entends raconter ma petite histoire de famille. Mon père, parti à la mairie pour déclarer une petite Esther qui honorerait la mémoire de ma grand-mère disparue dans les camps de concentration, en était revenu avec des papiers où figurait le nom d'Erna.

— Il est normal, après tout, que je ne porte pas un prénom qui fasse allusion au silence. Il ne colle pas avec mon désir de m'accomplir comme sujet parlant, avais-je dit à B.

— D'autant que votre nom de famille va dans le même sens, avait-il répondu. Lipschitz sur le fil linguistique allemand, ne peut-il pas s'entendre comme Lippen schutz : lèvres scellées ?

Nous avons alors passé quelques séances à alléger le poids des morts sur mon existence, à interroger l'habitude culturelle de charger les descendants de leurs prénoms. Pas étonnant que je change souvent le mien. Erna-Rénia… Pour la première fois, j'ai parlé de la demi-sœur enfermée si longtemps dans le mutisme familial. J'ai pleuré sur elle, sur moi. Les larmes ont commencé à dissoudre la puissance mortifère des vérités « tues » qui nous liaient.

Les secrets transpirent, les silences parlent. Celui de mon père avait fait ses habituels dégâts. Il aurait probablement suffi qu'il me dise qu'un bébé n'en remplace jamais un autre, qu'un cœur de parent est assez grand pour tous ses enfants, et que sa peine pour l'une de ses filles ne l'empêchait pas d'aimer l'autre. Je n'aurais pas eu tant de mal à me croire « aimable ».

Renia. En parler m'a permis de pardonner à mon père son douloureux silence, son ignorance du pouvoir de la parole.

À l'époque, émerveillée par la découverte du pouvoir de la parole télépathique, j'en usais sans modération tous les matins.

À peine arrivée sur mon rocher, je composais « le numéro » du swami, accordant ma pensée à sa présence, quelque part dans l'espace, du côté de l'Australie. Sur une corde sonore de l'univers, les mots à l'accent dansant de l'Inde ne se faisaient pas longtemps attendre. Cela me consolait de mes lettres sans réponse.

Il se disait heureux de mon plaisir à étudier la science initiatique et souriait tendrement à mon excitation.

— Alors, comment se fait-il que je ne me sente pas « en famille » avec les gens d'ici ? demandai-je un matin.

— God is one in everyone. *Dans la diversité de ses manifestations, Dieu est Un en chacun, mais il est plus « commun » aux gens d'une même confrérie, ce qu'on appelle un égrégore. Il ne faut pas identifier un égrégore à une lignée. Ce groupe spirituel t'offre l'occasion de faire la différence. Ton énergie fraternelle s'en trouvera libérée. Tu retrouveras ta place dans la lignée initiatique qui, elle, t'est familière, ne serait-ce que par ton appartenance au peuple juif.*

Je ne comprenais pas grand-chose à son discours, ni pourquoi il était si important que je m'attarde sur ce sujet. En tout cas ce n'était pas moi qui me parlais ! Je me serais entretenue d'autre chose.

Avais-je vraiment besoin de cet apprentissage de l'altérité qui se heurte au retrait, à l'incompréhension ou à l'indifférence des uns et des autres ? Ne ferais-je pas mieux de m'en tenir à la bonne vieille voie du nirvana ? Je dus penser très haut, car la voix aux accents du swami reprit :

— *Il serait regrettable que le fait indéniable que l'autre est encombrant t'empêche de grandir en humanité.*

Sans raison apparente, un irrépressible sentiment d'abandon monta d'un coup. Des larmes s'annonçaient. Sur la passerelle invisible qui me connectait au swami, je perdais pied. Aussitôt la cosmo-communication se brouilla. Sur la fréquence de la solitude existentielle, je ne captais plus que des sons mélancoliques accompagnés de voix m'exhortant à la rébellion. J'eus beau « rappeler » le swami, il ne répondit plus. Je savais qu'il valait mieux ne pas insister. De mauvais esprits pouvaient profiter de ces états négatifs pour faire passer nos vessies pour des lanternes, et jouer des tours à notre imagination.

Il me restait à comprendre ma tristesse. La voix du swami « passerait » mieux dans un espace dégagé de nuages personnels.

À mon arrivée dans un groupe consacré à la vie fraternelle, n'avais-je pas naïvement cru trouver un accueil exemplaire, une capacité hors du commun à s'ouvrir à l'autre, un modèle relationnel prêt-à-imiter en quelque sorte ? À idéaliser cette communauté, je ne pouvais qu'être déçue. Je risquais de m'en éloigner avant d'avoir retrouvé ce qui, dans ma mémoire d'âme, me rendait si facilement triste dans les groupements spirituels.

Je ne m'étonnai même plus lorsque, le lendemain, maître O. s'évertua à différencier une collectivité d'une fraternité. La première n'offrant que les conditions d'apprentissage de la seconde. Vivre en communauté permet aux égoïsmes de se frotter les uns aux autres, disait-il. Cela me rappelait les formules à l'emporte-pièce du swami : celui qui vit seul n'est jamais ni menteur ni voleur... La vie collective, ajoutait-il, nous met face à nos limites fraternelles.

Cela s'appliquait à notre ashram aussi. Depuis Caïn et Abel, l'incompétence fraternelle était-elle une malédiction sans remède ? Pour Brassens, « dès qu'on est plus de quatre, on est une bande de c... ». Au vu des nombreuses mésententes conjugales sur la planète, la difficulté ne commençait-elle pas à deux ? La fraternité serait donc une clé fondamentale de la relation amoureuse ! Cette idée me rendit une part de mon enthousiasme.

Mais la double absence du swami, visible et invisible, pesait sur ma bonne volonté.

Un matin, alors que l'aurore éclaboussait de rose les collines de l'Esterel, je tentai de me rebrancher à lui. Ma pensée s'arrêta sur le calendrier. Septembre, octobre, novembre, décembre... Plus que quatre mois avant son soixante et unième anniversaire ! Il n'allait pas mourir !

— C'est inacceptable, nous avons encore tant de choses à nous dire, à partager, lançai-je dans l'Invisible.

Le calme plat qui suivit me donna envie de le revoir immédiatement. Celui des jours suivants m'entraîna sur la pente descendante de la panique.

Comme à leur habitude, mes élèves se pressaient autour de moi, sans deviner mes tourments. Ma bonne figure ne trompait pas le maître. Quelques jours plus tard, après la méditation, à la descente du rocher, il s'arrêta près de moi, m'offrant une invitation pour l'après-midi même.

— Comment allez-vous ? me demanda-t-il, à mon arrivée.

Comme s'il ne le savait pas. Surprise par cette cérémonieuse entrée en matière, je balbutiai, entre politesse et menterie, un vague : « Comment irais-je mal ici ? »

Dans l'échange silencieux qui suivit, je découvris un autre avantage de la communication télépathique. Rester intérieurement transparent pour son interlocuteur lui donne accès à notre état d'âme. En jouant correctement des polarités émissives et réceptives, on entre en communion de pensées avec lui, en véritable tête-à-tête. Le temps d'enregistrer l'existence de cette télépathie de proximité, le maître conclut notre échange silencieux en lâchant d'un ton anodin :

— Ne pensez-vous pas qu'il serait temps d'avertir votre guru que vous avez pris une nouvelle direction spirituelle et… que vous avez changé de lignée ?

L'orage grondait. Nous étions d'accord, tout n'allait pas si bien que ça.

En dépit de l'étourdissant bonheur que j'avais trouvé à jongler avec mes nouveaux joujoux conceptuels, je n'avais pas voulu interroger mon engouement pour la science initiatique en terme de changement de « lignée ». N'était-ce pas le mot qu'avait employé la voix hindoue sur le rocher ?

Dire cela à mon guru ! Rien de tel pour faire grimper mon tensiomètre à l'infini. Le maître ne me laissa pas le temps de m'en inquiéter. Déjà il me poussait gentiment vers la sortie en disant : « Écrivez-lui une lettre et si vous voulez, vous pouvez me la montrer avant de la lui envoyer. » Le ton soulignait ma liberté, en même temps que mon intérêt à me faire guider dans une aventure qui me dépassait de plus en plus. Que de politesse ! Trop pour ne pas signaler que l'affaire en cours était délicate.

De quoi s'agissait-il exactement ? La boucle de mon parcours avec l'Inde semblait bouclée. Mon guru ne m'avait-il pas dit qu'il n'était plus mon guru ? Que devient un disciple dans ce cas ? S'il change de filiation, que devient son ex-guru pour lui ? L'influence de l'enseignement initiatique sur mon chemin spirituel ne faisait plus aucun doute. Maître O. ne me laissait certes pas indifférente, mais il n'avait rien d'un guru, au sens que je connaissais.

Donc ? Pourquoi parler de changement de lignée ? Le swami apprécie l'enseignement initiatique et ne verra aucun inconvénient à ce que je poursuive mes études spirituelles avec le maître. Cela ne l'empêche pas de rester mon guru. Oui, mais il ne le veut plus...

J'errai dans les allées bordées de lauriers, en même temps que dans un labyrinthe de pensées contradictoires. L'idée de perdre le swami me terrorisait. Je craignais, par ailleurs, que la science initiatique ne me coupât des richesses déposées en moi par la spiritualité hindoue. Je ne voulais plus de l'autre sans l'Un.

La peur de nous éloigner de ceux que nous aimons, ou de perdre ceux qui risquent de nous abandonner à la prochaine étape n'est-elle pas un des plus grands obstacles à nos envols ?

Maître O. me suggérait d'écrire au swami. Soit. N'était-ce pas une manière d'éclairer le virage en cours, de mieux affronter l'inconnu en le nommant ? Les mots posés sur le papier me permettraient de vérifier la pertinence d'une lettre. M'accrochant à l'idée qu'une position, dès qu'elle est exprimée, devient négociable, je pris la plume.

Au bout de quelques jours, la corbeille débordait de feuillets chiffonnés. Ma tête explosait de confusion. Rien ne venait. Il me restait trois jours avant mon départ et je n'aurais pas écrit cette sacrée lettre. Le maître m'ignorait tranquillement, ce qui ne favorisait guère l'inspiration. Je finis par gribouiller une misérable missive dans laquelle je remerciais le swami V. du Krishna qu'il avait été pour moi, l'assurant de mon éternelle reconnaissance et autres banalités du même genre. Je la déposai dans la boîte aux lettres du maître.

Le matin du 20 septembre, la veille de mon départ, il s'arrêta près de moi au Rocher et me dit : « Vous n'arriverez pas à écrire une vraie lettre. Venez chez moi demain à dix-sept heures. Je vous la dicterai. » Demain, à dix-sept heures ! Mon avion pour Paris décollait de Nice à vingt heures. Je demandai aux deux élèves qui rentraient par le même vol de partir dès dix-huit heures trente, sans moi, si je n'étais pas sortie de mon rendez-vous. Un autre m'attendrait pour m'emmener au plus vite à l'aéroport.

Ce jour-là, le maître recevait le comité administratif de son association. À dix-sept heures dix, il prit lui-même la peine de venir à la porte s'excuser de son retard. La réunion allait bientôt finir, me dit-il. Une demi-heure plus tard, les administrateurs quittaient son jardin, non sans jeter de mon côté des regards curieux, accompagnés de petits saluts pincés, en contraste galactique avec la main chaleureuse qui me faisait signe d'entrer.

D'une voix enthousiaste, le maître me parla longuement du swami, de son humilité, de sa grandeur. Sans oser regarder ma montre, je posai sur la table le bloc de papier préparé pour la dictée annoncée.

— Ah ! oui, allons-y maintenant !

Après avoir décrit de long en large ses nombreuses incarnations en Inde, il ou plutôt « je » – car j'étais le sujet officiel de cette lettre – remerciais le swami pour l'aide qu'il m'avait apportée dans l'ouverture de mes chakras. Un processus amorcé dans d'autres vies, mais qui, grâce à lui, s'était énormément accéléré dans celle-ci, m'ouvrant les portes de forces psychiques bien utiles à mon évolution.

Je sursautai. Mes chakras ! Quelle surprise. L'ouverture de ces centres énergétiques m'avait toujours laissée indifférente. Le swami n'en parlait jamais, en tous les cas pas à moi. Je l'imaginai avec horreur lire ce passage. Je savais à peine situer ces fameux chakras dans mon corps. En même temps, je me disais que c'était probablement ce qui expliquait mes facilités en communication cosmique.

Lui parler en plus des réincarnations de maître O., comme si j'étais à même de les évaluer ! Il allait me croire « illuminée », bonne à enfermer. Je souhaitai désespérément donner au maître ces détails sur le caractère du swami. Mon guru évitait comme la peste les questions sur nos anciennes vies. Il se moquait même de tous les Jésus, Krishna, Napoléon ou Marie-Antoinette réincarnés qui peuplaient la planète. Nous avons bien assez à faire avec la vie présente pour ne pas nous encombrer des anciennes, disait-il. Par ailleurs, chercher les pouvoirs psychiques ne faisait évoluer que notre ego. Sa réponse allait faire mal. Comment éviter la rupture que cette lettre risquait de provoquer ? Le maître accéléra le rythme. Pour tenir la cadence, je dus faire taire mes doutes et mes angoisses.

Ma montre marquait dix-huit heures quarante lorsque j'eus noirci les huit pages de « ma » lettre, dite de remerciement. Maître O., tout sourire et visiblement satisfait, poursuivit la conversation. « Je vais sûrement rater mon avion, dis-je le plus légèrement possible, mais ce n'est pas grave », ajoutai-je très vite. Là, il rit franchement, me tapota l'épaule : « Allez-y, allez-y. Tout ira bien. Bon voyage. »

J'arrivai à l'aéroport in extremis. Me frayant un chemin le long d'une file en attente d'un désistement, je reconnus en tête Sami Frey. J'étais la dernière passagère attendue. Je m'étonnai que l'acteur n'ait eu aucun traitement de faveur. Ayant travaillé à Air France, je savais que le responsable du vol aurait facilement pu trouver une excuse acceptable, me dire par exemple qu'il avait dû donner la priorité à un passager malade. Le maître devait avoir de meilleures connexions. En arrivant à bord, l'hôtesse m'installa au premier rang de la classe affaires, à la dernière place disponible. Caviar et hors-d'œuvre variés accompagnèrent le voyage. Il y avait de la célébration dans l'air.

Oui, tout allait bien… tant que, le champagne aidant, j'évitais de penser à la réponse du swami.

Le lendemain, butant sur chaque mot, je traduisis « ma » lettre en anglais, puis l'envoyai au swami, par courrier express. Une semaine plus tard, sa réponse rompit le silence épistolaire qu'il maintenait depuis son départ de Paris, le 27 mars de cette interminable année 1982.

4 octobre 1982
Ma chère Aruna
Shalom, salutations et namasté
Je suis très heureux d'avoir reçu ta belle lettre.

Ne laisse aucune considération t'arrêter sur ton chemin grandiose vers le But. En tant qu'ami qui te veut du bien, je n'ai d'autre souhait pour toi, si ce n'est que tu suives non seulement ta voie, mais que tu sois aussi le chemin et la lumière pour des milliers d'autres. Aruna signifie l'aube, mais l'aube ne reste pas telle pour toujours. Tu vas bientôt rayonner de l'éclat du plein soleil de la sagesse. Je n'ai aucun doute là-dessus. Et ce sera aussi ma prière.

J'ai moi aussi une grande admiration et dévotion pour Maître O. Ses textes tirés des « Pensées quotidiennes » que j'ai entendus au cours des satsangs à Paris, ont été une source d'inspiration suprême. Toi – et les autres – êtes extrêmement chanceux de l'avoir trouvé. Je suis sûr que lui aussi est heureux d'avoir trouvé des disciples aussi dévoués et fidèles.

Je suis également content d'apprendre que le Maître a eu un contact direct avec les « astrologues Nadi » de l'Inde qui lui ont révélé tout ce que tu racontes dans ta lettre. Il est fantastique de prendre connaissance de leurs « lectures », mais elles ne me surprennent aucunement. Que je puisse avoir son darshan, la bénédiction de sa présence physique ou non, cela est dans les mains du Seigneur. Mais même sans le voir en chair et en os, il est dans mon cœur et je suis à ses pieds. Sois gentille de bien lui faire savoir que je ne fais rien d'autre que travailler avec lui ! Je ne vois aucune différence et ne fais aucune distinction entre lui et Gurudev Swami Sivananda. Je désire toujours recevoir les bénédictions de Maître O.

Il finissait en me demandant de lui trouver certaines planches d'acupuncture et de les lui envoyer à Johannesburg où il allait séjourner les mois suivants. Comme si de rien n'était… Pas de quoi faire de cette révolution un mélo, psycho ou drame tout court. Les grands événements se passent de fioritures. Le naturel étant le propre même d'un passage initiatique accompli.

> *Tout ce qui advient comme événement digne de ce nom annonce une rupture par rapport au passé déjà réalisé.*
>
> *Le Talmud*

« En tant qu'*ami* qui te veut du bien…. » Je ne voyais que ce mot dans sa lettre. Je repoussai à plus tard les questions qui pointaient à l'horizon sur la nature de l'amitié entre ex-guru et disciple. Je ne savais trop de quoi elle était faite, mais le mot ami, venant de lui, laissait entendre à mon cœur la plus sucrée des mélodies.

Il était mon ami, pas mon copain, ni mon camarade, encore moins un égal, alors quoi ? Il restait mon… quelque chose qui ne pouvait que prolonger la nature sacrée de notre lien. Un ami spirituel ? La formule s'alluma comme un lampion de fête dans le ciel de mes pensées. À suivre… Et maître O. ? Le livre *Les Grands initiés* d'Edouard Schuré me revint à l'esprit. L'idée qu'il pouvait être un initié, avec ou sans disciples, s'imposa soudain à moi, avec le naturel de l'oiseau qui vole ou du poisson qui nage.

De la même manière qu'il n'était en rien nécessaire d'être juif, de fréquenter un quelconque rabbi pour reconnaître la part universelle de l'héritage de Moïse, de devenir bouddhiste ou adepte du Dalaï-Lama pour honorer celle transmise par Siddharta Gautama Bouddha, musulman ou soufi pour récolter la sagesse du Prophète, catholique ou protestant pour recevoir le message christique apporté par Jésus, il n'était pas indispensable d'adhérer à un groupe pour embrasser l'enseignement transmis par maître O.

C'était bien une passation que cette lettre entérinait : de ma lignée védantique à celle de la connaissance initiatique sans laquelle être fraternel ne relève que de bons sentiments.

Comprendre cela ne m'empêcha pas de rechigner à l'idée d'être bougée comme un pion sur un échiquier. L'impression que le swami et le maître avaient scellé mon transfert sans me demander mon accord, en vue de réaliser un mystérieux programme commun, m'agaçait. Le swami était loin. C'était au maître de m'aider à repérer le plan et la sortie du labyrinthe dans lequel je tâtonnais depuis mon retour d'Inde… Sept mois seulement ! Demi-tour immédiat sur la Côte d'Azur pour lui montrer la lettre de mon nouvel « ami ».

— Serait-il possible d'appeler au téléphone la secrétaire personnelle de maître O. ? Merci.

Avec une évidente réticence la responsable de l'accueil composa le numéro et me tendit le téléphone. Au bout de la ligne, la secrétaire hésita elle aussi un instant. « Allez déjeuner avec les résidents. Je vous dirai en fin d'après-midi ce qu'il en est », finit-elle par dire.

Le repas à peine achevé, elle vint me chercher pour me conduire auprès du maître qui souhaitait me voir immédiatement.

Il me demanda de lui traduire la lettre du swami. Son visage s'éclaira un peu plus à chaque mot. Un sourire d'enfant heureux aux lèvres, il tendit la main, m'engageant à lui remettre l'aérogramme bleu. Je m'en étais doutée ! Il le plia soigneusement pour le ranger dans la poche de son veston. Comme j'avais bien fait de le photocopier avant de venir ! Maintenant, j'attendais qu'il s'explique.

Il commença par couvrir le swami de louanges, répéta plusieurs fois combien il souhaitait le serrer dans ses bras, le voir le plus tôt possible et, sans transition, il ajouta : « Et maintenant vous avez carte blanche pour créer votre propre branche fraternelle. » Pardon ? Ces initiés sont vraiment d'une simplicité désarmante. Je le regardai attentivement. Non ! Il ne plaisantait pas. Savais-je seulement être fraternelle moi-même ?

— Pourquoi ne restez-vous pas huit jours ici ? me proposa-t-il, tandis qu'il me raccompagnait à la porte. Cathy sera heureuse de vous recevoir chez elle. Vous avez besoin de vous reposer.

Ah ! bon. Tandis que je volais le long de l'allée de lauriers menant de son jardin au logement de Cathy, je ne ressentais pas de la fatigue, mais une exaltation incompréhensible qui, de la tête aux pieds, faisait tinter mes cellules comme des milliers de clochettes en joie.

Cathy fut heureuse d'avoir un peu de compagnie. L'annonce d'un nouvel égrégore fraternel sur la planète la rendit prolixe en interprétations diverses.

Étourdie par ses vaticinations, je m'écroulai. Maître O. ne s'était pas trompé. J'avais besoin de me reposer.

Le lendemain, une étrange torpeur m'envahit. Je flanchai sous le poids des neuf premiers mois de cette incroyable année 1982. Depuis mon initiation à la robe orange jusqu'à cette passation, sans oublier l'inauguration de l'ashram, les départs de Richard et du swami, il me semblait avoir vécu plusieurs vies.

Au petit déjeuner, Cathy me bombarda d'exégèses toutes fraîches au sujet de la nouvelle branche, tout en maugréant contre mon étrange résistance à lui trouver un nom. Si le maître m'avait demandé de rester, c'était pour nommer mon nouveau-né spirituel, insistait-elle. À mon indolence s'ajouta l'irritation. La raison m'en échappait. Cathy en subit les effets. Elle s'enferma pour le reste de la journée dans un silence diplomatique.

La nuit suivante, je tentai en vain de repousser des images de nativité qui pesaient sur ma poitrine comme une ancienne, très ancienne oppression. Perceptions insaisissables, mots épars tournaient autour d'unions princières décidées en conseils d'État, de sexualité sans amour, de grossesses consacrées à la gloire d'une lignée ou d'une divine mission. Le nom de la reine Esther, qui épousa Assuérus à la demande de son oncle Mardochée, revenait sans cesse. Qu'avait-elle dit ? Qu'avait-elle pensé de ce qui lui était demandé pour sauver son peuple ? Et Marie lorsqu'elle épousa Joseph, acceptant de mettre au monde un enfant qu'elle devrait regarder mourir sur la croix ? Dormir. Ah ! Dormir pour échapper à ces images de sacrifiées ! Tant de reines, tant de princesses et toutes les femmes dont l'histoire ne connaît pas le nom... De nos jours Soraya n'avait-elle pas été répudiée parce que stérile ? Mais Cathy ne me lâchait pas.

Elle me serinait aux oreilles ce que la création d'une nouvelle branche allait ajouter au Jardin d'une terre plus fraternelle. Tandis que moi je me battais encore contre le sentiment d'être manipulée, tel un pantin, par des volontés extérieures.

« *Aujourd'hui je suis reine, autrefois j'étais libre* », dit Marie de Neubourg à Ruy Blas.

C'est avec cette citation apprise sur les bancs de l'école que mon désarroi s'éclaira. Au-delà des droits apparemment honorifiques, il existait aussi des devoirs de souveraineté ! Et je n'avais envie ni des uns ni des autres !

« Seul un disciple sert », avait dit maître O. cet été au cours d'une de ses conférences. Je n'avais rien compris.

De même qu'une collectivité n'était que le terrain d'entraînement à l'éveil du sens fraternel, mon temps de disciple auprès du swami n'avait été qu'apprentissage du service. J'étais prête, avait-il dit. Prête seulement maintenant à commencer à servir la création et ses créatures.

Sous le choc, je me rendis compte que, de la même manière qu'un roi se devait à son royaume, un sujet conscient de sa souveraineté avait le devoir de servir l'humanité. En ce sens, servir constituait la modalité constitutive de notre royauté d'être. En retrouvant mon identité spirituelle, je m'étais préparée à être une disciple, une travailleuse du nouveau Jardin.

Le retournement était de taille : on ne sert pas le ciel. Il est parfait sans nous. On sert la création, la terre, avec *le dieu du Temps*, pour l'évolution sans fin d'un univers toujours plus beau, plus harmonieux. C'était cela servir : faire consciemment passer sa liberté après sa responsabilité envers la planète. Un état d'esprit de tous les instants. Le service au guru, ainsi que toute formation auprès d'un maître dans un art quel qu'il soit n'est, pour l'apprenti, que la discipline nécessaire à l'épanouissement de son « excellence » : la souveraineté d'être qui donne à n'importe quel travail un supplément de noblesse et de beauté.

L'esthétique, avait dit le maître, est au-dessus de tout. N'est-ce pas elle qui permet d'appeler le souffle de l'esprit sur une maison, un lieu, un être humain ? Accepter ce contrat d'excellence dans la matière était la seule manière d'accomplir ma nouvelle tâche sans tomber dans la résignation. Étais-je vraiment prête ? Pas avant de me libérer de mon reste de colère contre le fameux « que ta volonté soit faite ».

L'assignation à créer une nouvelle branche fraternelle ranimait un agacement qui semblait venir de très loin. Après tout, c'est maître O. qui en portera la responsabilité, me dis-je pour me soustraire à l'insidieuse invitation de ma mémoire ! C'est lui qui me l'a demandé.

— *Non ! Il a proposé*, corrigea la petite voix. *Et c'est également vrai pour les messagers du ciel, les anges*, ajouta-t-elle d'un ton qui soulignait que cela valait aussi pour ses commentaires.

Dieu propose, l'homme dispose. La sagesse populaire a bien intégré notre totale responsabilité dans nos choix. Je pouvais accepter ou refuser ce travail. Étais-je décidée à y engager tout mon potentiel d'excellence ?

C'était la seule chose que j'avais à me demander. Il n'y avait pas d'autre critère pour différencier l'acceptance – mot que j'avais adopté de l'anglais – du traditionnel lâcher-prise, propice à reconduire la passivité. Armée de la force du participe présent, l'acceptance exorcisait toute trace de résignation dans mes acceptations. Si je n'arrivais pas à trouver la joie dans la tâche à venir, c'est qu'elle n'était pas pour moi… dans le moment présent en tout cas. En attendant de prendre ma décision, il devenait urgent d'enrayer mon état dépressif. Il réactivait un schéma de passif-agressif que je croyais noyé dans le Gange : transformer un malaise en plainte ou en crainte. Il valait mieux engager mes énergies dans la réminiscence qui allège la mémoire d'âme.

Tout ce qui ne parvient pas à la conscience revient sous forme de destin.

Carl Gustav Jung

Sachant que la dernière pensée avec laquelle nous entrons dans le sommeil nous met en résonance avec le champ informationnel qui lui correspond, je m'endormis volontairement la nuit suivante en évoquant mon mariage « arrangé » dans l'esprit de la tradition hassidique, la mystique juive. Après tout, n'était-ce pas cet événement qui, dans cette vie, me reliait au cliché de femme sacrifiée à une lignée dans laquelle le mariage, suivi de maternité, la hisse au rang de femme accomplie ?

Au matin, étrangement, mes noces subies me laissaient un goût moins amer que le regard déçu de mon père à ma naissance. Il avait tant espéré un garçon. M'étais-je trompée de bataille ? Pas vraiment… Doucement, douloureusement, me revint le pénible épisode de ma grossesse inventée comme un pieux mensonge, dans l'espoir d'amener un sourire aux lèvres de mon père mourant sur son lit d'hôpital. Le souvenir fit mal. Là, il n'y avait ni dieu ni maître à pointer du doigt. Moi seule avais reconduit l'image des femmes reconnues, acceptées grâce à leur pouvoir de génitrice. Point. Sans commentaire, si ce n'était l'urgente nécessité de me pardonner. Le repentir libéra la honte mais dévoila ma tendance à aimer au point d'inexister, de me perdre dans les valeurs des autres. Typique des passifs-agressifs qui en souffrent tout en cultivant leurs liens de dépendance.

Aujourd'hui n'est pas hier. Je ne pouvais rien changer aux faiblesses qui dans le passé avaient pu me conduire à dire oui à une responsabilité, un engagement, sans assumer mon choix. Demain déprendrait du sens que j'allais donner à la pression que je subissais. Dans l'enthousiasme du moment, j'avais accepté la proposition de maître O., sans réaliser qu'elle me faisait changer de lignée. N'avais-je pas toujours rêvé à un Nouveau Jardin du monde ? N'avais-je pas compris l'importance de renoncer à s'établir dans la conscience nirvanique, afin de pouvoir s'approcher de ses frères et sœurs en humanité ? Apprendre à mieux aimer… au moins ne pas s'entretuer.

— D'accord, cherchons un nom pour ce bébé un tant soit peu conçu dans mon dos, dis-je à Cathy.

Inquiète d'un revirement aussi soudain, Cathy appela à la rescousse un ami architecte, féru de kabbale.

Naviguant dans l'océan des symboles et des chiffres tel un grand capitaine, Franck mit son savoir à notre service. À chaque fois qu'un nom nous venait, il clarifiait sa symbolique, sa valeur numérique, les correspondances des lettres qui le constituaient. Cette approche qui s'apparente à la guématria, une lecture kabbaliste des signes, redonna du tonus à ma participation. Sans doute acceptais-je plus volontiers une volonté divine tributaire de ma liberté interprétative, de mon intelligence, que de mon obéissance.

Soumettre l'Invisible à l'interprétation pose finalement Dieu, ou le hasard qui est sa façon de traverser le monde incognito, comme texte à lire, comme « autre », me dis-je, stupéfaite et émerveillée de cette conséquence métaphysique de la lecture des signes. Du coup, je devenais pour Lui une interlocutrice.

Cette compréhension transforma sur-le-champ ma soumission à Sa volonté en co-création.

Avec cette pensée, mon chagrin ontologique se convertit en responsabilité envers autrui, le monde visible et invisible..., envers Dieu. Ce fut pour moi le premier déclic de *la fin de la plainte* d'être née. En conséquence, ma colère contre le dieu paternel, autoritaire, décisionnaire, perdit beaucoup de sa force. Le sentiment d'impuissance qui alimentait la victime en moi, autant que son énergie complémentaire, la déception indignée et malheureuse qui empêche de s'engager, desserra son emprise. « Mon Père travaille et je travaille avec lui », disait Jésus. Avec, pas *pour* lui...

L'univers semblait s'être pris au jeu. C'était peut-être la façon du dieu du Temps de se réjouir d'avoir face à lui de véritables partenaires, et non des béni-oui-oui. Coïncidences, signes et synchronicités, tels des clins d'œil cosmiques, se multipliaient. Un rêve, un livre ouvert sur une page particulière, le temps qu'il faisait, quelqu'un disant quelque chose d'opportun, tout devenait signifiant.

Miracle de l'attention portée sur les choses qui illumine l'ordinaire.

La logique initiatique, étudiée tout l'été, avait calmé ma peur de l'irrationnel, du délire alimenté par la superstition, ou le dogmatisme. Mieux armée pour faire la part de la fantaisie dans cette approche sémantique du divin, je lâchai mes dernières résistances. Cathy et moi collions les signes bout à bout, risquions une interprétation puis une autre, dès que la précédente s'affadissait, procédions à une double vérification lorsqu'un nom semblait tenir la route. « Double-check, always double-check », vérifie et contre-vérifie : c'est la formule que le swami V. opposait toujours aux intuitions que nous pensions capter en cours de méditation.

Shalom ! Bonjour, et paix, en hébreu !

Un matin, après un glorieux lever de soleil, le nom s'imposa à moi, tranquillement.

Il se transforma en chalum. *Cha*leur et *lum*ière. L'union des deux principes féminin et masculin, amour et sagesse, ne constituait-elle pas la passerelle qui me permettrait de rapprocher harmonieusement l'Orient de l'Occident, l'Un de l'autre ?

C'est ça ! dit Cathy avec le calme de l'évidence. Inspiré, Franck arriva le lendemain avec un blason bleu et blanc dont les symboles entouraient une colombe. L'oiseau liait l'égrégore du Chalum à Marie, reine de la paix et des anges : c'était son interprétation. Incertaines, mais ne trouvant pas d'arguments à lui opposer, nous décidâmes, Cathy et moi, d'attendre trois jours, le temps nécessaire à la confirmation d'une intuition. Rien ne vint l'invalider. Au contraire, notre joie, dépourvue de sentimentalité ou d'exaltation, transforma l'hypothèse en intime conviction. Nous eûmes, de plus, la chance de pouvoir soumettre nom et emblème au rayon laser de l'œil de maître O. « Tout est bien. Vous pouvez rentrer à Paris demain », me fit-il répondre en fin de journée par sa secrétaire.

Deux jours plus tôt que prévu. J'aurais dû m'en douter… et me reposer avant de lui présenter le nouveau-né.

Cathy, qui ne voulait pour rien au monde manquer l'inauguration d'une nouvelle branche fraternelle, vint à Paris avec moi.

Ayant rassemblé mes élèves, je leur lus la lettre du swami et leur annonçai le changement d'orientation de l'ashram. À la mesure de ma compréhension du moment j'expliquai le défi qu'impliquait un ashram consacré à l'Un autant qu'à l'autre, à la révélation autant qu'à la connaissance, bref, au relationnel comme miroir de la réalisation de Soi. Il ne fallait pas qu'ils s'inquiètent. Ce tournant n'impliquait pas une coupure avec la transcendance mais son ancrage dans le corps, notre jardin personnel ici-bas. Après tout, n'était-ce pas ce qu'impliquait la « descente » de l'Esprit Saint ?

La joie naît des deux réunis
Si tu cherches le nouveau
L'autre, l'ancien, ne se perd pas
Car il est l'un des deux.
Dialogues avec l'Ange

C'est une telle gageure que vous pouvez vous féliciter d'en tenter l'expérience, ajoutai-je, dans l'espoir d'éveiller en eux l'audace du pionnier spirituel.

Après un long développement sur « l'esprit n'est pas la lettre », sur « rien ne change, tout se transforme », sur « la seule chose permanente est l'impermanence » et autres principes universels d'évolution, ils semblèrent avoir saisi l'importance de renouveler la recherche intérieure par la quête de sens et la conscience fraternelle.

L'inauguration du Chalum aurait lieu à la mi-novembre 1982, le jour de mes 35 ans.

Nous voilà au bord du précipice, et nous allons faire un grand pas en avant, dis-je en conclusion, tandis qu'on me montrait la plaque rutilante qui serait apposée sur la porte de la maison, à côté du panneau Sivananda Yoga Ashram. Personne ne rit. Allons, pas de panique, nous avons trois semaines pour nous préparer à l'inconnu, ajoutai-je pour les réconforter.

J'étais disposée à répondre à toutes leurs questions. Il n'y en eut aucune.

Leur désarroi me pinçait le cœur.

— Vous savez quoi ? L'apprentissage fraternel ne peut qu'améliorer vos relations amoureuses, y amener plus de paix… Aimer, ça s'apprend. Et c'est ce que nous allons faire en étudiant la science initiatique.

Touché ! Les sourires revinrent sur leurs visages à l'idée de devenir des amoureux pacifiques. Ce que j'avais de mieux à faire, au lieu de perdre mon souffle à démontrer le lien métaphysique entre le nouveau pas et le précédent, c'était d'être un exemple. Leur montrer qu'il était possible d'innover sans renier les traditions.

La tradition est la plus belle des libertés pour la génération qui l'assume avec la conscience claire de sa signification, mais elle est aussi l'esclavage le plus misérable pour celui qui en recueille l'héritage par simple paresse d'esprit.

Martin Buber

En y repensant aujourd'hui, je me dis que mes élèves n'avaient pas eu beaucoup le loisir de réfléchir entre les deux inaugurations : celle de l'ashram le 21 mars, et celle du Chalum, huit mois plus tard. Moi non plus !

Une vague de compassion à retardement m'attendrit à l'idée des montagnes russes que mon itinéraire leur a infligées, alors qu'ils étaient arrivés chez moi dans les années 1970 juste pour suivre des cours de yoga. Je m'explique mieux les ratés, les énervements mutuels. J'en apprécie d'autant plus ceux qui ont tenu la route, en dépit de mes brusques coups de volant.

À chaque grande marée, des nouveaux, attirés par la nouvelle vague, se sont intégrés à l'équipage. Les anciens tentaient de leur raconter les péripéties déjà traversées afin qu'ils puissent donner un sens à leur arrivée, trouver l'enjeu personnel qui les avait amenés à embarquer à ce moment du voyage. Car une aventure, aussi collective soit-elle, prend un sens particulier pour chacun, en fonction de son histoire et du parcours individuel de son âme.

« Il y a les faits et ce que chacun en fait. »

N'est-ce pas ce que j'ai répondu récemment à une journaliste qui m'interviewait sur le sens de la vie ? Au risque de paraître présomptueuse, ajoutai-je sur ma lancée, le sens de la vie, c'est moi, puisque c'est de la clarté de mes valeurs et de mes connaissances que dépendent mes interprétations.

À la mesure de mon ouverture de conscience, un événement, en dépit de son potentiel signifiant, peut demeurer un fait divers, banal, ou se transformer en passage initiatique.

Novembre 1982. Le jour de l'inauguration du Chalum, personne, à moins d'être anesthésié, ne put se tromper sur le poids de l'événement.

L'intensité de l'ambiance nous frappa tous, comme une musique sacrée en plein bal populaire. Une force intérieure inconnue jusque-là m'habitait. Elle me donnait l'impression d'être entrée en relation avec la puissance de Vie elle-même. Je flottais très au-dessus de mes sandales, ne sachant pas quoi faire de toute cette énergie. J'étais au bord d'une sérieuse indigestion spirituelle.

Heureusement, Stéphy téléphona pour me souhaiter un bon anniversaire. Elle lança au passage une sorte d'invitation.

— Cela fait longtemps qu'on ne s'est pas vues.

Cet appel indirect me laissait le choix de ne rien entendre, ou de prendre l'initiative du : oui, effectivement, donc quoi ? Il fallait que je sois la partie quémandeuse de notre relation. Cela faisait partie de notre schéma dysfonctionnel. S'assumer désirante aurait été pour Stéphy me tendre un trop visible calumet de paix qui risquait de me faire oublier ses vieux ressentiments de cadette.

— Je peux venir, répondis-je, trop heureuse d'avoir une occasion de changer d'air.

Dix jours plus tard, un peu inquiète de ce retour en famille, je quittai Paris pour Anvers où ma sœur habitait depuis son remariage.

Au printemps, après le départ du swami pour l'Australie, Stéphy était venue passer un week-end à l'ashram avec Eli, son nouveau mari, que je connaissais à peine. Il ne fallait pas être clairvoyant pour deviner la dérision sous leur politesse givrée. Dans mon univers, ils semblaient aussi à l'aise que deux poissons à l'air libre. Au-delà de l'étrangeté culturelle, le choc de voir leur sœur et belle-sœur traitée en quasi-divinité, comme ils disaient, déformait leurs perceptions habituelles.

De cette visite au cœur de ma vie en robe orange ils n'avaient gardé que les apparences, traitant mes élèves de lèche-bottes et porte-valises, évitant de justesse de me traiter directement de guru esclavagiste.

Au rythme lancinant du cliquetis des roues du train qui m'amenait vers eux, je prenais la mesure de l'écart qui nous éloignait, ma sœur et moi, depuis la mort de notre père. Notre ? Pas vraiment. Stéphy avait le sien, qui avait composé avec elle une histoire complètement différente de la mienne. La mort prématurée de *mon* père avait dissous mon mariage. Celle de *son* père lui avait rendu les liens matrimoniaux obsessionnellement nécessaires. Tandis que je divorçais et choisissais Israël pour reprendre pied, elle partait pour New York, en quête d'un éventuel parti. Elle avait rencontré Lenny et l'avait épousé en dépit de signes annonciateurs de grandes difficultés. Elle avait eu son lot de souffrances au cours de ce mariage, enraciné dans le manque, autant que j'en avais eu dans mon célibat féministe. Il lui en restait un précieux cadeau, Talia, sa fille. J'y avais gagné une nièce et, comme elles deux, je crois, la mémoire d'un homme qui, sans être l'époux ni le père qui convenait, faisait partie des êtres que l'on n'oublie pas.

Eli, avec les quatre enfants de son premier mariage et un bon nombre d'années de plus que Stéphy, véhiculait a priori une stabilité sociale plus rassurante que ne l'avait fait le merveilleux mais fragile Lenny. Je l'espérais heureuse. Malgré des rencontres épisodiques autour des tables familiales, pour un Nouvel An ou une Pâque, malgré les beaux moments partagés autour de la venue au monde de Talia, notre ressentiment de naissance, si je puis dire, multipliait les malentendus.

Nos choix de vie, en apparence inconciliables, reconduisaient l'archaïque jalousie fraternelle. Sur le thème de l'opposition classique entre spiritualistes et matérialistes, nous cherchions notre place unique dans le cœur de nos parents.

Dans la légende familiale, Stéphy était la plus généreuse, puisqu'elle aidait « vraiment » les gens, tandis que je passais mon temps à assister des insatisfaits obsédés par leur nombril, à secourir des handicapés de luxe. Aider l'autre à réfléchir ne comptait pour rien dans son univers d'intelligence pratique hors norme. À quoi servait un cerveau comme le mien s'il n'était pas capable de lire un relevé de banque, ou de savoir qu'il ne faut pas de couvercle pour la cuisson des spaghettis ? Elle était féminine parce qu'elle portait jupes et robes, alors que je vivais en jean et chemise, qu'elle aimait le Louis XV et les beaux objets, tandis que j'accumulais de la brocante sans rime ni raison dans un innommable mélange de genres. Et surtout elle savait recevoir, avoir une vie sociale et se faire épouser, tandis que je n'avais pas de relations mondaines et que je faisais fuir mes prétendants. Ma robe orange emblématisait pour elle la fuite, l'instabilité, la naïveté, tandis que son alliance m'apparaissait comme le symbole même de l'enchaînement à l'homme pourvoyeur, une source sûre d'autosabotage de la puissance des femmes. Cataloguées, nous ne pouvions que durcir nos positions, d'autant que le dialogue, à peine amorcé, se fracassait vite sur les « avec toi, c'est toujours pareil ».

Les mots semblaient manquer pour dire notre affection enfouie sous une accumulation d'épithètes et d'étiquettes qui remontaient à la nuit des temps.

La violence, c'est considérer que nous avons déjà un savoir sur l'autre, sur le monde.

Marc-Alain Ouaknin

Ma sœur n'était pas encore réconciliée avec son père manquant. Et moi, je ne savais plus vraiment qui elle était.

Le sentiment d'être pré-jugée me donna envie, plus d'une fois, de tirer sur la sonnette d'alarme du train. Mais les kilomètres qui m'éloignaient de Paris m'allégeaient du poids de mon ashram-Chalum, que j'avais laissé un peu lâchement aux mains de Cathy.

Je m'accrochai à l'idée que c'était l'occasion de refaire connaissance en mettant à l'épreuve de réalité ma récente consécration à la paix. J'aurais beau me targuer de tout l'amour spirituel du monde, ma guérison du cœur resterait forcément incomplète sans l'amour familial.

Dès mon arrivée, il fut évident que j'étais très en dessous de la vérité.

Face aux images de tyran, dirigeante de secte et zombie illuminée que leur regard critique projetait sur mon ensemble Benetton, orange, je ne tardai pas à suffoquer de rage. La télévision et l'absence de questionnement leur permettait d'élever leur réprobation au rang d'indifférence civilisée. J'étais bien incapable, en ce temps-là, de soupçonner qu'ils pouvaient avoir besoin de se protéger de moi et de mes « pourquoi ». Mon choix de vie ne les ramenait-il pas aux interrogations essentielles ? Dieu... Le sens de la vie... La responsabilité personnelle... La réincarnation...

Entre leurs présupposés, leurs silences, et nos contentieux banalement freudiens, la tension ne cessait de grimper. Comme Moïse face à la pierre, mon envie de frapper au lieu de parler grandissait.

Le temps ne permit pas à nos différentes visions du monde de s'affronter. La bataille fut remise à plus tard par un coup de fil : le swami était mort dans la nuit.

Nous étions le 2 décembre, vingt-sept jours avant son soixante et unième anniversaire. Une fois de plus, il avait eu raison.

Mon beau-frère se trouvait dans le salon, étudiant les programmes télé de la semaine. À son regard ahuri, j'eus le temps d'enregistrer que mes irrépressibles sanglots brisaient le scénario qu'il avait construit sur sa belle-sœur. Les larmes coulèrent, incontrôlables, pendant un long, très long moment. Devant sa grande sœur effondrée, Stéphy ne réussit pas à traverser la barrière de l'enfance qui nous séparait. Personne ne sut quoi dire. Nous n'étions pas assez intimes pour que je partage avec eux mon chagrin, ou qu'ils trouvent les mots qui touchent. Pourtant, derrière le rideau de mes larmes, comme une dernière bénédiction du swami, brilla entre nous, l'espace d'un court instant, le possible éclat de l'amour familial. Pour l'heure, rien ne m'intéressait moins que de m'y attarder. Ma peine submergeait tout. Je pris néanmoins bonne note du courant d'affection qui nous lia à ce moment-là. Comme un présage favorable, il semblait nous dire qu'après la mort de mon père qui nous avait enfermées chacune séparément, ma mère, ma sœur et moi, dans la peine, nous pouvions encore réparer, redonner à notre famille le rôle de cocon protecteur, consolateur et structurant qui permet de rebâtir sur une ruine. Sans cette guérison, l'amour continue à se décliner sur la gamme du transfert parental. C'était donc mon prochain pas. Même mort, le swami me le montrait encore.

Jamais je n'avais pris autant conscience de son influence sur mes liens familiaux, mes origines. Ne m'avait-il pas permis d'advenir à la sainte famille symbolique, sans laquelle il est bien difficile de s'approcher de la sienne ? Le Père, par l'esprit de la Loi, la Mère par l'amour inconditionnel, le Fils par la transmission. Et maintenant la Fille, longtemps manquante dans le carré familial. Car, face à ma sœur et mon beau-frère ébahis, ce n'était pas le fils qui pleurait un père spirituel, mais bien une fille s'acceptant sensible et vulnérable, qui perdait un homme qu'elle avait non seulement admiré, adoré, mais aussi aimé d'affection profonde, et qui n'entendait pas enterrer son père une seconde fois en retenant son chagrin.

Après avoir laissé couler toutes les larmes de mon corps, je décidai de vivre mon deuil aussi honnêtement que possible, sans chercher à contrôler mes émotions. Je savais que le redoublement d'une épreuve offre l'occasion de ne pas répéter un vieux comportement. Je voulais arrêter la roue infernale de la tristesse refoulée qui se retourne plus tard en colère.

J'appelai le swami H.

Cette femme, ophtalmologiste, était co-disciple du swami V. Par le jeu heureux du « hasard », elle habitait La Haye, à quarante minutes d'Anvers. À l'écoute de la nouvelle, elle m'invita à la rejoindre sur-le-champ et à rester auprès d'elle autant de temps que je le souhaitais. Bien qu'ignorante des rites, j'appréciai la chance de pouvoir pleurer le swami dans sa tradition. Je partis le jour même. Mataji saurait me guider : c'est par ce mot affectueux qui veut dire mère, que beaucoup de disciples s'adressent à une femme swami.

Que faire ?

Manger et ne pas se laisser aller fut sa réponse. Moi qui pensais jeûner, prier, me couvrir de cendres ! Je restai la bouche ouverte. Elle n'arrêta pas d'y engouffrer de la nourriture. Après un petit déjeuner copieux, il y avait juste le temps de préparer le repas de midi avec riz et lentilles, moult salades et amuse-gueule épicés à souhait. La bouche en feu et l'estomac chargé, il devenait impossible de résister à son invitation à faire une sieste. Plus tard, dans l'après-midi, m'asseyant auprès d'elle, je partageais avec ses disciples et dévots le thé au lait et à la cardamone, accompagné de multiples gâteaux. Le repas du soir nous retrouvait à plusieurs autour d'une grande table, honorant la généreuse abondance de la cuisine indienne.

La régularité des repas, leur ayurvédique équilibre diététique, le repos, les soirées de satsang au rythme de la vina dont Mataji jouait pour accompagner les kirtan – la répétition chantée de formules sacrées – et les longues nuits bercées par ces ancestrales mélodies me donnèrent le sentiment d'être portée dans les tendres bras d'une mère nourricière. Recevoir, au travers de Mataji, les soins donnés au corps lorsque la tête éclate ou que le cœur fait mal, ranimait en moi la fille intérieure endormie depuis si longtemps.

Au fil des jours qui pleuraient le départ de mon guru, je devenais une fille souveraine, aimée d'un univers divinement maternel, attentif à me permettre de vivre ma peine confortablement. Peut-être saurais-je désormais mieux goûter la nourriture de ma bonne mère juive et apprécier plus ouvertement les repas de Stéphy.

Après cet étonnant moment de repos au cœur du manque, je revins à l'ashram en pleine forme. Cela me permit de supporter avec compassion les tourbillons émotionnels qui m'y attendaient.

Ayant éprouvé dans la chair cette vérité du Tao que « la douleur est inévitable, mais la souffrance facultative », j'eus envie, à mon tour, de donner au chagrin de mes élèves les conditions qui leur permettraient de ne pas se laisser entraîner dans les sous-sols destructeurs de la souffrance. Sans pour autant refouler leur douleur.

Capable de dilater d'un vibrato de violoncelle un cœur trop serré, d'éclairer d'une phrase la confusion des sentiments, l'art n'a-t-il pas reçu des dieux le pouvoir d'élever la conscience au-dessus des nuages ? me dis-je alors. Il sait si bien, comme une mère universelle nous prenant dans ses bras, consoler et nourrir nos âmes en peine. Je me souvins de mon apprentissage de cinéaste en Israël… Je m'enfermai, seule, dans ma chambre, avec tous les bouts de film sur le swami et le matériel nécessaire au montage. Le 29 décembre, jour de son anniversaire, un petit film, « Une histoire de portes », était prêt. À la surprise de mes élèves, j'avais demandé que le soir de la projection le menu du dîner fût royal.

Après un repas digne de la réputation culinaire de l'ashram, j'offris à nos âmes attristées la présence rayonnante du swami.

Il était là, grandiose dans son humanité, magnifiant l'écran de l'éclat éternel de l'amour. La chanson du film *Jonathan Livingston le goéland*, écrite par Neil Diamond, servait d'accompagnement musical. Les paroles rappelaient à chacun que, dans le silence d'un cœur aimant, nous pouvons toujours entendre la voix de nos bien-aimés, même lorsqu'ils voyagent loin au-delà du temps.

Sur les ailes de l'amour, aucune distance n'est trop grande pour s'approcher d'eux.

Le lendemain, apaisée et grave, je ressentis l'inexplicable obligation de me couvrir la tête d'un foulard.

Oscillant entre intuition et incrédulité, je répondis à cette assignation intérieure. Je n'avais plus de guru à interroger, seulement cette petite voix qui parle à l'oreille du dedans, pour manifester mon obéissance à l'ordre cosmique, en toute liberté, y compris désormais, celle de me tromper.

Ce fut la tête couverte, comme le faisaient ma grand-mère et autres femmes de mon orthodoxe lignée, que je complétai enfin le deuil ajourné de mon père de sang. Nous nous étions aimés si peu de temps. Si maladroitement.

Il avait laissé son cœur se paralyser, fautif peut-être d'être resté vivant lorsque tous les siens avaient disparu dans les chambres à gaz. Face à sa traversée du mal, mes frustrations de jeunesse m'apparaissaient pour ce qu'elles étaient, indécentes. Sous mes foulards, je lui ouvris un coin intime de ma tête pour que nous puissions enfin nous dire adieu, sans amertume et sans colère. La mort du swami ajoutée à la sienne me livrait, grandie et libre, à un futur inconnu. Cette fois, je ne fis pas l'erreur de me sentir coupable.

J'ouvris grande mon âme au cadeau de vie biologique de Joseph Lipschitz, ainsi qu'à l'éveil de vie spirituelle offert par le swami V.

Les grandes eaux ne peuvent éteindre l'amour, ni les fleuves le submerger.

Le Cantique des Cantiques

Le carillon du couvent voisin sonne les vêpres. Dix-huit heures, déjà. J'ouvre la fenêtre pour laisser entrer la prière et calmer mon émotion.

Le rectangle de plastique encastré dans le toit du garage d'en face attend toujours d'être remplacé. Je revois les deux ouvriers armés d'une lampe frontale qui, au lendemain de Noël 1999, comblaient le grand trou provoqué par la tempête. Le calme froid d'alors, aussi alarmant que la fausse indifférence qui dissimule une trop grande angoisse, me revient en mémoire. Vite, on a « couvert » le cataclysme. Le confort revenu, il est plus facile d'oublier le trou d'ozone et le réchauffement de la planète.

J'ai faim. Même l'avenir à oxygène raréfié qui s'annonce à l'horizon du troisième millénaire ne parvient pas à me couper l'appétit. Quel changement depuis la mort du swami. Ce soir, j'accueille comme un signe de victoire sur ma nostalgie de l'ailleurs, la gourmande envie de manger qui contracte mon estomac. Faute d'apprécier la terre, j'ai si longtemps cantonné la nourriture dans la catégorie du besoin, non du plaisir. Certes, je n'ai pas beaucoup honoré mon corps aujourd'hui, mais à journée exceptionnelle, régime exceptionnel.

Tandis que je me dirige vers la cuisine pour me préparer ce qui va me tenir lieu de goûter et de dîner, je repense à mes retrouvailles avec la puissance vivifiante de la nourriture après la mort du swami, à ma tête couverte et au 14 février 83 où j'ai déposé, en même temps que mon foulard, mes dernières résistances de guru récalcitrant. Un an, jour pour jour, après mon initiation à la robe orange.

L'Inde, en même temps que mon enfance spirituelle, c'était bien fini !

Comme un dernier hommage, le souvenir de mes cheveux, vibrant d'une énergie restée contenue sous l'étoffe pendant deux mois, ravive les images rituelles de ma longue appartenance d'âme à une lignée orthodoxe. Crânes rasés, tonsures, voiles, kippas, turbans, bandanas, cornettes et tephilin : compositions variées autour des méninges qui, toutes, rappellent quotidiennement aux croyants que le vide au-dessus de leurs têtes est habité. Serrer, couvrir, couper, contenir, attacher, autant de rituels de l'alliance au divin par une discipline, une ascèse du cheveu. Probablement parce que ces antennes qui auréolent le sommet corporel de l'être humain le relient de façon privilégiée au cosmos. Ne sont-elles pas porteuses de notre ADN ?

Je n'y avais pas pensé lorsque, d'instinct, je m'étais couvert la tête pour prendre le deuil du swami. La vibration que dégageaient mes longs cheveux en ce jour de février ne laissa aucun doute sur leur pouvoir de connecter le cerveau et le monde invisible.

J'observai les jours suivants que mon oreille intérieure était devenue plus sensible, mon troisième œil moins voilé. Je n'en attendais pas tant ! Avec cette nouvelle tête fermement posée sur une colonne vertébrale plus solide, je me sentais comme une coupe ouverte, réceptive au Réel. Verticale.

À nous deux ! Pleine de la grâce des innocents, je me sentais prête à discuter avec Dieu. Debout. Face à face.

C'était à ce sentiment de reliance que le swami faisait allusion lorsqu'il m'avait dit : « Tu te lieras directement au monde invisible. Tu établiras ta propre liaison. »

Reconnaissant l'existence d'un ordre cosmique avec lequel je pouvais désormais entrer en communication consciente, j'entérinai mon alliance avec un nouveau ciel. Non plus celui de la transcendance mais celui du Temps et de ses messagers, les anges et les dieux, les Elohim de la Genèse. C'est engagée volontaire, non plus vers un septième ciel nirvanique, mais dans une entreprise céleste au service de l'humanité, que j'ôtai mon foulard. Mon alliance me tiendrait lieu de couvre-chef symbolique. Se maintiendrait-elle avec autant de rigueur, cheveux au vent ? C'était le défi de l'étape suivante de mon voyage. Sans ombrelle, l'équilibriste prend davantage de risques. Sa crainte est plus grande de perdre pied. Tant pis ! Pour ne pas oublier le « patron », je n'aurais qu'à tapoter souvent la « kippa » invisible que je sentais maintenant sur ma tête, comme le faisait mon père avec la sienne.

C'était dit ! J'allais être un guru moderne, ayant compris qu'il fallait innover, faire du neuf, en vidant les outres de formes anciennes, sans toutefois les jeter aux orties.

Guru ! Le mot lui-même sonna tout à coup aussi vieux que mon âme. Lui aussi avait besoin d'un coup de jeune, d'un petit lifting linguistique.

L'inconscient est structuré comme un langage. Et si je retournais la fameuse proposition de Lacan : changer de langage déstructure, secoue l'inconscient. Les comportements sclérosés, les clichés dépassés se révéleraient plus vite. J'en arriverai à nommer autrement mon « métier » de guide spirituel, à le renouveler. Les principes demeurent. Mais les formes changent.

En attendant, « la fille du Père » qui se reconnaissait prête devait trouver sa propre manière de conduire l'ashram. Il s'agissait de préserver ce qui fait la colonne vertébrale de la tradition non dualiste : le contact avec l'énergie-lumière, tout en y ajoutant la chaleur du cœur. Ne plus couper l'Un de l'autre.

D'un côté – l'Amour
De l'autre – la Lumière
Tu es tendue entre les deux
L'Amour est porteur de lumière
L'Amour n'est rien sans lumière
La lumière n'est rien sans l'Amour.
Dialogues avec l'Ange

Première énigme : comment être un passeur de l'étincelle divine, un allumeur de feu sacré, un éveilleur d'excellence, sans perdre de vue le caractère unique de chacun, sans gommer les différences ?

La voie mystique avait été mon chemin de Damas. Je pouvais m'appuyer sur le pur amour que le bhakti-yoga m'avait révélé, mais il n'était plus question de m'établir dans le monde de l'énergie-lumière, le hors-champ de l'être, dans le but d'en porter témoignage aux autres.

J'y avais définitivement renoncé le jour où maître O., après un lever de soleil particulièrement extatique pour moi, m'avait regardée bien en face en disant : « Vous avez remarqué que souvent on ne sait pas de quelle couleur sont les yeux des gens qui nous sont le plus proches ? » Avant que j'aie eu le temps de réagir, il m'avait plantée là et avait poursuivi sa marche. Naturellement, j'avais tenté immédiatement de définir la couleur des yeux de ma mère, ma sœur, ma nièce, mes amis, mes amants… Et j'avais eu honte ! Il ne m'en restait qu'une vague idée. La vérité était que ces détails ne m'intéressaient pas. Quand l'amour divin nous éloigne à ce point de la réalité humaine de ceux qu'on dit aimer, il est temps de se poser des questions.

Fraternité ! Là se trouvait la réponse.

C'était l'éveil à la conscience fraternelle qui permettait de passer de l'Un à l'autre. Cette voie de dualité consciente où l'éthique devient la modalité même du spirituel permettait de tenir compte des champs informationnels qui lient le visible à l'invisible, d'éviter de se diluer dans les éthers sans altérité de la transcendance ? Tous liés... et dissemblables. Chacun restant à jamais autre pour l'autre ! C'est à ce principe de l'altérité que je m'étais engagée en m'attachant à la connaissance, à la lignée initiatique. Mais on peut être fraternel sans que l'autre ne nous soit ni sympathique ni agréable. On le doit même ! C'était cela la réalité douce-amère de la fraternité. Elle n'impliquait aucunement l'amour !

Et moi j'étais, par nature, une amoureuse.

Deuxième énigme. Comment être fraternel sans se crisper sur le devoir ?

En tant qu'ami qui te veut du bien. L'amitié ! Le swami ne m'avait pas laissée démunie pour avancer sur ma voie de l'amoureux. Si je voulais que le cœur participe à l'obligation fraternelle, il me fallait recueillir sa dernière parole comme sa contribution personnelle à l'innovation spirituelle.

Mais il était parti trop tôt pour que nous en vivions ensemble l'expérience. Il m'avait laissée sans mode d'emploi. C'était à moi de prendre le relais. D'oser ma composition personnelle entre la verticale et l'horizontale, entre l'Un et l'autre. Plus vertigineuse pouvait être la chute. Mais peut-on réussir un examen si on ne s'y présente pas ? Ma seule certitude tenait dans l'importance de renouveler la tradition d'où je venais, par le fraternel et l'amical. C'était ce qui apposerait ma griffe personnelle à « mon » ashram. Pour le reste, il fallait affronter l'inconnu.

Le chemin se fait en marchant.
Sagesse traditionnelle

Dans mon nouvel ashram fraternel, j'attachai mes pas, avec la rigidité des inquiets, aux trois règles d'or données par le swami.

Un guru, homme ou femme d'influence, vit en accord avec ce qu'il prêche. Il « marche sa parole » comme disent les Indiens. En ce sens, il se doit d'être transparent pour son entourage, prêt à répondre à toute question. Il suggère, recommande, mais n'ordonne jamais. Et enfin, sa porte est toujours ouverte, laissant à chacun le loisir de partir à tout moment.

J'avais aussi en mémoire les deux obligations du kabbaliste : celle d'honorer le passé par le *hiddouch*, le renouvellement, et celle du *tikkoun* : revenir souvent sur les directions prises pour, en cas d'erreur, corriger la trajectoire.

Avec ce double héritage je démarrai ma vie de guru, de sage moderne, avec la même passion que j'avais mise dans celle de disciple traditionnel, prenant de plein fouet les multiples points d'interrogations qui m'assaillaient chaque jour.

Je contemplai la définition première du mot guru : un homme ou une femme qui a du poids, dont la présence éclaire. Cela vaut, me dis-je, pour toute personne qui fait *autorité en sa matière*. Elle devient naturellement un phare pour les autres. Que son influence soit bonne ou mauvaise, elle n'en est pas moins un mentor, un chef, un guru. Il ne s'agissait pas tant d'une fonction que d'un état d'esprit. Et je voyais bien que tenir honorablement ce rang dépendait d'une valeur de soi pacifiée vis-à-vis du père. Rabaissé par l'absence de bénédiction paternelle, le fils intérieur de l'homme, comme de la femme, a du mal à trouver sa véritable maîtrise, l'aptitude à développer ses talents.

À cette étape de mon voyage, je sentais ma valeur suffisamment restaurée pour oser mon autorité : l'autorisation que l'on se donne de signer son œuvre de vie, non pas « contre » son père, mais avec sa bénédiction. La mort prématurée du mien m'avait empêchée de la lui demander et de la recevoir de lui. Mais j'avais pardonné, pleuré, et finalement ressenti sa confiance posthume en moi. Le soutien et le crédit accordé par les pères de transfert qui m'avaient accompagnée ensuite avaient fait le reste.

Pour ébranler la force de l'habitude, je commençai par réserver ma robe orange à l'ashram. Quelquefois, en rentrant d'une promenade ou d'une course, je gardais mes vêtements de ville au dîner et au satsang. Certains soirs, en guise de veillée, je restais avec mes élèves pour bavarder ou regarder un film.

Je compris vite que m'appuyer sur ces artifices revenait à pédaler dans le vide. Car depuis le fameux jour où j'avais ôté mon foulard, mes élèves, probablement impressionnés par ma nouvelle assurance de guru, semblaient avoir retrouvé, eux, leurs anciennes mémoires de disciples. Malgré mes efforts pour casser le moule de la dévotion, ils en recollaient les morceaux au fur et à mesure, et découvraient un plaisir évident à m'adorer… celui-là même que j'avais éprouvé auprès du swami.

Déjà vu !

Après avoir traqué ce retour du passé dans mes rencontres amoureuses, je constatai alors que la relation guru-disciple relevait elle aussi de l'attraction karmique. On ne choisit pas ses amours de transfert par hasard.

Pour ma part, j'avais dépassé ce temps d'amour dévotionnel, mais j'avais oublié qu'en vertu de la loi d'affinité j'attirais des chercheurs spirituels qui voulaient le vivre à leur tour, afin d'en tirer leurs propres bénéfices en matière d'oubli de soi. Il leur faudrait en cerner les limites par eux-mêmes en toute liberté, avant d'innover à leur tour. Ils me présentaient le défi de me vivre comme sujet libre, malgré eux, parmi eux ! C'était ma leçon à moi.

Heureusement, dans le lot de nos affinités, il y avait aussi des avantages : tout comme moi, à mes débuts de disciple, la plupart de mes élèves n'avaient pas de problème majeur avec l'esprit de la Loi. La structure naturellement hiérarchique de la position d'apprenti n'avait rien d'humiliant pour eux. Ils savaient que le sens du service ajoute un supplément d'âme à l'accomplissement des tâches quotidiennes. Leur goût du travail bien fait rendait légère ma fonction paternelle de « chef de famille ». Personne n'avait besoin d'être rappelé à l'ordre. L'ashram était toujours pimpant. Mon sens de l'organisation trouvait dans leur plaisir à devenir excellents dans la matière de quoi rendre passionnante la gestion de ma petite entreprise.

J'avais beaucoup plus de mal avec leur tendance à appliquer à la lettre le fameux : « Si vous ne devenez pas comme des enfants, vous n'entrerez pas dans le Royaume de Dieu ». Le « petit » en eux s'abandonnait trop volontiers à une « mère » adorée : moi ! J'observai avec stupeur l'aisance avec laquelle je m'engouffrais dans la place de toute-puissance maternelle qu'en toute innocence leur enfant intérieur me laissait.

Je ne pensais plus qu'à eux. Obstinément soucieuse, presque anxieuse de leur bien-être, mon cœur s'alignait sur la pulsation maternelle des chargés d'âmes.

Je m'endormais avec leurs questions et leurs problèmes, passais la nuit dans un demi-sommeil, l'esprit à l'écoute de solutions. Dans la journée, je profitais de toutes les occasions pour expliquer, clarifier, commenter. Cela rendait ma « mère divine » plus enseignante que soignante, plus éclairante que réconfortante. Mon abord pédagogique, plus masculin que féminin, m'empêchait de retrouver avec eux la douceur du prendre soin découverte avec le swami. Peut-être parce que lui était un plus « grand », un aîné. Alors qu'eux se positionnaient en « petit ». Comme s'il fallait se rabaisser pour s'autoriser à être un peu materné. L'indigence que la plupart entretenaient pour légitimer mon inquiétude à leur égard contractait mon corps.

La fascination et l'effarement que me renvoyaient leurs visages me culpabilisait. Je lisais dans leur regard mon autorité sans tendresse, mes lumières sans chaleur, ma sagesse sans douceur. Être un homme ou une femme de poids, sans assumer son impact émotionnel et affectif sur l'autre, n'est-ce pas une manière de dénigrer la mère en soi ? Mon expérience d'ashram me renvoyait clairement à mes manques maternels. Là encore, il fallait les deux : être à la fois bon « père » et bonne « mère ».

Désireuse de libérer la bonne mère en moi, je me sommai au devoir de bienveillance, à la sollicitude, à la patience avec un succès mitigé. Entre leur passivité et mes réactions agressives, nous étions bons pour la co-dépendance. À chaque pot, son couvercle. Nos manifestations complémentaires appartenaient au couple passif-agressif.

Comment en sortir ?

Je ne pouvais pas claquer la porte de l'ashram. Je savais d'expérience que la paix qui suit la rupture d'une co-dépendance n'est qu'une trêve. Tôt ou tard, tel l'animal lié à un piquet on arrive au bout de la corde, aussi longue soit-elle. Impossible de faire la paix tout seul avec ses coéquipiers karmiques. C'était avec eux, parties prenantes de ma mémoire d'âme, qu'il me fallait tenter de renouveler le passé. Sans quoi mon côté féminin devrait attendre plus longtemps son épanouissement.

Lorsque Stéphy m'appela deux mois plus tard pour me demander si je pouvais venir passer quelques jours avec ma mère, je compris aussitôt que l'univers me présentait une opportunité d'explorer cette question.

Ma sœur devait partir en Israël rendre visite aux enfants d'Eli, tandis que David, que ma mère avait épousé quelques années après la mort de mon père, serait à la même époque au Canada. Ma mère se retrouverait seule à Anvers. Cela faisait six mois que nous ne nous étions pas vues. J'avais déjà vérifié qu'on ne se libère pas par la rébellion. Et que si la distance offre une trêve, elle ne garantit pas la paix.

Malgré le perfide « tu peux au moins faire ça pour ta mère » glissé par Stéphy dans la conversation, j'acceptai.

Dans le train, déjà tendue, j'exhortai mon plexus solaire à l'impassibilité qui sied à une apprentie-sage en quête de sens.

Je me jurai de concentrer mon énergie sur l'enjeu karmique qui m'avait rapprochée de la femme qui allait devenir ma mère au point de me faire passer par ses entrailles. Parviendrais-je à apaiser mes sentiments d'incomprise réclamant justice ? À ne plus l'accuser des souffrances qui m'avaient longtemps empêchée de voler de mes propres ailes ? Cesserais-je de lui reprocher ses subtiles représailles contre mes choix non conformes à ses idéaux ? De la pousser dans ses retranchements jusqu'à lui arracher la bénédiction maternelle : « Quoi que tu fasses, je suis là pour toi » ?

Un adulte n'avait-il pas droit à la réhabilitation du soutien inconditionnel manqué dans le passé ?

Si je faisais le sacrifice de son satisfecit, ma participation au karma familial serait définitivement allégée. Il y avait là de quoi me motiver. Je me répétai que changer sa façon de jouer constituait la meilleure, voire la seule manière de transformer le jeu de ses partenaires. En vertu de la loi de résonance, mon changement d'attitude permettrait sûrement une meilleure circulation d'amour entre ma mère et moi.

Tout en regardant défiler les plaines du Nord, je révisai ma stratégie. Seule une observation sincère de mes façons de faire et de dire me permettrait d'évaluer la part de mes réactions à l'influence maternelle, et celle de mon caractère propre. Il me faudrait lire toute seule le texte de nos échanges avec la plus grande objectivité si je voulais éviter un retour sur le divan analytique. En vue de stimuler mon inconscient, je décidai d'appliquer la règle initiatique à cette approche phénoménologique : de mon interprétation des faits actuels résultant du passé, dépend mon futur.

Le présent étant du passé en train de se faire, le passé est un ancien futur qui n'a pas tenu ses promesses.

Laurent Terzieff

Ce point de vue changeait tout à l'analyse du présent fondée sur la logique causale. Ma mère n'était pas la *cause* de mes réactions à son égard mais l'*effet* du désir de mon âme de corriger le négatif que sa personnalité me renvoyait « parfaitement » bien, de renforcer le positif. C'est pour cela que je l'avais *choisie*.

Accomplir de l'inaccompli : là se trouvait la raison initiatique de nos attractions karmiques. Elle valait pour les rencontres amoureuses comme pour les relations familiales, amicales ou professionnelles. Si libre choix il y a, c'est avant l'incarnation. Après, il ne nous reste que la liberté de nos comportements, enseigne la kabbale.

Admettre cette hypothèse revenait à renoncer à l'habitude engrammée dans nos cellules comme une seconde nature : accuser. Une fois acceptée l'idée qu'une situation ou un individu se présente à nous pour nous aider à dépasser une attitude arrêtée, accomplir nos potentialités, il ne reste plus personne à blâmer. Ces gens, ces incidents qui nous déstabilisent par attraction ou répulsion nous permettent de regarder une limitation même infime grossie au centuple. D'où la difficulté à rester calme face au déjà vu, à traverser les miroirs. On préfère souvent les ignorer ou les briser : sept ans de malheur de plus, dit la sagesse populaire en écho au savoir ancestral des initiés.

Dans le train, pendant le trajet Paris-Anvers, je butai sans cesse contre une résistance. L'approche initiatique bousculait mon habitude de toujours chercher les causes.

Alimentée par la psychanalyse, renforcée par la doctrine hindoue du karma, la logique causale était devenue mon outil d'évolution. Non qu'elle soit fausse, me disais-je. Bien entendu, toute cause a des conséquences. Pour aller de l'avant, il faut certes libérer les informations emprisonnées dans nos mémoires. Le passé éclaire le présent. Mais ce sont les actions découlant de nos interprétations qui enclenchent un nouveau commencement, un passage initiatique, au sens littéral du terme. J'avais déjà tellement examiné, analysé, décortiqué dans tous les sens les liens qui m'attachaient à ma mère, sans obtenir de changement durable à mes réactions ! Cela valait sûrement la peine d'essayer autre chose, ne serait-ce que « pour voir », comme au poker.

Voir ma relation à ma mère comme l'effet de mon choix de tikkoun, de réparation dans cette vie, m'obligeait à admettre qu'il me suffisait d'agir sur mon présent pour changer l'avenir, au lieu de passer mon temps à pleurer sur des assiettes cassées. Je ne pourrais me targuer d'avoir changé tant que mes analyses ne s'incarneraient pas dans de nouvelles attitudes. Intellectuellement j'aimais cette idée qui renouvelait la loi karmique des causes et conséquences sans la renier. Elle transformait en quête initiatique une existence pilotée par les mécanismes du passé. En assumer la direction était une manière de prendre soi-même le volant de son devenir, d'en endosser la responsabilité. Non coupables de ce qui nous est arrivé, mais responsables de ce que nous en faisons ! Cela me rappelait un jeu de mots familier au swami : la responsabilité n'est que *response ability*, habileté à répondre. Le chemin s'éclairait : seules nos réponses, des positions établies à partir de nos valeurs du moment, permettaient de nous dégager de nos enchaînements réactionnels. Cela sapait le fondement culpabilisateur du karma, de la loi de causalité, sans gommer la nécessité du travail de mémoire.

Action réaction, certes, pensai-je. Mais ne disposons-nous pas, à l'inverse, d'une infinité d'actions possibles au-delà de nos automatismes ? L'intentionnalité entre en jeu dans le processus initiatique. Mais seul le désir soutenu par la volonté de changer transforme l'enfer pavé de bonnes intentions en paradis sur terre. Pouvais-je compter sur la mienne ?

M'engager à considérer mes réactions en famille comme un champ *causal* à partir duquel, par mon seul comportement, je pouvais déclencher différents futurs, me coûta de gros efforts. À l'arrivée en gare d'Anvers, la créativité l'avait finalement emporté sur l'inertie de l'habitude. Imaginer, inventer une nouvelle attitude, changer en quelque sorte de costume, de ton, de façon d'agir, revenait à incarner la puissance de la pensée et de l'imagination dans les actes : un défi pour l'acteur, l'actrice qui nous habite, une manière d'utiliser positivement notre ego.

Action, on tourne. C'était décidé. J'allais mettre mon côté artiste au travail, tenter de substituer de nouvelles images, des clichés inédits à mon scénario réactionnel. Cela me permettrait de jouer un nouveau film dans un remake sans costume d'époque.

Quand l'art arrivera à rendre les hommes meilleurs, nous aurons le droit de parler d'art.

Panaït Istrati

Commençons par l'art de vivre.

Dès nos premières répliques, je constatai que ma vie communautaire avait rajouté des reproches fantaisistes au dossier d'accusation maternel.

Ils masquaient mal son angoisse de mère juive de me voir rester célibataire pour le restant de mes jours ! Qui épouserait une guru en charge d'une bande de farfelus lui baisant les pieds ? Le mariage étant son premier critère de réussite, j'étais bien partie pour rater ma vie.

Sous son regard lourd d'arrière-pensées, plus encore que sous ses mots, les petits démons de la colère s'éveillèrent instantanément en moi. Impossible ! Ils n'allaient pas me mettre si vite en échec ! Pourtant, malgré les efforts que je déployais depuis mon arrivée, la tension montait d'heure en heure. Je n'arrivais pas à maîtriser l'agressivité latente qui empoisonnait mes échanges avec ma mère. Ma compétence maternelle restait bien emberlificotée dans le filet de mes mémoires de « fille blessée ». C'était l'occasion de l'en extirper. Swami responsable d'un égrégore lié à la paix, je n'avais pas de quoi être fière. Le temps était venu de balayer devant ma porte.

Concentrée sur ma volonté de résister à l'habituelle spirale négative de mes réactions, en dernier recours je priai tous les saints de la terre et du ciel. Dans certaines situations on a besoin d'alliés. On a aussi le droit au « courage, fuyons ». Ce que je fis en m'enfermant dans la salle de bains pour retrouver mon calme.

Mon studio parisien baigne dans la douceur mauve d'une fin d'après-midi d'été. Les yeux sur la casserole, je touille le reste de riz aux légumes trouvé dans le frigidaire avec une cuillère en bois. Elle me rappelle celle avec laquelle, cette après-midi-là, à Anvers, je tournais de la cire chaude dans un petit récipient de cuivre.

Je me revois dans la salle de bains, assise sur le rebord de la baignoire, vêtue d'un tee-shirt et d'un slip : je m'épile les jambes et je rumine.

Comme d'habitude, ma chère mère trouva vite un prétexte pour entrer. Une autre fois, je me serais hérissée. Je lui aurais demandé froidement de sortir, ou je lui aurais asséné un discours outragé sur les mères qui s'approprient le corps de leurs enfants en s'introduisant, sans prévenir, dans leur intimité. Je connaissais par cœur les répliques du mélodrame qui allait s'ensuivre. Vite ! Il me fallait improviser une nouvelle façon de jouer la scène. Je fermai un instant les yeux. Aussitôt recentrée, je vis ma mère de beaucoup plus loin lorsque je revins à elle. Reconnectée à mon être profond, je me trouvai à ma place, au lieu *plus sacré qu'aucun temple* d'où émerge la parole. Je réussis enfin à lui dire ce que je ressentais lorsqu'elle posait sur ma personne un regard de propriétaire ou qu'elle projetait ses désirs sur ma vie. Je dis ma souffrance d'être vue par les yeux du jugement et non du questionnement, de n'être pas entendue, encore moins comprise.

Lorsqu'elle n'est plus canalisée par la colère ou la dénégation, la tristesse sort de ses tranchées. La mienne déborda des frontières qui m'en protégeaient. Au bout de quelques phrases, mes paroles durent se frayer un passage entre les sanglots revenus de l'enfance.

Pour elle, l'opinion publique avait toujours plus compté que la sienne, finis-je par articuler sans hurler. C'est pour cela qu'elle avait indirectement soutenu par son silence le mariage que m'avait imposé mon père, alors qu'elle désapprouvait son insistance, ajoutai-je entre deux hoquets. De toute façon, elle ne s'était jamais intéressée à mes choix. Les rares fois où elle m'avait posé des questions, avait-elle seulement écouté mes réponses ?

Mes pleurs bouleversaient l'image de fille insensible dont elle et ma sœur m'avaient affublée. Son cœur de mère ne supporta pas ce vrai chagrin. Se rendait-elle compte soudain que derrière tout re-proche se dit le désir de proximité ? Elle n'avait qu'une hâte : déposer la cote de mailles que ses préjugés, autant que sa propre peur de l'intimité, avaient crochetée sur son corps maternel. Elle avait en face d'elle une fille qu'elle ne connaissait pas, qu'elle avait envie de prendre dans ses bras... elle ne savait comment. Elle réussit à poser une main sur mon épaule. Elle toucha mon âme. Déstabilisée par mon accueil, elle ne put retenir son émotion.

Dans le silence paisible qui entoura ce moment, j'entendis se briser la chaîne des réactions qui nous attachent au passé. Dans l'embrassade qui nous rapprocha, je connus le goût d'une liberté qui ne se confondait plus avec l'indépendance. Différenciées, nous n'en resterions pas moins liées à jamais. Et c'était bon de me sentir « attachée » à la source de ma vie, de mon corps. Je cessai enfin de confondre séparation et division, liaison et emprisonnement. Elle s'interrogeait pour la première fois sur une fille étrangère, qu'elle aimait.

Il avait fallu pour ce miracle que nous trouvions le courage de la vulnérabilité. Courage et cœur ne procèdent-ils pas de la même racine ? Ce qui vient du cœur va au cœur disent les sages. Le mien était encore faible, mais en rétablissant le contact physique avec sa première demeure, il ne pouvait qu'épanouir son féminin. L'unité entre émotion, sentiment et besoin était l'essence de sa compétence d'intimité.

Assise dans mon fauteuil, mon assiette de riz sur les genoux, je me rends compte qu'en ce jour d'avril 1983 nous avions atteint, ma mère et moi, un point de non-retour sur la voie de l'approchement. Je me souviens de la fierté avec laquelle je m'endormis ce soir-là.

Je passai la nuit dans le nouveau Jardin, cette terre à conquérir *où les hommes et les femmes se rencontreront, auront peur... et s'approcheront quand même*. Là, je voyais mon corps, libéré de son armure réactionnelle, s'accorder aux diverses impulsions qui faisaient vibrer ses cordes. En mineur ou en majeur, moderato ou vivace, il jouait sa partition en conscience au lieu d'être joué par ses automatismes. Il s'accordait aux autres instruments, à son environnement à partir de la musique de ses sens. Dans mon sommeil, je comprenais que seul un corps qui « sensationne », qui ressent sensitivement plus qu'émotionnellement les échos sonores de ses liens, peut jouer des accords harmonieux. Pour les enrichir, il importe d'augmenter la sensibilité de son orchestre de cellules.

Sense and sensibility... Raison et sensibilité... C'était clair : pour ancrer l'éthique dans l'esthétique, il fallait développer les deux. Quelqu'un d'insensible n'étant jamais à l'abri des déviations du bien.

Le lendemain, j'ouvris des yeux émerveillés sur le potentiel symphonique de notre organisme. Je comprenais que pour devenir bon musicien, il fallait retrouver et cultiver le pouvoir des sens. Transformer un corps réactionnel en corps conscient en était la clé de sol. L'archet, la parole du cœur. Le premier concert, la famille.

Je jetai un coup d'œil à mon réveil. Neuf heures. Levée tous les jours à l'ashram à cinq heures trente, je m'étonnai d'avoir dormi si tard. Mon corps, régénéré par cette nuit de révélations, accusa soudain un subtil malaise. Que se passait-il ? Le temps de reprendre mes esprits, je perçus le curieux silence qui régnait dans l'appartement. Anormal. Ma mère se levait toujours très tôt. Elle avait généralement déjà fait le ménage, les courses, et préparé les repas de la journée lorsque j'arrivais dans la cuisine. J'avais alors droit à une fausse question intimidante, du genre : je me demande de quoi tu peux être toujours aussi fatiguée, à laquelle il valait mieux ne pas répondre.

Elle n'était certainement pas en train de faire une grasse matinée. Ce n'était pas son genre. J'écoutai le calme. Aucune odeur de café, aucun bruit... et s'il lui était arrivé quelque chose ! Pour la première fois l'idée de sa mort m'effleura, et elle fit très mal. L'amour ranimé la veille trouva là une douloureuse confirmation. *Aimer, c'est souffrir*, glissait une méchante voix à mon oreille. En même temps qu'elle, venue des ténèbres, la tentation de l'indifférence qui couvre d'un gel anesthésiant la peur de perdre ce qu'on aime se présenta immédiatement. Forte des sensations de la nuit, je réussis à lui imposer silence. Ne valait-il pas mieux souffrir d'amour que de n'avoir jamais aimé ? Le cœur battant, je me levai. Personne à la cuisine. Aucun signe de son passage. Je me dirigeai vers sa chambre à coucher, frappai à la porte entrouverte que je repoussai dans un même temps. Elle était là, assise sur ses oreillers, le regard lointain et pensif.

— Maman, ça va ?

Elle allait bien, répondit-elle d'une voix atone.

— Ça n'a pas l'air. Qu'est-ce qui se passe ?

— Tu ne vas pas le croire. Il m'est arrivé quelque chose de bien étrange. Je me suis réveillée à six heures comme d'habitude mais je n'arrivais pas à me lever. C'était comme si j'avais un poids sur la tête. Et puis surtout, c'était comme s'il y avait une présence à côté de moi. Au bout d'un moment, j'ai eu l'impression que ce quelqu'un retirait un voile qui couvrait mon cerveau, et tu sais quoi ? Après, c'était comme si j'avais retrouvé mon intelligence. J'ai l'impression que je peux maintenant penser, qu'avant j'en étais empêchée par ce voile. Est-ce que ça te semble fou ?

Elle me demandait ça à moi ! La terre tournait ce matin à l'envers.

— Non, maman, je ne trouve pas que c'est fou. Cela fait partie des choses que je vis depuis quelques années, mais je n'ai jamais pu t'en parler.

— C'est que je n'étais pas prête, et tu sais pourquoi ? Parce que si j'avais eu toute ma tête avant, je n'aurais jamais ouvert mon cœur. Je sens que j'ai été très dure dans le passé. Enfin avant, pas dans cette vie, et même que j'ai dû abuser de ma position de…

Elle ne trouvait pas le mot, mais l'évidence s'imposa à nous deux en même temps.

— Au fond, lui dis-je, dans notre famille on est tous des hahoumim, le mot yiddish qui désigne les petits gurus, les initiés en tous genres qui savent tout mieux que les autres. On ne risquait pas de s'entendre.

— Oui, je sens que j'ai su beaucoup de choses et que j'ai beaucoup étudié. J'ai enseigné aussi. Mais j'ai dû faire des bêtises avec tout ce savoir, me croyant probablement au-dessus de tout le monde. C'était mieux que je sois un peu bête jusqu'à maintenant.

Que la lumière soit ! Élémentaire, mon cher Watson ! Une fois le terrain déblayé, l'enjeu brille d'un éclat qui semble soudain aussi évident que le jour qui se lève. Comme cela semble simple… après ! Le lien karmique qui m'attachait à ma mère avait à faire avec la classique compétition de chefs, un rapport de forces fondé sur le besoin d'être reconnu dans son autorité.

Je savais au fond de moi que la dureté à laquelle elle faisait allusion renvoyait à celle que je manifestais souvent lorsque j'étais reliée à l'énergie-lumière. Je comprenais mieux pourquoi cette expression d'autorité, même rayonnante, me laissait insatisfaite. Elle me rappelait la difficulté de mes proches à exprimer leurs sentiments. Un miroir de la mienne. Ce handicap n'est-il pas le propre des sages installés sur les sommets froids de la lumière ?

J'avais bien fait de la choisir comme mère ! En passant par son corps, j'avais pour sûr augmenté mon capital bonté et reçu, en même temps que la vie, cet antidote aux abus du savoir. Mais dans la récente expression maternelle de mes fonctions pédagogiques, je voyais déjà pointer le spectre d'une bonté froide. Le spectre ! Un revenant... Oui ! La bonté n'empêchait pas la dureté. Je restais confondue. Malgré nos destins différents, nous nous ressemblions, ma mère et moi. Nous étions chacune à notre manière des petits chefs... des gurus !

Les jours suivants nous en parlâmes, elle et moi, à n'en plus finir. Nous commencions ensemble à voir les limites de la bonté. Elle ne garantissait pas l'amour humain. C'était la soif de le trouver qui nous avait rapprochées. L'impression qu'il pleuvait des bénédictions sur nos conversations me donna, comme à elle, le sentiment d'être entourée de présences réjouies. Le rapprochement de paix fait sourire les anges.

Retournant à la cuisine en quête d'un peu de fromage et d'un bout de pain, le mot *hitgachmout* me passe par la tête. Bâti sur le mot *gechem* qui veut dire pluie, il signifie réalisation en hébreu. Ce sont bien nos efforts soutenus par nos intentions qui creusent les sillons, me dis-je. Lorsque la grâce tombe, comme la pluie, elle suit forcément leurs tracés. Combien d'efforts m'a-t-il fallu pour préparer mon terrain ! Combien d'autres pour renouveler une relation dont nous sommes fières aujourd'hui ma mère et moi.

Laissant mon regard flotter sur les toits de Paris dorés par le couchant, je reviens à ce moment où j'ai commencé à percevoir que mon schéma réactionnel de passive-agressive s'arc-boutait de façon symétrique à celui de ma mère et des autres doux-tyrans comme je les appelle : ma sœur, Raphaèle, ma nièce, et bien d'autres plus tard. Pour la première fois, ces deux types de comportements me sont apparus aussi complémentaires qu'antagonistes.

Je pressens tout à coup que cette journée récapitulative sera un tournant dans mes relations à ces deux typologies d'humains. Passifs-agressifs, doux-tyrans : deux gestions du rêve impossible d'être ou d'avoir Tout. Même combat contre la nostalgie de l'ailleurs.

Où en suis-je avec eux ?

Passifs-agressifs, doux-tyrans. À leur seule évocation, mes symptômes sont réactivés. L'état contemplatif dans lequel je suis plongée depuis ce matin a tant dilaté mon cerveau que j'en ai oublié ma sinusite.

Réinstallée dans mon fauteuil, avec pain et fromage, je fais le point.

Je sais, pour m'être suffisamment analysée, que les passifs-agressifs, identifiés à leur manque d'estime d'eux-mêmes, n'osent imaginer leur impact sur autrui, sur le monde. Cela les obligerait à en assumer la responsabilité, à devenir adultes. Inconscients, incertains en tous cas, de leur pouvoir personnel, ils soulignent sans cesse leurs imperfections. Ainsi leur entourage ne peut se soustraire un seul instant au poids de leur sentiment d'impuissance. L'insatisfaction, la bouderie et le retrait – autant d'expressions de leur frustration – constituent leur mode de tyrannie. Comme Diogène sa lanterne, le passif porte haut sa plainte dans l'espoir de trouver celui ou celle que la misère affecte sans mesure. Quelqu'un qui véhicule suffisamment de culpabilité ontologique pour s'attacher à le rendre heureux. Un partenaire assez narcissique pour s'imaginer le distraire de sa solitude existentielle, le guérir de la coupure du naître en comblant son manque de

« Tout »... jusqu'au jour où le verdict tombe : mission impossible !

« Il s'est noyé dans un bain de miel », avait dit de Foster ma sage mère, après la rupture finale. Elle avait raison. Mais, elle, de son côté, n'avait pas su accompagner de son soutien la guérison de mon syndrome de sauveur, d'amoureuse fusionnelle, partenaire idéale des passifs-agressifs qui « prend tout trop à cœur », comme elle le répétait à tout bout de champ..., affectivement absente de ses belles compréhensions. Surtout pas de drame !

C'est là que j'ai commencé à repérer la manière des doux-tyrans de répondre à leur manque à être Tout. Plutôt l'absence, être rien que pas-tout, disent ces « émotionnels froids », autovaccinés contre le sentiment par la force du raisonnement.

Afin de contourner les lieux de peine, ceux-là, fâchés contre un dieu qui symbolise un pouvoir extérieur, un « dehors » aussi incontournable qu'un impératif catégorique dont ils sont irrémédiablement dépendants, nient l'impact des pressions extérieures sur eux. « Ce n'est rien. » « Ce n'est pas grave. » « Il ne se passe rien de si important. Relativisons ! » Du coup, ils n'ont pas à tenir compte de leur impact sur leur entourage. Ce qu'ils font à l'autre n'est jamais grave non plus ! Admettre qu'une autorité quelconque sur leur vie pourrait les déstabiliser, voire les charmer, les obligerait à reconnaître qu'ils sont, comme tout un chacun, le fruit de multiples influences qu'ils ont d'abord le devoir d'honorer. Vexés de ne pas s'être faits tout seuls, ils en deviennent ambigus dans leur désir d'être des gens de poids. Ils y renoncent publiquement, tout en rongeant secrètement leur frein. Cela rend leur modestie tyrannique, à la mesure d'une valeur d'eux-mêmes qu'ils craignent de soumettre à un œil exercé.

Du « je veux tout de l'autre » des passifs-agressifs au « je ne veux rien devoir à personne » des doux-tyrans.

Les premiers ont du mal, comme je l'ai eu longtemps, à engager leur responsabilité, à s'engager tout court, si ce n'est envers un malheureux à sauver. Un malheureux à la ressemblance d'un Dieu le père, qui ne s'en sort pas de ce monde cruel ! Attristés par leur impuissance à éradiquer le mal, ils s'intoxiquent à la plainte, s'enferment dans la nostalgie comme dans la matrice originelle dont ils n'auraient jamais dû sortir.

Les seconds, solitaires par peur d'une intimité révélatrice de leurs limites, font de la rétention de proximité : ils n'ont besoin de rien ni de personne. Mortifiés par l'humaine faillibilité de leurs parents, ils ne font plus confiance à personne pour répondre à leurs demandes. Certainement pas à un Dieu aussi tangiblement absent du monde ! Alors, autant ne pas avoir de désir... D'où une revendication obsessionnelle d'indépendance, enracinée dans le mépris d'un Dieu... d'un père décevant. Sans Dieu ni maître, est-il une autre place que celle d'une existence autonome, hors filiation, ou d'un renoncement dédaigneux à la puissance ? Des choix qui garantissent la frustration chronique ?

Au fond, me dis-je, aucun des deux ne s'est complètement remis de la perte du Tout. La colère contre Dieu des doux-tyrans exprime la nostalgie de l'ailleurs d'une manière plus virile que celle, plus larmoyante, des passifs-agressifs. Tristes chevaliers de l'impossible ou fiers solitaires, expressions d'un tempérament plus émotionnel ou plus cérébral face à une même cause. Cela, au moins, est devenu limpide en cette fin de journée récapitulative.

Fascinée par la compréhension en cours, j'en oublie d'avaler ma bouchée de pain. Je ferme les yeux. Aussitôt les images déferlent... La vision se précise... Écorchés vifs, intoxiqués au drame, les passifs ont toujours une histoire triste sous le coude, une récrimination en cours, un reproche à justifier, une trahison à décortiquer. Les doux-tyrans, eux, ne racontent jamais rien. Leurs « c'est la vie », « il n'y a pas à couper les cheveux en quatre » clôturent rapidement les dossiers en souffrance. Comme les écureuils qui ne retrouvent pas les endroits où ils ont caché leurs noisettes, ils ne savent même plus où ils ont mal. Pourvu que leurs chagrins passent inaperçus, qu'ils en oublient l'adresse ! C'est tout ce qu'ils souhaitent. Le pire serait d'avoir à demander de l'aide. Car leur allergie au besoin sous toutes ses formes, sauf celui de s'afficher autosuffisant, les contraint à se manifester comme non-désirants. C'est ainsi qu'en douceur, par simple absence de désir, ils obligent leur entourage à s'inquiéter d'eux, à les prendre en considération, sans qu'ils aient à les en remercier : ils n'ont rien demandé. Mais leur indépendance acharnée, l'indifférence évasive, altière, qui les rend insaisissables, les renvoie eux aussi à la solitude ontologique. Ils l'exorcisent par le déni, tandis que les passifs-agressifs comptent sur le misérabilisme. Mensonge ou mélancolie : deux façons de gérer le manque de Tout, le besoin incoercible de l'autre.

Le mélancolique est malade de la vérité.
L'hystérique est prisonnier du mensonge.
Sigmund Freud

Je repense à *La Prophétie des Andes* de James Redfield, que j'ai lue au Canada, à sa sortie. « Mes » passifs-agressifs sont finalement constitués de « ses » interrogateurs avec qui les plaintifs font la paire, en alternance de rôles. Tandis que ses intimidateurs et ses indifférents se répondent dans « mes » couples de doux-tyrans. Indifférent, intimidateur, plaintif ou interrogateur, à chacun sa manière d'attirer l'attention sur le chagrin de ne pouvoir être que « pas-tout ». Notre noyau dur psychique nous lie à une catégorie plutôt qu'une autre, non sans quelques bascules de l'une à l'autre à différentes phases de notre éducation sentimentale. Il n'y a faute nulle part. Juste des constats qui permettent de « remercier », de congédier le « petit tyran » qui protège nos cœurs du risque d'aimer… et de perdre.

Porteurs d'énergie masculine négative, qu'ils ont pour tâche de transformer en positif, les doux-tyrans, une gamme en mineur de la lignée des « persécuteurs », nous renvoient à notre relation au père, à la Loi. La pléiade des passifs-agressifs dérive, quant à elle, de la race des « victimes ». Elle décline le féminin en négatif, éclairant notre rapport à la mère, à l'Amour.

Sur la voie de l'amoureux, nous sommes tous assignés à l'accomplissement de ces deux polarités constitutives de l'être humain puisque *la promesse d'Amour ne peut s'accomplir sans la Loi*. En chemin, nos rencontres nous confrontent à ce qu'il reste en nous de négatif masculin et féminin. L'enjeu étant de nous amener à devenir une meilleure personne d'influence, une autorité juste… un bon « guru », un « père » bienfaisant, uni à une « mère » bienveillante, dans un mariage symbolique qui offre une fondation solide à l'édification de notre enfant intérieur.

Finalement, nous sommes tous des autorités blessées, des « gurus » masqués, assoiffés de reconnaissance, me dis-je en avalant la boulette de pain coincée dans ma joue. Je ris toute seule à cette idée si peu dans l'air du temps.

Médecin, coiffeur, chanteur… pas un métier qui ne permette d'être une autorité dans son domaine, quel qu'il soit. Le savoir-faire donne le poids. Mais c'est le savoir-être enraciné dans sa souveraineté propre qui éveille le maître d'art dans l'expert. Si, au lieu de ridiculiser les mentors, on formait en tous domaines des experts capables de trans-maître, en même temps qu'une discipline, le goût de trouver « son excellence » en la matière qu'ils enseignent, j'imagine que le monde s'en trouverait mieux.

Ne sommes-nous pas des « maîtres » d'autant plus pernicieux que nous refusons d'admettre l'impact que nous avons sur autrui ?

Cette pensée me ramène à ma mère et à notre séjour de réconciliation à Anvers. N'a-t-elle pas instantanément perdu de sa douce tyrannie dès lors qu'elle a admis sa peine d'être dépossédée de son savoir, de ne pas voir sa sagesse reconnue ? J'ai pu alors, de mon côté, exposer mes connaissances sans attendre d'être applaudie.

Dès l'instant où nous n'avons plus cherché à avoir raison... de l'autre, j'ai appris à apprécier les avantages de sa bonté, même « froide » et elle, à recevoir mon amour « trop » intense. Impossible d'en arriver là sans guérir la dimension maternelle de nos cœurs. J'en avais acquis la preuve durant ce voyage !

La tendre accolade qui rapprocha nos corps détendus sur le quai de la gare d'Anvers me confirma un incroyable paradoxe : la compétence d'approchement tactile marque la fin de la fusion.

On ne quitte vraiment sa mère qu'en la « touchant », m'étais-je dit en prenant ma place dans le train pour Paris. Bénie soit la séparation des corps qui fonde l'altérité et ouvre à la relation : cette gratitude à retardement pour ma venue au monde me tomba dessus au moment du départ. Elle mit fin pour moi à la plainte du sempiternel « traumatisme de la naissance ». Regardant ma mère s'éloigner doucement tandis que le train démarrait, je pensai qu'il n'était peut-être traumatisant qu'à la mesure d'une gestation sans conscience et, plus en amont, d'une conception marquée par un déficit d'intimité. La génétique de mon père et de ma mère ne leur avait pas permis de me léguer un bagage moins alourdi par la peur d'aimer et d'être aimée. Assumer en conscience de faire mieux en tant que parent spirituel, n'était-ce pas une manière de les honorer ? Mon choix de ne pas avoir d'enfants ne me dispensait pas de transmettre aux générations futures une énergie d'amour ancrée dans la Loi, qui leur permettrait de mieux s'approcher les uns des autres. Devenue, après cette semaine capitale, une meilleure « fille de ma mère », je laissai se détendre le pétale d'amour maternel froissé dans la rose de mon chakra cardiaque.

C'était bien une « fille » pacifiée qui faisait route vers l'ashram, aux côtés du « fils » guéri en elle. La fonction de guru m'offrait la possibilité de leur donner un « père » juste et une « mère » touchante. Une fois ce quatuor réuni, une belle musique de chambre naîtrait dans mon cœur. Au travail !

Le regard flottant sur le plat pays de Brel, je mesurai pour la première fois la chance d'avoir des élèves qui me faisaient l'honneur de me confier l'accompagnement de leur âme. Je ne ressentais plus aucune crispation à l'idée de les considérer désormais comme des apprentis-disciples, en chemin vers leur propre maîtrise, leur autorité personnelle.

Je pensai à ma mère, intellectuellement bloquée dans cette vie, le temps d'apprendre la bonté. Ne pouvais-je imaginer qu'à trente-cinq ans, j'en avais moi-même acquis suffisamment pour être déjà confrontée à l'épreuve de l'abus de pouvoir ? Dans nos valises karmiques se trouvent également les cadeaux, les « présents », venus de passés qui ont tenu leurs promesses… Vu la confiance que m'accordaient mes nombreux élèves, il y avait sûrement un fort potentiel de bonté dans les miennes. La logique initiatique devait aussi s'appliquer aux acquis positifs !

Certes ma mère avait tellement peur de l'intimité que son amour ne se manifestait pas au grand jour, mais sa générosité avait instillé dans le clan familial un antidote puissant aux actes sans merci. Il nous avait permis de ne jamais laisser nos ressentiments, même les plus violents, nous conduire à la rupture. Faire rougir l'autre nous faisait secrètement honte : notre sensibilité à l'humiliation posait une limite radicale au mal que nous pouvions lui faire. Je reconnus pour la première fois que, derrière la rudesse apparente des uns et des autres, la bonté constituait le capital légué par ma mère à notre famille. Bons malgré nous, nous étions tous des gentils inhibés qui pratiquions l'entraide… avec froideur, de leur côté, avec trop d'intensité, du mien. Préservés du pire, nous n'arrivions cependant pas à faire circuler entre nous l'amour, la chaleur qui ajoute le cœur à l'éthique. Mais j'étais bien heureuse d'avoir à reprocher à ma mère un excès de bonté, plutôt que de la malfaisance !

Avec cette pensée, je recueillais enfin l'héritage maternel.

Tandis que les plaines reverdies par la saison printanière défilaient sous mes yeux, un éclair de vérité sur ma façon d'aider mes élèves me tassa soudain sur la banquette. Depuis le départ du swami, n'étais-je pas en train de les aveugler de lucidité ? N'élevais-je pas au rang d'outil pédagogique mes agacements d'enseignante ? Je m'avouai ce qu'ils cachaient de condescendance envers les atermoiements, tergiversations et faux-fuyants de mes élèves. Je ne voyais que pathos et complaisance dans leurs retraits, alors qu'ils se protégeaient du rythme mercurien que je leur imposais. Et que dire des explosions de rage qui répondaient si souvent à leur absence de questionnement ? Le prêt-à-penser des passifs qu'ils étaient pour la plupart d'entre eux, déclenchait mon agressivité. C'était évident. Leurs réactions d'autodéfense, d'apitoiement sur eux-mêmes, provoquaient en moi des colères de « juste » outragé, inconnues jusqu'alors. Elles tissaient la co-dépendance propre au couple passif-agressif. Je ne voyais pas encore très bien, à l'époque, comment se répondaient et s'entre-influençaient nos énergies complémentaires, ni comment ce schéma entrait en résonance avec celui des doux-tyrans, mais j'en constatais déjà les effets négatifs.

À quelques kilomètres de Paris, la Honte pointa sur moi un doigt consterné. Le véritable sage n'est-il pas celui qui sait régler le curseur de son variateur de lumière avec respect et bienveillance pour ses interlocuteurs ? L'incapacité à le faire ne manifesterait-elle pas un subtil mépris pour les moins éveillés à leur souveraineté ? Une bonté juste et froide... celle-là même que je reprochais à ma mère.

Le mépris ! Est-ce le moteur commun à toutes les tyrannies ? La cause des manques de respect que nous nous sommes infligés les uns aux autres en famille ? D'accord ! Mea culpa... Après avoir bu l'amer breuvage du remords, je me secouai. Inutile de me complaire dans un état qui ne peut que transformer la contrition en une culpabilité aussi paralysante que la bonne conscience, me dis-je.

> *Ce stade, où la conscience du manque cesse de détruire son image de soi et d'amoindrir son énergie, mais où elle stimule l'homme et le pousse à s'élever, c'est cela le véritable Tikkoun.*
>
> Adin Steinsaltz

La meilleure chose à faire en retrouvant mes apprentis est de m'observer de près, et de faire confiance au processus qui permettra à ma bonté, la panacée qui guérit les passifs autant que les doux-tyrans, de dissoudre dans sa substance maternelle le mépris de l'humain. Celui-là même qui fonde les réactions agressives des premiers et l'indifférence cruelle, souvent misogyne, des seconds.

Le contrôle des passeports interrompit le cours de mes pensées. Le pincement de cœur qui ne manquait jamais au rendez-vous de ce rituel policier me collait instantanément une étoile jaune sur la poitrine. J'eus du mal à reprendre le fil.

Heureusement, je pourrai décortiquer tout cela avec Raphaèle à mon retour, me rassurai-je. Doux-tyran en voie de guérison, elle serait pour la passive-agressive enfin épinglée en moi, un interlocuteur d'autant plus exigeant qu'elle défendrait le camp du rebelle réfractaire à toute la mystique guru-disciple.

Nous irions « en Suisse » pour en parler. C'était le code que nous utilisions lorsque nos conversations s'approchaient de zones trop sensibles. Averties, nous revêtions bottes et bonnets pour affronter plus douillettement le froid de la vérité. Le pacte de neutralité signé, la charge émotionnelle de nos échanges se muait en « pourquoi » philosophiques. Quel était le « sujet » à débattre ? Cette interrogation allégeait nos débats du poids de mon égocentrisme gémissant et du sien, plus sec. Nous avions compris depuis longtemps qu'il était impossible d'être des amies proches sans la capacité de transformer une polémique en confrontations d'idées, non de personnes.

Nous savions le faire parce que nous admirions chacune la détermination de l'autre à s'approcher du vrai, sans craindre de froisser son ego en chemin. « Tu es la personne la plus honnête que je connaisse », me disait-elle souvent lorsque je quittais, sans me retourner, une position devenue caduque sous son éclairage. « Tu sais que je t'adore », était ma façon d'exprimer mon admiration, lorsque après avoir longuement ruminé dans son coin, elle en venait immanquablement à prendre acte des leçons tirées de nos débats houleux. Le courage de la vérité unie à la bonté ! C'étaient les clés contre la tyrannie.

Tant que je les garderai en main, sous le regard bienveillant et sans complaisance de Raphaèle, tout ira bien, me dis-je, me forçant à sourire aux deux élèves empesés de cérémonial qui m'attendaient à la gare du Nord.

Ramenant mon plateau à la cuisine, je m'arrête un instant devant le spectacle apaisant des lames grises, régulières, des toits de Paris.

Entre deux respirations profondes, je me revois, à mon retour à l'ashram, accrochée aux branches de mon Arbre de Vie, angoissée à l'idée de tomber dans les pièges de la tyrannie. Arrondir les angles de ma lucidité, ralentir le rythme des remises en questions, réduire l'intensité de ma voix, me demandait un effort colossal.

Chaque fois que je sentais la moutarde me monter au nez, je m'exhortais à la patience. Il fallait que j'arrive à maîtriser mon feu intérieur, beaucoup plus bouillonnant que sacré depuis qu'il s'appliquait à aimer mon prochain, de près. Profitant de la veillée qui nous réunissait après le dîner, j'entraînai mes élèves, comme par hasard, dans une étude de la région de Hésed, champ énergétique de la bonté dans l'Arbre de Vie.

« Le sentier 20 va de Hésed à Tiphéret, la sphère de l'altérité chaleureuse autant que lumineuse, le cœur de l'éthique. On l'arpente par la pratique des valeurs de Hésed : la bienveillance sous ses différentes formes, générosité, indulgence, compassion. Ces outils d'ingénieur des ponts et chaussées des voies spirituelles permettent de construire une des passerelles entre l'Un et l'autre. Cela dit, on ne peut pas se forcer à être bon. Comme toutes les vertus, la véritable bonté nous tombe dessus. C'est le cadeau de la grâce qui suit de nombreux efforts ! Se « vouloir » bon garantit une charité tyrannique, poursuivis-je, poussée par une inspiration soudaine. En revanche, on peut se forcer à pratiquer les valeurs qui préparent le terrain. L'énergie de la bonté est plus volontiers attirée vers une terre labourée d'attentions à l'autre.

« Encore faut-il bien différencier la bonté de la tolérance », m'entendis-je ajouter, surprise moi-même par l'évolution de mon discours. Celle-ci implique le caractère inférieur de ce que l'on tolère. Ne frise-t-on pas alors la condescendance, une expression feutrée du mépris ? » Formidable ! Je venais de comprendre pourquoi, lorsque je m'obligeais à la tolérance pour restreindre la violence de mes agacements, je n'obtenais qu'un passif recroquevillé ou un doux tyran vexé. La tolérance ne garantissait pas le respect de l'autre !

Je ne sais ce que mes élèves retirèrent de mon exposé mais, pour ma part, je quittai le satsang ce soir-là avec la certitude d'avoir été instruite en même temps que je leur parlais.

En me couchant, je récapitulai.

La nuance entre tolérance et indulgence est subtile, mais elle marque le seuil entre le refus et l'accueil de la différence. Si je voulais empêcher le dédain ou la démobilisation affective d'infiltrer ma bonté, je n'avais plus qu'à me le tenir pour dit et à rester solidement liée à la région de Hésed. Et ma foi, à force d'observer, les jours suivants, ce petit quelque chose qui différencie une charitable tolérance d'une véritable générosité, je finis par canaliser l'énergie de bienveillance qui la caractérise.

J'y parvins de plus en plus, et pour tout dire, éprouvai le plaisir divin de sentir mes interlocuteurs se détendre en ma présence. J'en devins plus douce, de cette douceur maternelle sans laquelle je ne pouvais espérer développer positivement mon yin, mon côté féminin. À cela s'ajoutait une vue distanciée, plus sereine, sur un mépris dont je n'arrivais toujours pas à saisir la racine. Telle une récompense céleste, mon sourire sacerdotal revint sur mes lèvres et avec lui un flot d'amour infini à répandre sur mon environnement. Plus confiants, mes élèves devenaient plus simples, et du coup plus questionneurs. Chacun y gagnait.

Depuis mon retour d'Anvers, ma mère téléphonait souvent. Cela me faisait du bien.

Elle finit par connaître presque tous les résidents de l'ashram avec lesquels elle s'entretenait au bout du fil. Ses fantasmes s'écroulaient. Mes apprentis disciples avaient l'air normaux. Eh non, maman ! ils n'étaient pas des demeurés, des paumés en quête de drogue spirituelle. Oui, ils travaillaient... architecte, documentaliste, assistante de direction, infirmière, enseignant... des métiers sérieux en plus. Et ils étaient polis de surcroît, bien élevés.

Finalement, elle accepta de venir voir !

La loi de résonance se confirmait. Le changement positif de l'un jouait bien sur les cordes sensibles de l'autre.

Pendant la semaine qu'elle passa, en bonne mère juive, le plus souvent aux fourneaux de l'ashram, elle nous régala de plats simples qu'elle savait, comme personne, rendre succulents. Sa shakti, sa quintessence d'être, s'était toujours manifestée dans la plus banale rondelle de concombre ou de tomate. Mes élèves ne s'y trompèrent pas. Ils insistèrent pour qu'elle leur prépare sa spécialité : le gefilte fisch, les boulettes de poisson moulu sucrées aux amandes.

Nous voilà donc parties elle et moi, dans le quartier de la rue des Rosiers, pour y faire les achats nécessaires. Tara, la responsable de la cuisine à l'ashram, nous accompagnait.

Ma mère retrouva avec émotion la rue du Bourg-Tibourg où elle avait habité en arrivant de Pologne, après la guerre. Plus à l'aise pour parler de *tout ça* à un tiers étranger à nos émotions, elle expliqua à Tara qu'à cette époque, elle était déjà enceinte de moi.

« Les organisations juives s'occupaient d'envoyer les survivants en Palestine, via Marseille d'où partaient les bateaux de réfugiés. En route pour Paris, j'ai rencontré le papa d'Aruna dans le train. Quand nous nous sommes arrêtés à Bad Noheim, en Allemagne, nous avons trouvé un rabbin qui nous a mariés. »

Enfant, j'adorais cette histoire. Ils ne pouvaient pas attendre. J'ai souvent imaginé ma mère dans ce train. Je l'entendais dire « oui », poussée par la force de vie et les intenses yeux noirs de mon père. Un oui vacillant entre la conviction et la peur. Un oui de survivante qui fonce en avant, comme je l'ai fait souvent, *les yeux grands fermés*, pour avoir moins peur. Dans mon sang coulait l'impatience enthousiaste de mon père, mêlée à celle, anxieuse, de ma mère.

Plusieurs fois cependant je lui avais fait remarquer que j'avais été ainsi conçue en territoire ennemi.

« Tu veux entendre la suite de l'histoire ou non ? » répliquait-elle systématiquement. Je répondais : « bien sûr », la jugeant un peu lâche, au passage, d'esquiver la contradiction.

Ce jour-là elle parla plus librement et j'entendis la vieille peine qui étranglait sa mémoire relâcher son emprise.

Elle raconta le temps où mon père, comme tant d'autres, parcourait ces mêmes rues dans l'espoir de retrouver quelqu'un qui serait revenu, quelqu'un qui aurait pu voir quelqu'un, quelque part. Qui raconterait la mort d'un proche qui pourrait être définitivement pleuré. Un visage porteur d'espoir, peut-être.

« C'est là que ton père a rencontré "Oncle Abish". »

Je fis comme si je ne le savais pas.

« Oncle Abish fréquentait la famille de mon mari en Pologne, poursuivit-elle à l'oreille d'une Tara accrochée à ses lèvres. Il était arrivé en France avant la guerre. Il avait eu la chance de ne pas être dénoncé par ses voisins. Il nous a proposé de le rejoindre à Metz où il habitait. Nous pourrions demeurer dans son appartement, trop grand pour le célibataire qu'il était encore à l'époque. Il avait un peu d'argent. J'aurais de bonnes conditions pour accoucher. Il aiderait mon mari à se faire une situation. La synagogue serait heureuse de l'avoir comme ministre officiant. Parce qu'il avait, comme son père et son grand-père, une si belle voix. »

Mon père n'était pas le genre d'homme à laisser passer un signe du destin. Bien que sa propre mère et ses sœurs survivantes l'attendissent en Palestine, ma mère n'était pas le genre de femme à discuter les choix de son époux. La décision allait de soi.

La terre promise avait changé de continent pour ma famille. Un mois plus tard, nous avions débarqué à Metz au lieu de prendre l'Exodus, comme prévu.

« J'aurais pu naître à Chypre et voir mon "débarquement" sur terre au cinéma, version Hollywood », dis-je en riant, afin de couper court aux émotions qui montaient… Un peu lâche, moi aussi.

À ma grande surprise, le gefilte fisch, qui demande un palais culturellement apprivoisé, connut un franc succès auprès de mes élèves, goys, non-juifs, en grande majorité. Même ceux d'obédience musulmane se régalèrent. Il y avait clairement du « déjà vu » hébreu chez la plupart d'entre eux. Leur enthousiasme gustatif libéra en eux la jovialité simple et débordante des sémites.

Ma mère, détendue, flattée, se sentit appréciée dans une excellence que beaucoup ne lui avaient pas reconnue jusqu'à présent dans la famille. Elle s'était souvent plainte d'avoir à écrire « sans profession » sur des documents officiels, alors qu'elle avait en charge toute sa maisonnée. Le métier n'est pas la tâche ! Elle commençait à s'en rendre compte, moins méprisante du coup envers la mienne. Accompagnatrice d'âmes ! Pas un métier non plus. Un travail proche pourtant, comme elle le constatait elle-même, de celui de mère de famille ! Et de père, également, avais-je renchéri pour souligner la responsabilité de chef qui s'ajoutait à celle d'éducatrice maternante.

En le lui disant à elle tout particulièrement, j'eus l'impression, ce jour-là, d'enfiler les mules d'une *mâ* Aruna, mère spirituelle, qui prenait enfin place aux côtés du *baba*, « père » en sanscrit, le guru masculin que j'avais été jusque-là.

Calée dans mon fauteuil, en cette fin d'après-midi parisienne éclairée d'un soleil déclinant, je regrette, après mon repas bâclé, le célèbre bouillon de poulet, pénicilline juive des connaisseurs, et les purées moelleuses, avec ou sans jaune d'œuf selon la gravité du mal, que ma mère proposait systématiquement en cas de douleur de toute nature. Pour elle, aucun chagrin ne pouvait résister à ces deux plats. Simples et savoureux, ils auraient été bienvenus en ce jour d'intense récapitulation. Rien que d'y penser, ils me font un câlin maternel.

Je note, avec un peu de dépit, que mon baromètre vital n'a pas atteint le niveau qui me permettrait de me gâter avec des petits plats cuisinés par moi-même. Je regrette d'autant plus d'avoir couvert ma mère de mépris pour sa tendance à faire de la nourriture la mesure du bonheur. « Il n'y a que les malades qui n'aiment pas manger », a-t-elle dit, si souvent, en jetant un regard de travers sur ma silhouette sans rondeurs, trop souvent pour que je ne fasse pas de mon poids plume un outil de provocation.

La bataille des kilos qui vise à libérer notre corps de la matrice qui nous a donné vie pipe forcément *les dés du désir*. Ne m'a-t-elle pas gardée dans une dépendance cellulaire au point de manger, même à distance, sous le regard de ma mère ? Jusqu'à ce fameux matin d'avril 1983.

Quel changement depuis ! Reste à me faire, de temps à autre, une bonne purée...

In fine, me dis-je, fadement rassasiée, notre rapport au plaisir est bien lié à nos mères. Pour ce qui est de la joie des filles... et des garçons, c'est elles qui tiennent les clés des réserves. « Quitter » la mienne, en honorant publiquement sa cuisine à l'ashram, avait marqué mon premier pas vers les formes corporelles moins ascétiques qui m'enrobent aujourd'hui.

Lorsque mes élèves, sans m'avoir prévenue, lui firent cadeau, la veille de son départ, d'un grand vase et d'un arbre qu'ils allaient symboliquement planter dans le jardin de l'ashram en remerciement de m'avoir mise au monde, elle eut, comme moi, du mal à retenir ses larmes.

La réconciliation, commencée par un effort de dialogue, s'accomplit dans une reconnaissance mutuelle d'autorité plus que par un pardon charitable. À chacun son talent, que l'autre doit respecter, apprécier, s'il veut s'en approcher. Ce fut ma leçon du jour.

Après la visite de ma mère, la routine sembla reprendre à l'ashram. Mais depuis les méditations matinales jusqu'aux satsangs, rien n'était plus pareil. J'avais changé d'état… d'esprit. La plupart de mes élèves aussi !

Je me mis à jongler habilement avec mon intellect d'universitaire d'un côté, mes nouvelles dispositions maternelles de l'autre, et la capacité d'organisation que je tenais de mon commerçant de père. Tout en rattrapant une balle qui parfois me glissait entre les doigts, je goûtais maintenant sans déchirement au bonheur de réfléchir autant qu'à celui de contempler. Je retrouvais aussi mes talents de thérapeute que j'avais négligés au nom du spirituel. Méprisés peut-être ? À quoi d'autre imputer le subtil mépris du prendre soin des âmes en peine, sinon à mes griefs contre ma mère ? Maintenant que nous étions deux individus différenciés, en communication, me revenait avec la force d'une habitude retrouvée le plaisir d'accompagner la guérison du cœur de mes apprentis, de panser, au passage, une de leurs blessures existentielles, d'adoucir un en-creux de solitude ontologique,

J'entrepris d'accueillir avec patience leurs litanies d'egos blessés, de bleus à la mémoire, tout en essayant de tarir leurs larmes à l'aide du savoir initiatique.

D'interrogations en confidences, de résistances en prises de conscience, les boîtes de Kleenex commencèrent à défiler à l'ashram à une cadence qui me faisait souvent dire, en guise de pirouette, que je regrettais de ne pas avoir d'actions dans le mouchoir. Au milieu de rires étouffés par les reniflements, je glissais le commentaire d'un texte de Steiner, une page des *Lois de la morale cosmique* d'Aïvanhov, une phrase du swami, du Don Juan de Castaneda ou de Mâ Ananda Moyi. Comme un rituel, certains ouvraient au hasard un recueil de poèmes taoïstes ou les *Récits hassidiques* de Martin Buber et autres livres d'âme de nos satsangs. Quelques lignes tenaient lieu d'oracle, de miroir à un questionnement particulier. L'interprétation de l'interpellé devenait pour lui source d'information, un moyen d'entrer en communication avec son subconscient. En référence à nos racines culturelles occidentales, je conseillai la lecture de certaines pages capitales de Freud, Dolto ou Lacan, l'étude d'au moins quelques concepts fondamentaux dans le *Vocabulaire de la psychanalyse* de Laplanche et Pontalis. Sollicitant le cerveau gauche de mes élèves, autant que le droit, je constatai que l'entendement qui s'ajoutait au ressenti dégonflait leurs ballons émotionnels.

Restaient les effets plus subtils des mémoires préverbales qui embrument l'âme, sans raison apparente, en deçà de toute explication.

Sur ce territoire muet de la souffrance, le langage du corps est maître. J'avais pu apprécier, à l'aide de B., mon analyste, et de Franz Veldman lui-même, fondateur de l'haptonomie, les bienfaits de mes retrouvailles avec mon corps de contact, celui qui dit le bien-être en silence. De tout ce que j'avais expérimenté dans le champ thérapeutique, je ne connaissais pas de pratique plus puissante que celle du toucher haptonomique pour réparer une sécurité de base, déjà perdue dans un ventre maternel qui n'a pas établi une communication harmonieuse avec le fœtus. Depuis que j'avais renoué les contacts physiques avec ma mère, mon corps avait lâché ses dernières tensions, celles qui reconduisent de façon sournoise l'angoisse de l'inceste. Il avait retrouvé la force du non, qui permet de dire oui. C'est donc tout naturellement qu'à partir de là je mis mes bras « dégénitalisés », pour reprendre un terme de Veldman, à disposition des besoins de « confirmation affective » de mes élèves.

Lorsqu'un trop grand nombre d'enfants blessés tendaient vers moi leurs bras éthériques, avides de consolation, j'avais à leur disposition un objet transitionnel, un nounours haptonomique que nous avions appelé d'un commun accord la posture de la prise.

Les plus malheureux du jour se collaient la tête sur mes genoux, les suivants trouvaient un creux de hanche ou de jambe et, de proche en proche, nous formions une chaîne de contacts humains sécurisés au rythme d'une respiration qui finissait par s'harmoniser. Sur un inspir-expir unifié, en phase avec la pulsation de l'univers, battement de cœur d'une mère universelle, les corps se détendaient, retrouvaient leur confiance dans la vie, dans l'autre. Au passage, les blessures dues au manque d'embrassades chastes que notre société occidentale renforce dramatiquement, trouvaient le temps de cicatriser.

Certains soirs, plus tristes encore, il arrivait que je prenne le temps d'aller border le gros chagrin d'un élève, de laisser un mot gentil à la porte de ses rêves.

Afin que personne n'oublie son moi souverain dans ce processus de soutien à l'enfant intérieur, je finissais toujours nos soirées par un rituel, des chants, qui ramenaient l'énergie-lumière dans l'ashram, comme un rappel au sens du sacré, une caresse du Tout sur nos têtes.

La symphonie qui se jouait dans la maisonnée entre métaphysique, développement personnel et quête initiatique, était de moins en moins en proie aux fausses notes. D'autant qu'il avait suffi de quelques règles initiatiques pour transformer notre vie collective en école de fraternité.

On est toujours deux pour un tango : pas de coupable unique dans la danse relationnelle.

On peut évaluer une situation sans jugement, critiquer sans blâmer.

Et le basique : ne fais pas à autrui ce que tu n'aimerais pas qu'on te fasse. Auquel nous avions ajouté : fais à autrui ce que tu aimerais qu'on fasse pour toi.

Grâce à ces quelques principes, il régnait à l'ashram un RMI du respect de l'autre qui tenait à distance les forces mortifères de l'égocentrisme et de la violence. De l'avantage du pacte d'altérité auquel nous avions tous implicitement souscrit, en consacrant notre vie communautaire à l'éveil de la conscience fraternelle.

Ce rapprochement entre l'Un et l'autre nous donnait l'avant-goût d'une société bâtie sur la fin du meurtre. D'un monde dans lequel on pouvait s'empailler, se détester même, sans se donner le droit de tuer. Au nom du *tu es* qui fixe l'autre comme un papillon mort dans son système de croyances en Dieu, Shiva, Allah ou lui-même, il n'est aucune « bonne » guerre.

Nous en étions convaincus et cela changeait tout à nos relations. Elles faisaient davantage place au cœur, à l'amitié.

Personne ne semblait regretter les formes plus austères ou révérencieuses de la traditionnelle relation guru-disciple. La plupart d'entre nous n'en étions que plus heureux de pouvoir passer l'été 1983 au congrès de maître O. Nous avions hâte de poursuivre l'enseignement de la science initiatique et de pratiquer, dans une communauté élargie, nos nouveaux talents fraternels.

Tandis que je faisais mes bagages, je me sentais, pour ma part, assez fière de moi et des résultats du Chalum. Je souhaitais m'en entretenir avec le maître le plus tôt possible. Dans cette perspective, j'emportai dans mon sac la brochure qui présentait la vie de notre ashram fraternel, ses activités et ses projets.

Je la glissai dans sa boîte aux lettres le jour même de mon arrivée.

ÉTÉ 1983. Étonnée tout d'abord de ne pas être invitée à un entretien privé, je finis par me persuader, forte de la règle du « qui ne dit mot consent », que je conduisais l'ashram dans la bonne direction.

Avec tous les gens qui lui demandaient des rendez-vous, le maître n'aurait pas perdu son temps à me faire des compliments. Chaque jour après les méditations matinales il ne manquait pas, d'ailleurs, de prendre acte de ma présence et de celle de ma tribu. Notre nombre et notre unité de ton nous laissaient difficilement passer inaperçus. Un sourire, un bonbon aux enfants du Chalum, un regard affectueux qui glissait dans ma direction... je notais ces signes comme un satisfecit.

Mon oreille restait cependant attentive à ce qui, dans ses conférences, pouvait devenir message personnel. Je finis par m'inquiéter de ses nombreuses invectives contre « tous ces pseudo initiés qui, avec deux ou trois connaissances, se prennent pour des maîtres, des gurus capables de guider les autres... vers les précipices ». Certes, il ne se tournait pas de mon côté durant ces envolées, mais tout de même ! Je ne croyais plus beaucoup au hasard depuis que j'étudiais la science initiatique. Alors ?

Peut-être avais-je commencé mon ascension vers les sommets de l'infatuation, ou pire, de l'orgueil, une façon certaine d'alimenter le mépris pour ceux qui restaient dans la plaine ? Le doute fit place à la certitude d'être interpellée lorsque, trois jours de suite, il raconta la blague du caporal qui s'approche du général pour lui demander du feu et qui, à la réponse cinglante de son supérieur outragé par tant de familiarité, rétorque : « Ben, si nous, entre chefs, on se chamaille, qu'est-ce que ça va être chez les simples soldats ? » Ne venais-je pas de découvrir que la classique compétition de chefs constituait l'enjeu principal de l'amour familial dans mon clan de naissance ? Vers quelle zone d'ombre le maître dirigeait-il son laser de sagesse ?

Pour exorciser tout soupçon de prétention égalitaire, je pris une grande décision. J'allais lui « remettre » mes postulants-disciples. Cela me préserverait de la tentation « d'avoir » des disciples. À l'aube du jour suivant, en chemin vers le rocher, je glissai ma lettre d'autosabotage dans sa boîte. Je gravis la colline avec le sentiment d'atteindre un pic de vertu.

Il me fit appeler l'après-midi même. Son « comme c'est gentil ce que vous me proposez » me donna l'impression d'avoir dix ans. Sur un ton plus sérieux, il ajouta d'une voix qui annonçait un dossier clos : « Ce sont vos disciples. C'est à vous de vous en occuper. » Sans transition, visiblement content de pouvoir passer à autre chose, il ajouta : « Vous avez toujours votre appartement à Paris ? Pourquoi ne le vendez-vous pas ? » Curieux échange métaphysique qui semblait indiquer que ma brochure était bonne pour les archives.

Vendre mon appartement ? Il n'avait certes plus beaucoup de raison d'être en tant que centre de yoga. Mes assistantes y avaient quelque temps donné des cours aux élèves qui rechignaient à venir à l'ashram, mais la plupart avaient fini par s'éloigner d'un chemin devenu trop oriental pour eux. Je n'y allais presque plus, mais l'idée de renoncer à un havre de paix proche de chez Raphaèle me pinçait le cœur.

Était-ce mon engagement de guru que le maître mettait à l'épreuve ? Sans ce refuge parisien toute marche arrière serait certainement plus difficile. Je pouvais toujours appeler Dana, la trésorière de l'association, et lui demander de mettre l'appartement sur le marché. En plein mois d'août et à un prix fort, il n'allait pas partir si vite !

Dix jours plus tard, je reçus les papiers à signer. La cliente souhaitait juste garder, si possible, mon lit et quelques petits meubles afin de pouvoir s'y installer aussitôt. Je lui laissai tout de mon passé, sauf la bibliothèque que je fis transférer à l'ashram, de même que le bureau sur lequel j'avais écrit ma thèse et une petite table bistro offerte par Clara, une amie du temps où j'étais imprésario des Duelles, le groupe musical de Raphaèle. Incrédule, la nouvelle propriétaire hérita d'un tableau de Weisbuch, « le » cadeau de Paul, premier de la série tragi-comique de mes amants passif-agressifs.

Aujourd'hui, caressant du regard les murs de mon petit studio de vingt-trois mètres carrés, je me dis que j'aurais apprécié mon trois-pièces à République. Et le Weisbuch aussi ! Un peintre que j'aime toujours. « On t'avait bien dit, maman et moi, de ne pas vendre. » C'est sur tous les tons que Stéphy me reproche encore aujourd'hui cette décision ! C'est si facile d'avoir raison après coup. Lorsque le chemin, accompli *grâce* à un choix d'hier, ne justifie plus aujourd'hui la même étape.

Une fois les documents signés et envoyés, j'eus l'impression à l'époque que le monde m'appartenait. L'immensité de mon devenir m'appelait. Le vent dans mon dos avait le goût de la liberté. Cette vente me permettait de tourner définitivement une page de mon livre de vie. Les ficelles karmiques ne se coupent pas forcément là où on s'y attend. On peut apurer un compte de bien des façons. Renoncer à un appartement ne me coûtait pas autant qu'une rupture affective. Si ce sacrifice me permettait d'accélérer la guérison de mon cœur, d'éviter des pertes plus lourdes à supporter, c'était tout bénéfice. D'autant plus que celui qui change de lieu change sa destinée, dit le Talmud : *Mechané makom, mechané mazal*. Combien de fois avais-je entendu ma réfugiée de mère le dire lorsqu'elle devait, une fois de plus, faire ses valises ?

Après mon arrachement à Metz, ma ville natale, mon installation en Israël à la mort de mon père, cette vente marquait pour moi un nouveau départ. Un tournant pour mon voyage d'âme. En ce temps-là je n'en étais pas consciente. Encore attachée à une croyance qui liait accomplissement spirituel et renoncement matériel, je pensais que le maître testait mon vœu de pauvreté. Toujours excessive, je pris la décision de lui offrir l'argent de la vente. Ce que je paraphai dans une belle lettre bourrée de bons sentiments.

Retour immédiat dans son jardin, dès réception de ma déclaration héroïque :

« Ah ! c'est bien, c'est bien que l'appartement soit vendu. Mais je ne veux pas de votre argent. Il est pour vous. » Prise à la gorge par une émotion incontrôlable, je dus me battre contre les larmes qui montaient. Combien de fois avais-je vu le swami refuser une donation accrochée à des motivations douteuses ? N'avais-je pas moi-même déjà refusé des dons quand d'instinct je sentais qu'ils allaient me coûter cher en dépendance ? Je savais trop bien qu'un cadeau attache le récipiendaire au donneur. Ce maître ne voulait donc pas créer un lien karmique avec moi ! En écho à ces noires pensées qu'il semblait lire comme dans un livre ouvert, il ajouta précipitamment : « Mais non, mais non, ce n'est pas comme vous pensez. Je reçois votre don. Il est dans mon cœur mais gardez l'argent, vous en aurez besoin plus tard. »

C'est une émotion plus grande qu'il me fallut alors maîtriser : le sentiment d'être reçue, via l'aura de ce maître, dans la fraternité invisible des sages de la lignée initiatique.

Troublée par l'intensité du moment, j'en oubliai de me demander pour quelles bonnes raisons, moi qui vivais maintenant de dons au sein d'une communauté, je pourrais avoir besoin de la somme que ma trésorière déposa le lendemain sur mon compte en banque.

À la fin de l'été, je profitai de l'esprit de la saison pour faire mes vendanges personnelles, ma récolte de vin nouveau. C'était le temps du triage et de l'engrangement. Ce qui était vrai dans la nature l'était aussi pour notre jardin intérieur. Il fallait arriver à l'équinoxe d'automne, expliquait Rudolph Steiner – une référence sur la voie de la connaissance –, avec une mise au point sur l'année écoulée. Ce qui permet d'ensemencer notre terre de nouvelles intentions, de voir poindre du neuf au printemps.

Cette année-là, la tyrannie du savoir, les abus d'autorité, constituèrent l'axe essentiel de ma récapitulation.

Les récents événements confirmaient ce que j'avais déjà pu constater maintes fois dans ma vie : je préférais la liberté aux possessions. Ne pas être achetable limite, dans un premier temps, les déviations du pouvoir. Ensuite, être seconde, faire le spectacle en vedette américaine, ne provoquait en moi aucun sentiment d'humiliation. J'aimais m'entourer de gens compétents dans leurs domaines. À preuve, les nombreux conférenciers de toutes voies, de toutes obédiences, qui étaient passés au centre de yoga et qui venaient maintenant à l'ashram. La rétention d'enseignements spirituels n'était pas mon fait ! Mon carnet d'adresses était toujours à disposition. À chacun sa tasse de thé. Quel intérêt pouvait-il y avoir à guider des élèves qui n'auraient que peu d'affinité avec mon parcours, mon style ? Je n'avais aucune difficulté à reconnaître qu'ils se trouveraient mieux sur d'autres routes. Par ailleurs, j'adorais apprendre, ce qui n'était possible qu'auprès d'un être plus savant que moi. J'aimais l'occasion que me donnait un supérieur en quelque domaine de savourer l'intelligence.

La déontologie qui découlait de cette reconnaissance hiérarchique me protégeait aussi des déviations sexuelles. J'avais assez souffert en tant qu'étudiante des dérapages de certains professeurs séducteurs, en manque de trophées, pour mettre mon point d'honneur à rester impeccable en ce domaine.

Ce n'était donc pas dans les trois grands classiques du pouvoir, de l'argent et du sexe qu'il fallait chercher l'origine de mes faiblesses de guru. Où donc se trouvait-elle ?

— *Dans le côté inquisiteur que tu éprouves à pénétrer de maïeutique ton entourage. Le plaisir émissif, masculin de la lucidité ne t'autorise pas à forcer l'intimité de ceux qui ne supportent souvent même pas de s'interroger tout seuls.*

La plate déclaration de la petite voix tomba comme un couperet. C'était donc, dans ma force interrogative, dans mon intensité questionnante que se faufilait la tyrannie. On a les défauts de ses qualités !

Je n'avais plus de guru pour me remettre en question. Comment m'empêcher d'avoir raison toute seule ?

— *En te connectant plus efficacement à la voix de tes guides invisibles. Tu ne nous entends qu'une fois sur dix. Ça ne fait pas beaucoup.*

Inutile d'en rajouter ! Je ne doute pas de mes limites dans la connaissance du « langage des oiseaux », avais-je rétorqué, bougonne.

Comment exercer mon oreille intérieure à l'écoute des directives de l'Intelligence cosmique, et mon œil à l'observation de ses signes ? Développer les capteurs subtils qui me permettraient de ressentir la présence du « patron » comme un feu vert, orange ou rouge ?

Lorsque Marie-Françoise et Rami, les deux élèves avec lesquels j'avais prévu de retourner à Paris en voiture, me proposèrent de préférer les routes secondaires à l'autoroute, la petite voix qui me souffla de partir à l'aventure n'eut aucun mal à me convaincre. C'était une bonne occasion de devenir plus active-réceptive. Cet aspect du féminin ne pouvait qu'équilibrer favorablement mon pouvoir de pénétration mentale.

— *N'apprend-on pas aussi en s'égarant ?* ajouta-t-elle encore sur un ton encourageant.

Elle me connaissait bien, la petite voix ! Je ne sais pas résister aux défis de la connaissance. C'était donc dit. Nous prendrions la route des écoliers.

Marie-Françoise et Rami, ravis de ce supplément de vacances en ma compagnie, prirent leurs dispositions pour se libérer. Nous connaissions notre date de départ, pas celle de notre arrivée !

Nous partîmes en début de matinée, au lendemain de la Saint-Michel.

L'oreille tendue, je fixais la carte de France déployée sur mes genoux. J'attendais un signe !

— *Passez par la Sainte-Baume*.

Si la voix lance aussi clairement ses messages tout au long du voyage, ce périple va être une partie de plaisir, me dis-je, annonçant fièrement à Rami la première étape de notre parcours : cap sur la Sainte-Baume !

Lorsque nous arrivâmes, le parking était désert, à l'exception d'un promeneur accompagné de son chien.

— Vous voulez sûrement aller à la grotte de Marie-Madeleine ? nous dit-il avant même que nous ayons proféré un mot. Mais elle est fermée en ce moment, ajouta-t-il aussitôt.

Cela expliquait peut-être l'absence de touristes.

— Vous pouvez quand même la voir. Je peux vous montrer un endroit d'où on l'aperçoit très bien.

L'invitation comme signe à suivre ? Pourquoi pas, pensai-je, non sans un petit sourire sceptique. Marie-Madeleine avait-elle réellement séjourné dans cette grotte ?

Le chien qui trottinait devant nous accéléra soudain l'allure sur le chemin escarpé dont il semblait connaître les moindres recoins. Près d'un kilomètre plus loin, au détour d'un sentier étroit bordé de ronces, il nous attendait.

— C'est là.

En effet, on voyait très bien la grotte de cet endroit. Le monsieur se mit à raconter, aussi intarissable et sûr de lui qu'un témoin oculaire de la fin de vie de Marie-Madeleine. Son ton ne laissait aucune place pour la légende.

— Elle a quitté la Palestine pour la France avec Marie, la sœur de Marthe, Marie Jacobé et Marie Salomé. Elles ont débarqué en Camargue, à l'endroit qui a été nommé en souvenir d'elles : les Saintes-Maries-de-la-Mer.

— *Ta prochaine étape*, dit en écho la petite voix.

L'emblème du Chalum, reproduit par Rami sur un panneau de bois, s'imposa aussitôt à mon regard intérieur… Marie, la mère de Jésus, avait inspiré à Franck la colombe bleu et blanc. On ne peut travailler pour la paix sans être relié à Marie, avait confirmé Cathy, se lançant dans des commentaires ésotériques que j'avais écoutés distraitement. L'oiseau symbolique voletait maintenant devant mes yeux sur fond de courbes dorées. Les collines de Jérusalem se superposèrent au paysage cher à Cézanne. Une émotion irraisonnée me prit à la gorge. Je n'avais qu'une hâte : reprendre la route vers les Saintes-Maries-de-la-Mer, où je n'étais encore jamais allée.

« Merci beaucoup, monsieur, d'avoir pris tout ce temps pour nous… C'était vraiment gentil de votre part de nous emmener ici… » : aucune de ces amorces de départ ne réussissait à le faire taire. Il parlait encore et encore, comme s'il était vital pour lui de nous convaincre du caractère sacré du lieu.

— J'aimerais arriver rapidement aux Saintes-Maries, finis-je par dire, à la surprise de mes élèves qui découvraient la prochaine étape.

— Ah ! c'est bien, c'est bien, rétorqua-t-il, soudain pressé. Partez vite. Vous n'aurez pas de mal à retrouver votre chemin. Je vais continuer un peu, dit-il.

Il appela son chien et s'éloigna, coupant court à nos remerciements d'un geste chaleureux qui ressemblait à une bénédiction.

Dans la voiture, je tentai de garder mon calme, mais j'étais aussi troublée que Marie-Françoise et Rami qui n'arrêtaient pas de s'extasier sur le caractère fantastique de la rencontre. Les voir confondre étrangeté et miracle me rendait nerveuse. Je me sentais devenir à leurs yeux une sorte de Merlin l'enchanteur, capable de produire des prodiges sur un claquement de doigts.

Le soleil de midi tapait encore fort sur le sable délicat des Saintes-Maries lorsque nous arrivâmes.

L'atmosphère était lourde. Mon silence réprobateur avait fait rentrer Rami et Marie-Françoise dans leur coquille. Ils ne savaient pas comment gérer ce type de situation. Moi non plus ! Assise au plus près des vagues, je tournoyais dans un remous d'émotions mêlées auxquelles je n'arrivais pas à donner sens. Seule était claire la perception d'une toute jeune femme de Nazareth, rêvant d'un monde d'amour. Marie-Myriam-Meriam… Mère universelle et douloureuse… Est-ce qu'un jour Jérusalem deviendrait la ville de paix à laquelle son nom l'assigne ? L'impression que, si je laissais couler mes larmes, elles ne s'arrêteraient plus me souleva d'un élan brusque.

— Allons déjeuner.

Où ? Cela m'était égal. En cet instant, tout m'était égal.

« Le restaurant de la plage – que l'on apercevait de loin – fera l'affaire », dis-je à mes élèves visiblement déçus de ce choix sans charme, au sens étymologique de privé de magie.

Je ruminai : pas étonnant que beaucoup de femmes, prises dans l'égrégore de mater dolorosa qui les intoxique depuis deux mille ans, aient tant de mal à se laisser aller au plaisir maternel... Je n'arrivais pas à penser à autre chose. La peine qui m'avait envahie sur la plage m'enferma dans une bouderie familière. Enfant, c'est déjà ainsi que j'exprimais ma colère contre un dieu cruel et injuste.

Heureusement qu'au dessert la petite voix reprit spontanément du service. Percevait-elle que je n'étais plus d'humeur à converser ? Elle se contenta d'un seul mot : *Mont-Ségur*.

— C'est où, Montségur ? demandai-je à Rami sans emballement.

Quel intérêt d'aller à Montségur ? Ah ! oui... les Cathares..., les Parfaits, Trencavel, Esclarmonde de Foix. Je forçai mes souvenirs d'école afin de ne pas avoir l'air trop ignare, mais honnêtement il ne me restait pas grand chose de cette page d'histoire.

Rami se lança alors dans une narration rocambolesque : du sang de Jésus crucifié aurait été recueilli dans un calice d'émeraude. Selon cette version christianisée de la quête du Graal, la coupe serait arrivée en France – avec les Maries ? – et aurait été enfouie quelque part dans les Pyrénées, probablement du côté de Montségur. En roulant bien, nous pourrions y arriver dans la soirée, dormir sur place et faire l'escalade de Montségur à la fraîche, ajouta-t-il en conclusion.

J'attendis quelques instants une confirmation vocale. Rien ne venant ni de l'intérieur ni de l'extérieur infirmer sa proposition, j'acquiesçai. Après tout, le « qui ne dit mot consent » valait probablement aussi pour les anges et autres messagers de l'Invisible.

Les Pyrénées : changement de paysage. Les yeux toujours rivés sur la carte, je me concentrai sur la « petite voix » afin de décider du meilleur chemin à prendre. Très claire au début, elle se fit plus rare à mesure que nous avancions. Mon appréhension de ne plus rien capter en augmentait d'autant plus. Près de Querigut, au beau milieu d'un petit village, elle s'arrêta net. Silence radio. Plus rien.

Désemparée je me demandai à quel saint me vouer. Saint-Christophe bien sûr ! Qu'avais-je à perdre à lui accorder une pensée ? Attendant l'aide providentielle du patron des voyageurs, je répondis « où tu veux » sur le ton excédé de celui qui n'a aucune réponse à disposition, aux insistants « où va-t-on ? » de Rami. Je n'étais pas Merlin l'enchanteur ! Qu'il se le tienne pour dit. Sous mon indignation pointait un brin de vexation. Mon ego s'était pris au jeu. Il transformait ma panne d'inspiration en échec personnel. Le fantasme de toute-puissance n'était pas loin.

Après que Rami eut fait trois fois le tour d'un rond-point, hésitant entre une route rapide et une autre plus touristique, je finis par lever les yeux de la carte.

— Tourne encore une fois. Je vais voir.

Voir ? Évidemment ! Pourquoi m'étais-je obstinée à entendre ? Je pouvais aussi considérer l'environnement comme signifiant. Mais voir quoi ? Mon regard balayant l'espace s'arrêta sur une pie. Pourquoi me sentis-je interpellée par ses mouvements ? Voletant d'arbre en arbre, elle se posa sur le bord d'une des routes. La tête repliée, elle regardait par-dessus son aile, comme pour vérifier qu'on suivait bien les mouvements de sa longue queue de chef d'orchestre.

Pi… 3,14… Pythagore… La quadrature du cercle… Plutôt que de tourner en rond plus longtemps, pourquoi ne pas tenir la pie pour un signe ? « Prenons cette route », dis-je à Rami, désignant celle sur laquelle la pie avançait en sautillant telle une flèche noir et blanc. À partir de là, je commençai à voir des pies partout. Comment ne les avais-je pas vues plus tôt ?

Le monde a la forme de ton regard.
Hubert Reeves

Comme la lumière qui revient dans une salle, à l'entracte, la citation m'arrache au Songe.

Deux ! On est aussi deux dans la communication avec l'Invisible, me dis-je en me levant pour faire chauffer de l'eau. Il me faudra bien toute une théière pour tenir le fil du sens jusqu'à la fin de ce voyage !

Quand le ciel s'anime, nous y sommes souvent pour quelque chose.
Publicité pour Eads,
compagnie aéronautique

Une citation en appelle une autre... Nous sommes effectivement pour quelque chose dans ce que nous attirons : sujet désirant, existant avec son bagage unique de culture, d'émotions, de points de vue qui changent le monde. Partie prenante du jeu de signes et signifiants nous-mêmes ! Je souris à cette idée qui nous pose comme texte à déchiffrer pour les autres : même les anges doivent avoir quelquefois du mal à nous décrypter !

Sur la route qui zigzaguait vers l'ashram, j'ai fait mienne cette vérité : nos univers existentiels varient en fonction des lunettes que nous chaussons pour lire les faits. Nous sommes co-créateurs du « langage des oiseaux », des messages reçus du cosmos. Ce qui fait signe pour l'un ne le fait pas forcément pour l'autre. La vérité dépend littéralement de notre état d'esprit. Un paradoxe qui rapproche la spiritualité de la science, le subjectif de l'objectif ! Une proximité effrayante autant pour les fondamentalistes religieux abrités derrière leur Dieu comme unique réponse, que pour les scientifiques fondamentalistes obnubilés par les preuves matérielles.

Le mot conscience n'assigne-t-il pas pourtant les uns comme les autres au rapprochement de la science et de la connaissance qui seul permettrait un élargissement de l'esprit humain ?

Tandis que je verse l'eau dans la théière, me revient la conversation que j'ai eue dernièrement avec une amie, psychanalyste de renom, que je n'avais pas revue depuis mon retour du Canada. Elle émettait des réserves sur une lecture spiritualiste du monde. Me connaissant, elle se doutait, ajouta-t-elle d'un ton aimable qui me fit du bien, que j'avais dû, pour ma part, me glisser dans les interstices de l'irrationnel.

— Effectivement, après mon détour par l'Inde, je travaille aujourd'hui à une approche plus scientifique du Réel, de l'Invisible, ai-je confirmé.

Là, elle a haussé un sourcil sceptique.

— Qu'a-t-elle de plus arbitraire que le décryptage de l'inconscient par exemple ? ai-je rétorqué à cet appel silencieux à l'argumentation. Quelqu'un est-il déjà tombé sur l'inconscient lors d'une dissection anatomique ?

Durant ce premier voyage d'étude du « langage des oiseaux », les pies s'élevèrent pour moi au rang de signifiant. Plus un carrefour important où une, sinon deux ou trois, manquât au rendez-vous. Cooptées comme signes, elles devenaient plus présentes. Chercher la pie devint un jeu. Le baromètre du plaisir remonta à toute vitesse dans notre véhicule.

Plus détendue, je retrouvai l'envie de communiquer. J'expliquai que dans les traditions chamaniques chaque humain possède un animal guide. Les mots me venaient tout seuls comme libérés d'une mémoire d'âme réactivée par les pies. Je décrivis la symbolique traditionnelle de certains animaux. Non ! Je ne savais pas exactement ce que représentait la pie. Tout ce que je peux dire c'est qu'elle s'empare de tout ce qui brille. Elle a tendance à planer assez bas, mais quelle élégance ! ajoutai-je pour me consoler de ce lien avec un animal totem qui liait le larcin et l'envol.

Épuisée par le travail d'observation, de déductions et d'émotions traversées, je remis à plus tard l'approfondissement de la symbolique de ma nouvelle compagne de voyage. Mon regard, un instant abandonné au paysage, saisit dans un flash les contours d'une auberge avenante.

Marche arrière, toute ! m'exclamai-je sans prendre le temps de penser.

La route était étroite. Il fallut rouler près de deux kilomètres avant de pouvoir manœuvrer. La bonne volonté de Rami mit cette rallonge sur le compte de mon intuition. Je la devais plus à ma fatigue nerveuse qu'au flair divinatoire. Le corps savait peut-être lire, lui aussi !

Une terrasse bordée d'une petite rivière. La patronne, accueillante, nous y prépara une table pour dîner. Les plats simples, savoureux, les chambres coquettes, finirent de convaincre Rami et Marie-Françoise que mon choix était inspiré.

Comme j'ai bien fait de suivre mon instinct, me dis-je le lendemain matin, fraîche et revigorée par une bonne nuit de sommeil. Le chant de la rivière accompagnait les croissants chauds et les croustillantes tartines beurrées qui nous attendaient sur la table entre café, thé et chocolat. Nous étions prêts à affronter l'aride Montségur.

Rien ne nous semblait plus naturel que d'être accompagnés de mes oiseaux. Sortie de la fascination, je les repérais avec un sourire entendu. Lorsqu'en écho à la présence d'une pie, je déclarais « par ici »,

« par-là », je remarquai bientôt qu'un petit scintillement dans l'espace apparaissait souvent à hauteur de mes yeux. Il prenait la forme d'une astérisque qui clignotait une fois, avant de disparaître. À force d'observation, j'acquis la conviction qu'il appuyait d'un coda lumineux la justesse de ma lecture. Je le vis s'allumer à plusieurs reprises, même en l'absence de pie ou de tout autre signe.

— *Il n'y a pas que des animaux-totems. Chaque être humain possède aussi deux ou trois signes-guides personnels. Tu viens d'en découvrir un à toi.*

Je notai avec plaisir le retour de la « petite voix ». Était-ce la forêt que nous traversions qui lui donnait une intonation de fée des bois ? Le sentiment de vibrer en harmonie avec la symphonie qui orchestrait la nature vivante fit danser mes sens. Nul besoin de fioles ni d'élixirs pour rendre la vie magique ici-bas. Déchiffrer les faits m'apparaissait, en tout cas, beaucoup plus simple et rationnel que je ne l'avais fantasmé.

Pendant la rude montée vers les ruines de Montségur, l'impression de marcher sur des strates de souvenirs alourdissait mes pas. Lorsque j'arrivai au sommet, ma bonne humeur avait rendu l'âme. Petit Poucet malheureux, je pestai contre mes poches alourdies de cailloux que j'aurais préféré ne pas retrouver en chemin. Heureusement que le soleil était de la partie.

Allongée sur la rocaille chaude, je me laissai flotter un long moment dans les mondes parallèles du temps. Il m'apparut vite que notre périple se déroulait sur plusieurs plans où passé et présent s'entremêlaient. Nous suivions des empreintes historiques gravées dans la terre de France, avec lesquelles j'étais en résonance.

— *De la même manière que les humains appartiennent à des familles biologiques, ils font partie de différentes familles d'esprit. Géographiquement parlant, tu n'es pas née par hasard en France plutôt qu'en Indonésie ou au Guatémala.*

Au-delà de l'apprentissage du « langage des oiseaux », ce voyage me révélait aussi mon héritage géo-culturel. Cela lui donnait soudain un caractère plus grave. Je m'engageai à lire, en rentrant, l'histoire des Cathares, sans oublier de regarder d'un peu plus près les légendes qui touchent au Graal. N'était-ce pas une obligation culturelle pour quelqu'un qui se réclame aujourd'hui de la quête initiatique ?

Nous reprîmes la route, accompagnés par les damoiselles en smoking. Je n'avais plus grand-chose à faire. Rami s'occupait de les suivre. Nous arrivions au cœur des Pyrénées. Tranquillisée, je m'imbibais de la beauté surprenante des paysages de France. Je n'avais encore jamais traversé ces régions.

Je somnolais quand Rami me fit remarquer qu'il ne savait plus où aller. Aucune pie, ajouta-t-il. J'eus beau me brancher à mon animal-totem, il s'était envolé. La voix restant muette, les signes absents, aucune de mes décisions n'allumant ma bonne étoile, je les pris de manière totalement arbitraire.

Rami, stoïque, eut droit à de nombreux zig-zags et quelques demi-tours. Au bout d'une heure de vagabondage non inspiré, mon ego dépité me donna le sentiment de perdre la face. Mon oreille, mieux exercée, « entendait » penser mes compagnons de route : « Au train où ça va, on n'est pas près d'arriver quelque part. » « Il faudrait penser à se rapprocher d'une ville pour être sûr de trouver un restaurant, en tous cas un endroit décent pour dormir. C'est pas ici, en pleine cambrousse qu'on va trouver ça. » Ils avaient raison. Je portai un regard suppliant sur l'horizon, en quête d'une pie charitable. Que nenni ! Rien, nada.

En écho à ma concentration, j'entendis Rami déclarer d'une voix neutre : « c'est incroyable le nombre d'aigles qu'on trouve dans cette région ». Mon plexus solaire ne fit qu'un tour. Que j'étais bête ! Bornée plutôt. Dans ce paysage imposant aux arbres altiers, les aigles avaient plus de chance de faire office de guide que les pies. Je levai le nez. À regarder à hauteur de pie, je n'avais pas vu les aigles prendre la relève.

En avant !

— Toi tu regardes bien la route, dis-je à Rami. Je m'occupe de te dire.

D'aigle en aigle, nous poursuivîmes notre chemin sans destination. Leur planante majesté emplit la voiture d'une sorte de tension métaphysique. L'âme en éveil, nous roulions en silence. La nuit tombait. Il fut bientôt impossible d'y voir clair. Nous étions toujours aussi loin du moindre lieu-dit. Les pensées dubitatives de Marie-Françoise se transformèrent en question ouverte : « Où va-t-on dormir ? »

« On peut toujours s'organiser dans la voiture », répondit Rami avec un air de boy-scout. Galant, il ajouta : « j'ai un sac de couchage. Je dormirai dehors ». Une fois dépassée l'heure coutumière du service de restauration, je commençai à m'inquiéter moi-même, lorsque j'aperçus loin au fond du bois obscur que nous longions depuis un moment, « mon » petit scintillement. Dans la même fraction de seconde, une pancarte attira mon attention : « Château de… ».

— C'est là que nous allons, dis-je, d'une voix faussement assurée.

— Cela va être fermé. C'est un truc à visiter. Il n'y a inscrit ni restauration ni hébergement.

— On y va quand même, insistai-je, après avoir vu mon étoile clignoter à nouveau avant de disparaître. Au pire, on aura fait quelques kilomètres pour rien. Après on avisera.

Le château avait l'air abandonné mais se trouvait flanqué d'une maisonnette éclairée. Je frappai à la porte, suivie de près par Rami transformé en chevalier servant. L'homme qui nous ouvrit avait un beau visage, raviné de sagesse. Je lui dis notre souci de trouver un gîte. J'avais déjà renoncé au dîner. Nous avions deux bouteilles d'eau, quelques fruits et des biscuits qui feraient l'affaire.

— Venez ! dit-il simplement.

Il nous fit entrer dans le château. Par un grand escalier, nous arrivâmes sur un palier bordé de chambres.

— Choisissez celles qui vous conviennent. Les lits sont faits. Nous devions recevoir un groupe qui a décommandé il y a quelques jours. Je vais voir avec ma femme, il doit bien rester quelque chose à manger.

— Nous venons avec vous, proposèrent Rami et Marie-Françoise.

— Bien volontiers. Mes jambes n'ont plus vingt ans, répondit-il en souriant.

— Vous êtes tout simplement formidable, dis-je, bouleversée par la bonté qui émanait de cet étranger dont l'hospitalité me rappelait celle de mon père.

En guise de réponse, il tapota mon bras et glissa : « Vous savez, vous n'êtes pas obligée de partir demain. Vous serez bien ici pour vous reposer. Il y a de belles promenades à faire dans le coin. La nature est belle. »

Nous restâmes trois jours, dans un bonheur étale, bénis par un temps doux et une ambiance aussi enchanteresse que la forêt proche pleine d'oiseaux. Nous ne savions pas traduire leurs chants, ni le sifflement du vent dans les arbres, mais nous sentions que la nature nous communiquait son énergie, peut-être un savoir qui s'engrammait dans nos corps subtils, en poste restante. Plus tard, certaines compréhensions émergeraient. Nous ne saurions jamais lesquelles, parmi elles, nous venaient des lutins et des fées de cette forêt.

En partant, je laissai à notre hôte un beau cristal de roche que j'avais sur moi. Après de chaleureuses accolades d'adieu, il resta sur le pas de la porte, la main levée en salut fraternel jusqu'à ce qu'il disparût de notre vue.

Il y a aussi des messagers, des anges, en habit d'humains.

Douce France, cher pays de mon enfance ! Qu'il est beau ce pays de ma naissance, ne cessai-je de me dire tout au long des routes d'Auvergne. Ah ! La Bourboule : nous y avions passé beaucoup d'étés quand j'étais petite. Je ne savais pas que c'était là. Et Vichy : nous y étions allés un été parce que mon père devait y faire une cure...

En quittant les Pyrénées, Rami avait fait remarquer que les aigles avaient disparu.

— Nous verrons encore un aigle avant d'arriver à Paris, avais-je affirmé du tac au tac, sans savoir d'où me venait cette certitude abracadabrante.

Entre-temps les pies étaient revenues...

— *Il est temps de rentrer neuve vers Paris*.

— Au moment où la petite voix murmura cette phrase à mon oreille, je notai un panneau : Nevers : 100 kilomètres... Compris !

— À Nevers, nous reprendrons l'autoroute pour rentrer directement à l'ashram.

— On ne risque plus de voir un aigle dans ce cas, bougonna Rami.

J'avais complètement oublié ma déclaration et je regrettai ce qui m'apparaissait maintenant comme une fanfaronnade. Encore une peau de banane de l'ego sur laquelle j'avais glissé.

— C'est comme ça. Il faut savoir renoncer aux miracles qui ne font que satisfaire un caprice. Allez, on rentre.

Arrivant à hauteur de Vézelay – dont la basilique est consacrée à Marie-Madeleine –, bercée par le soleil couchant, je remerciai intérieurement les voix, les pies, les aigles, et tout le monde Invisible de ce voyage en communication avec le livre de la nature vivante, en harmonie avec le chant de la terre. Rami conduisait avec légèreté. Le contentement baignait le silence qui nous reliait, lorsque *soudain surgie de nulle part*, une ombre couvrit la voiture sur la droite. Le temps de m'interroger, elle effleura le pare-brise. Surpris, Rami fit une légère embardée. Elle déploya des ailes dentelées à notre gauche, avant de se dissoudre dans un ciel rose et violine. Personne ne dit mot. Un cadeau de l'esprit de la tribu des Aigles ? Les larmes aux yeux, j'inclinai la tête devant le mystère.

Assise dans mon fauteuil parisien, mes yeux s'embuent au souvenir de cette odyssée.

Elle a reculé mes frontières de l'inconnu, posé les bases de mon approche sémantique et phénoménologique de cet *essentiel invisible pour les yeux* que depuis, comme le Petit Prince, j'apprivoise. Et comme lui, *je deviens responsable de ce que j'ai apprivoisé*.

Marie-Françoise et Rami, harcelés par les habitués de l'ashram, racontèrent notre voyage des dizaines de fois, dans les moindres détails. À les entendre s'empêtrer dans leurs interprétations, je me jurai de ne jamais abandonner ma rigueur analytique sur les sentiers de l'Invisible. Il est si facile de passer du fantastique au fantasmagorique !

Je posai quelques bémols sur leur exaltation. L'univers est un réseau de cordes affirment aujourd'hui certains astrophysiciens, leur rappelai-je. Pas une de nos pensées, pas un de nos sentiments ou gestes qui n'influe sur l'ensemble. Nos interprétations des signes participent forcément aux miracles. L'observateur modifie l'objet de son observation, affirme la physique quantique. Je citais pour les convaincre les livres de Rupert Sheldrake sur les champs morphiques, plus accessibles. Ils pouvaient y trouver des confirmations des lois spirituelles d'affinité, d'écho ou de choc en retour. Sous le double éclairage de la science tout court et de la science initiatique, on peut envisager que les miracles ne sont rien d'autre qu'un moment de parfaite collusion entre intentionnalité, pensée, imagination et lois cosmiques, leur dis-je en conclusion, les engageant une fois de plus à approfondir les lois de l'échange, à rester attentifs aux liens entre science et spiritualité. Cela leur éviterait de ressembler aux « inspirés » qui ne trouvent du sens qu'à la mesure de leurs sens. « C'est vrai qu'on ressent. Mais nos perceptions sont des signes au même titre que d'autres, expliquai-je. Encore faut-il être capable de les traduire. C'est la cohérence de nos traductions qui signe leur fiabilité. Il importe, de surcroît, que nos interlocuteurs puissent avoir accès à notre "dictionnaire" de référence : notre grille de lecture. Si l'on n'inscrit pas sa sensibilité dans un raisonnement, sinon vérifiable, du moins logique, on devient vite tyrannique. Que répondre à quelqu'un qui vous dit : c'est ainsi, puisque je le sens ? Pour devenir un expert en matière invisible, il faut un grand savoir », conclus-je, les exhortant, comme le faisait ma mère avec moi, à pratiquer leur sitzt fleisch, leur chair d'assise : étudier !

Malgré tout, la magie de ce périple à travers ma France oubliée pénétra le cœur de mes élèves ouverts à *l'essentiel*.

J'en récoltai des bénéfices secondaires inattendus : beaucoup parmi eux commencèrent à me donner le sentiment agréable qu'ils n'auraient échangé leur place avec personne. Par moments, je sentais leur gratitude m'inonder, accompagnée d'un petit quelque chose de plus : de l'amour ?.... Ce voyage m'avait changée moi aussi !

À force de lire les signes ou d'entendre les voix, j'étais devenue meilleure kabbaliste. Autrement dit, quelqu'un qui a « des oreilles pour entendre » et « des yeux pour voir ». Ma réceptivité, modalité féminine d'être, s'était développée. Elle me permettait maintenant de capter les signaux d'affection que masquaient souvent leurs excès de zèle.

Le plaisir de me sentir aimée et non seulement admirée, faisait fondre ma vieille cuirasse d'enseignante identifiée à sa fonction. Mon anniversaire approchait. L'ambiance était aux surprises préparées en cachette. Je me promis de les accueillir en oubliant de donner une leçon de sagesse en guise de remerciement ou, pire, une leçon tout court.

En contact avec le ciel, bien dans mes chaussures, tranquille avec mon pouvoir, l'âme à fleur de peau, je me sentais au sommet du monde, admirée et aimée, et... cela me faisait tout bêtement plaisir ! L'ashram attirait de plus en plus de chercheurs et d'enseignants honorés, disaient-ils, de venir y donner des conférences. Des annexes s'ouvraient en divers endroits.

Papa et maman ayant, par ailleurs, trouvé leurs places distinctes dans mon cœur, je me réjouissais de la relation qui s'établissait entre mes pensées et mes sentiments. Ils s'approchaient, communiquaient, s'amadouaient. Il leur arrivait même d'esquisser un joyeux pas de deux. Ce rapport qui s'établissait entre eux réparait l'histoire de mes parents. Malgré leurs manquements, mon devoir filial consistait à enrichir leur héritage en l'augmentant de mon estime et de mon appréciation pour le fruit de leur union : moi ! Sans eux, et en dépit de tout, je n'aurais pas été là ! Je n'aurais pas eu cette occasion privilégiée d'apprendre à mieux aimer, à me laisser aimer.

Ouvrir à toujours plus d'amour chacun des pétales de notre « rose cardiaque » : n'est-ce pas la meilleure façon de réparer notre lignée familiale ?

Ce voyage en terre de France avait nettement augmenté mon plaisir d'être incarnée. Il arrivait même que, par instants, ouvrant mes volets sur la beauté de la terre, mon enfant intérieur « bien élevé » fonde littéralement d'amour pour ses parents biologiques. Je regardais le jour se lever avec enthousiasme. J'avais guéri de ma naissance.

J'étais passée de la réparation à l'amour filial. La nostalgie de l'ailleurs en perdait de son pouvoir mélancolique. Que demander de plus ?

— *La purification de tes canaux de communication.*

La purification de mes canaux de communication ! C'est bien ce qu'une voix, nettement plus virile que celles dont j'avais eu l'habitude jusqu'alors, m'assena pendant quelques jours. À chaque fois, son ton solennel un peu aride me donnait des frissons. L'impression de me trouver face à une autorité hiératique, décisionnaire, me rendit nerveuse. Plutôt que de m'avouer que j'étais impressionnée et de m'interroger sur ces fameux canaux, je préférai l'ignorer. La voix avait dû se tromper de ligne. Ce n'est pas à moi, jeune apprentie en communication cosmique, qu'elle s'adressait. Je n'avais jamais été encline aux jeûnes, rituels trop astreignants et autres ascèses purificatrices. En guise de pratiques, méditer et étudier me suffisaient amplement. Le timbre de « la voix » laissait entendre que le messager appartenait aux régions de la rigueur et de la discipline.

Le hasard prit le relais. En ouvrant un livre de R. Steiner, je « tombai » sur un texte où il commentait les anciennes pratiques de silence en vigueur dans l'école de Pythagore. Le swami ne m'avait-il pas expliqué un jour l'importance du « mouna », le terme hindou pour désigner la sadhana, l'exercice de silence que s'impose un disciple lorsqu'il veut purifier son chakra de la gorge, le lieu d'expression de sa pensée ? Il ne suffisait pas de capter des inspirations divines, encore fallait-il pouvoir les articuler avec le moins de déperdition possible, avait-il ajouté, tandis que je pensais déjà à autre chose. Bavarde, comme mon animal-totem, me taire ne me « parlait » vraiment pas !

— *Il faut purifier tes canaux de communication.*

Au bout de la cinquième redite, je finis par promettre d'y penser… dès que j'aurais le temps.

Je devais partir pour un de mes nombreux déplacements vers l'ouest de la France. Marie-Françoise avait organisé un cycle d'études avec ses élèves de yoga à Nantes et Rami, à Lorient.

J'aimais le temps passé, avec eux et d'autres, à rouler sur des kilomètres et des kilomètres. Prise dans le mouvement ronronnant de la voiture, je devenais particulièrement réceptive aux voix intérieures. Nous roulions vers Nantes quand celle, devenue familière, de mon « chef cosmique », comme je l'avais surnommé, me rappela à ma promesse de m'engager dans une ascèse de silence. Pourquoi pas ? À mon retour.

Une pensée désagréable me traversa l'esprit : et si mes conférences et les discours que je tenais en permanence à mes élèves n'étaient que des exutoires ? Depuis que je n'avais plus personne à qui parler de ma vie intérieure, j'étais peut-être plus frustrée que je ne voulais l'admettre.

Il faut voir les choses comme elles sont, lançai-je à l'univers : je vais avoir 36 ans dans une quinzaine de jours, je ne bois pas, je ne fume pas, je suis chaste comme une image. Et il faudrait en plus que je me taise !

Pour m'assurer de ne plus être dérangée par la « voix » jusqu'à mon retour, je décidai de mettre mon oreille intérieure aux abonnés absents.

Le matin du 8 novembre, j'eus l'impression d'être réveillée par un tremblement de terre. J'ouvris les yeux. Tout avait l'air normal dans la pièce. J'ai dû faire un mauvais rêve, me dis-je, surprise de me sentir un peu assommée, comme si j'avais reçu un léger coup sur la tête. À peine levée, je me retrouvai plaquée au sol avec l'air idiot de celui qui ne sait pas comment il est arrivé là. Je cherchai alentour une explication.

L'ambiance paisible de la chambre ne justifiait en rien le sentiment de panique qui montait en moi.

— *Sois belle et tais-toi…*

Le brin d'humour qui teintait la voix austère de mon « chef cosmique » finit de me rassurer. Trouvant mon écoute fermée, il avait pris contact de manière un peu plus rude. C'était aussi simple que cela.

— *Maintenant. Tu commences maintenant, tout de suite.*

Ça va, j'ai entendu.

Comment allais-je faire ? Je n'eus pas le temps d'y penser. Marie-Françoise frappait à la porte. J'allais dire : entrez.

— *Maintenant.*

Je me levai. J'ouvris la porte. Sur un signe de mains, je fis attendre Marie-Françoise. Mon mouna avait commencé, me donnant l'impression de rechausser de vieilles pantoufles. L'idée me vint d'une petite tricherie. Je pris une feuille et griffonnai : « J'ai commencé une ascèse de silence. Tu peux me demander ce que tu veux. Je répondrai par écrit. »

Le « chef » souriait. Je pouvais écrire… communiquer. Ce n'était pas une retraite qui m'était demandée, mais une communication sans paroles. Cela donnait un côté ludique à mon ascèse, qui transforma la « non-volontaire » que j'étais en engagée volontaire.

— Combien de temps vais-je devoir me taire ? lui demandai-je intérieurement.

— *Tu auras un signe le temps venu.*

« Peux-tu me trouver une ardoise ? Merci », ai-je ajouté sur mon bout de papier à l'intention de Marie-Françoise.

C'était parti…

Lorsque tu arrives au sommet de la montagne, continue à grimper.

koan zen

Ce fut une expérience. Inoubliable, pour moi et mon entourage. Avec mon inséparable petite ardoise, je continuai à enseigner. Mon silence et la lenteur du processus obligeaient mes élèves à une clarté impeccable dans leurs questions. Moi, à une concision dans mes réponses. Signes de mains, mimiques... communiquer devenait un jeu. Les enfants s'amusaient beaucoup à m'imiter. Faire du bruit était devenu moins intéressant pour eux que de trouver les gestes qui leur permettaient de « parler » avec moi en silence. Qui allait deviner le premier ce que l'autre essayait de dire ? Dans le miroir cocasse qu'ils me présentaient, je vis réapparaître mon enfant-clown. Celui qui sait rire avec la vie, grave sans être sérieux, hautement concentré comme sait l'être un enfant, même quand il s'amuse. Mon clown intérieur pouvait certainement renouveler la lignée traditionnelle des gurus ! Sa joie enfantine équilibrait celle, plus austère, que je trouvais dans ma demeure du silence. Paradoxe d'une ascèse qui m'ouvrait les portes de la légèreté, d'un sacerdoce amusé et amusant. J'avais une nouvelle soupape à disposition pour mon énergie vitale en expansion. C'est à cette intensité implosive que j'avais tenté d'échapper en multipliant conférences et prêches à mon entourage, les mois précédents. La prise de conscience venait toute seule, dans le rire.

Mon clown empêcherait dorénavant mon feu, aussi sacré fût-il, de me consumer. Il me sauverait du sérieux, qui pourrit le bonheur intérieur, autant que du côté pontifiant dont les sages spirituels ne sont pas à l'abri. Je présentai de plates excuses à mon « chef cosmique. » Je comprenais enfin pourquoi il m'avait poussée à purifier mes « canaux de communication ».

Mes méditations entretenaient les passages entre l'esprit, source d'inspiration, et mon intellect. Mais j'avais oublié les canaux entre le cerveau et le cœur. Si ceux-là n'étaient pas purifiés, ma parole, aussi inspirée fût-elle, ne se communiquerait pas au cœur de mes interlocuteurs. Elle resterait cérébrale. Intense, elle n'en serait pas moins cérémonieuse, voire dogmatique.

Je repensai aux grands éclats de rire du swami, à l'humour enfantin de maître O. : « Il faut avoir un sage vieillard dans la tête, mais toujours un enfant dans le cœur », disait-il. Et que dire du visage riant du Dalaï-Lama sur certaines photos…

La route est encore longue, pensai-je, si je veux faire partie de la confrérie des sages rieurs. Mais j'ai trouvé mon clown intérieur. Comme mime, il a un potentiel certain. Saurai-je lui faire une place dans la parole ?

Je commençais à me demander combien de temps il me faudrait encore rester silencieuse pour le savoir, lorsque je fis un rêve.

J'étais enceinte et j'allais accoucher. Le moment venu, je partais pour la ville de Saint-Quentin et je mettais au monde un beau bébé. Je ne sus pas traduire immédiatement cette manifestation nocturne du « langage des oiseaux ». Trois jours plus tard, à la méditation matinale, la lumière fut. Dans la recherche intérieure, il ne suffisait pas de récupérer sa souveraineté d'être. Il fallait qu'elle advienne dans une parole libérée de ses modèles, de ses imitations, de ses contraintes intérieures, autant que des pressions extérieures du plaire et du séduire.

Comme une gestation, ce temps de silence qui avait enjambé, tel un pont, la date de mon anniversaire, me conduisait à une naissance de moi-même comme sujet parlant. L'accouchement devait avoir lieu à Saint-Quentin.

Saint-Quentin – Cinquante et un… Je me précipitai sur le calendrier. J'avais commencé le 8 novembre… cinquante et un jours plus tard… j'arrivais au

29 décembre : le jour anniversaire de la naissance du swami. Il me restait sept jours avant de rouvrir la bouche. Une manière d'honorer un être qui avait tellement compté dans ma vie, en me reconnaissant sujet libre de ma propre parole.

Les jours suivants, je tendis l'oreille. J'avais appris qu'il fallait toujours attendre deux signes avant de prendre une décision fondée sur une interprétation du « langage des oiseaux ». Le 27 décembre je reçus une lettre de maître O. C'était la seconde en quatre ans. Elle ne répondait à aucun courrier. Il me demandait si je pouvais venir début janvier le retrouver dans son centre pour quelques jours. Il voulait me parler « DE VIVE VOIX ».

Le 29 décembre, j'inaugurai ma nouvelle voix : « rien ne doit être détruit, mais seulement transformé ». C'était l'esprit dans lequel je voulais aller de l'avant, forte d'une parole reliée à mes sources, ouverte aux anges et autres messagers de l'Invisible, tout en restant mienne.

En cette Saint-Jean 2001, émue de voir tous ces fragments de mon passé s'imbriquer dans le puzzle de la cohérence, je sens monter la joie.

Peut-être n'ai je pas trop mal réussi, après toutes ces années, à planter ma souveraineté d'être dans le jardin de la parole ? Je sais mieux, en tout cas, me situer dans un dialogue avec des réponses plutôt qu'avec des réactions, me taire plutôt que me battre, lorsque mon éthique personnelle donne de l'urticaire à un interlocuteur. Accueillir avec un sourire tranquille les passifs-agressifs taiseux qui croisent aujourd'hui ma route, et parler aux doux-tyrans de la pluie et du beau temps.

N'est-ce pas déjà beaucoup, dans un monde où le refus de communiquer et la puissance des armes tiennent souvent lieu de parole ?

« Rien ne doit être détruit, mais seulement transformé. » À partir de ces mots qui m'étaient spontanément venus après mes cinquante et un jours de silence, j'eus envie de reprendre à ma façon les pratiques traditionnelles de mon itinéraire spirituel.

Ma mère, lors de son séjour à l'ashram, avait allumé les bougies de Shabbat. Tous les vendredis soir, à la lueur des flammes du chandelier, je repris le flambeau, bénissant à mon tour le pain et le vin... en robe orange. La table devint rapidement trop petite pour accueillir tous ceux qui désiraient partager la joyeuse liturgie des chants juifs ponctuant le repas festif de la semaine.

Inspirés par cette façon d'intégrer mes sources religieuses, beaucoup proposèrent aux veillées du soir un chant coutumier à leurs églises. Très vite, c'est dans une atmosphère œcuménique où psaumes hébraïques, musulmans, chrétiens, bouddhistes se répondaient, qu'elles se terminaient, nous laissant en paix avec des pratiques qui, sans satisfaire aujourd'hui nos âmes, n'en avaient pas moins planté ici-bas nos racines célestes.

La joie qui se lisait sur les visages des participants me prouva, une fois de plus, que seul ce qui est honoré est intégré, donc véritablement « quitté » sans violence. Je les incitai à nommer les valeurs de leur tradition qui les avaient enrichis et celles qu'ils ne souhaitaient plus reconduire pour les générations futures. Ce triage conscient empêche vos innovations de s'alimenter au reniement, leur dis-je, heureuse d'avoir moi-même évité cet écueil.

À la suite de quoi, je passai toutes mes attaches culturelles à la moulinette du hiddouch, du renouveau.

Je commençai par le côté thérapeutique du développement personnel, demandant à Raphaèle d'organiser des ateliers de théâtre à l'ashram. Elle accepta. Sa façon à elle de me manifester son amitié au cœur de ma vie communautaire.

Dénichant avec un flair inspiré les rôles qui convenaient au potentiel de chacun de mes élèves, elle les amena à inscrire dans leur subconscient de nouvelles images d'eux-mêmes. Elle faisait confiance à la puissance formatrice de l'imagination pour réparer leurs manques d'estime et de valeur de soi. Imagination ! Ce mot n'est-il pas en résonance sémantique avec magie, mage ? En prendre conscience m'émerveilla. Après tout, nous sommes tous des mages..., blancs ou noirs, en fonction des régions où se promène notre imagination. Vu les têtes qui émergeaient des stages de Raphaèle, il était évident que sa façon de travailler conduisait mes ouailles vers davantage de clarté.

Théâtre solaire ! Le nom s'imposa à nous. C'était bien l'art que Raphaèle explorait, en s'appuyant sur une créativité en quête de lumière. Il devait, disait-elle, permettre aux participants de retrouver leur pouvoir personnel à travers la compréhension d'un personnage, d'un caractère fort, en correspondance avec le leur, plutôt que de se perdre dans les dédales lunaires du subconscient.

Dans le même temps, je transformai ma pratique de hatha-yoga, afin de rafraîchir des postures que nous avions longtemps pratiquées ensemble. La jubilation des sens qui accompagnait une classique salutation au soleil rythmée par de la musique salsa ajoutait beaucoup de swing et de rires à l'intériorisation. Notre bon vieux hatha-yoga devenait lui aussi un yoga solaire !

Cette approche créative fonctionnait à merveille. Mes élèves devenaient plus solides, moins plaintifs. J'en profitai pour les rendre attentifs à ce qu'il y avait d'initiatique dans cette façon d'aborder le développement personnel. Elle complète l'analyse par la synthèse qui, seule, permet d'assimiler les prises de conscience, expliquais-je cette année-là sur tous les tons.

La thérapie participe certes de la quête de sens, et inversement, mais elles ne se confondent pas. Pour ne pas s'égarer dans sa quête, on a besoin d'une bonne carte routière, d'une grille de lecture analytique, mais aussi d'une créativité imaginative, capable de rêver son devenir. Il est important de retrouver le pouvoir du Rêve que nous avions enfants, si nous voulons passer de la compréhension intellectuelle à la mutation cellulaire. Par la pensée on conçoit un nouvel aiguillage, mais c'est notre imagination qui forge les rails. Ou bien, pour prendre l'image du plat de lentilles, l'analyse permet de trier, de jeter les petits cailloux nuisibles à l'organisme. Sans l'entendement on avalerait n'importe quoi. Mais ensuite, c'est le corps qui assimile nos idées, nos bonnes intentions. Cette cuisine cellulaire ne se fait pas sans l'imagination. De la même manière qu'au théâtre l'acteur doit se fondre dans son personnage, l'imagination nous permet de nous identifier à ce que nous voulons devenir ou obtenir… comme si c'était déjà fait. Ne devenons-nous pas ce que nous mangeons ? Il en va de même pour nos nouveaux comportements.

Si nous voulons qu'ils alimentent de sang neuf les arbres de vie que nous sommes, il nous faut être imaginatifs, devenir artistes de nous-mêmes. C'est par la créativité que nous transformons notre existence en voyage initiatique.

Que de chants et de danses cette année-là. Que d'heures d'étude aussi... en artistes solaires.

Pour intégrer l'astrologie, et non seulement la comprendre intellectuellement, je proposai de travailler avec les planètes, une semaine durant, dans un esprit plus alchimique que psychologique.

Nous commençâmes le lundi avec la lune, le régent planétaire du jour. La veille nous l'avions étudiée. Avant le sommeil, il était convenu que chacun se brancherait aux qualités propres à la planète, de façon à dormir dessus, et de laisser en quelque sorte le subconscient entrer en résonance avec son énergie pendant la nuit. Le lendemain, chacun s'habillait dans les tonalités de la couleur correspondante. Les violets de la lune, lundi ; les rouges de mars, mardi, jaunes de mercure, mercredi, bleus de jupiter, jeudi, verts de vénus, vendredi, indigos de saturne, samedi. Le dimanche, après une traversée de l'arc-en-ciel, l'ashram s'éclaboussa d'orangés solaires. Vivre l'astrologie pendant sept jours, dans une dimension énergétique au lieu de la réduire aux horoscopes, confirma pour chacun ce que maître O. enseignait. « Les planètes influent, mais ne déterminent pas. » Grâce à une utilisation bien comprise des couleurs, expliquait-il, on peut contrecarrer une mauvaise ambiance, renforcer une qualité, et même transformer son destin en destinée.

Le dynamisme qui baigna l'ashram le jour du rouge, n'eut besoin d'aucune démonstration pour prouver que cette couleur augmentait la force, voire l'audace. Chacun se rendit compte par lui-même qu'il était important d'apprendre à canaliser sa puissance s'il ne voulait pas être dépassé par sa propre violence.

Je profitai de cette semaine pour reprendre l'idée géniale d'Arnold Keyserling développée dans *Le Jeu de la pensée* : chaque individu représente toute la roue du zodiaque. À s'identifier à son signe, à son thème, disait-il souvent, on se fixe, sans devenir, comme un papillon mort sur un tableau. Il avait inventé pour chaque signe une série de questions qui stimulaient la créativité personnelle. Nous passions les soirées à y répondre. Cela permettait à chacun de transformer l'aspect négatif qu'il projetait sur le Bélier, le Taureau, etc. et d'en renforcer en lui par l'imagination l'aspect positif. Combien de fois, durant cette semaine, remerciai-je Arnold d'avoir ancré ma route spirituelle, au tout début, dans la philosophie taoïste du devenir !

En vertu de la loi cosmique qui postule que « tout est au commencement », je pris conscience à ce moment-là que, dès mes 20 ans, grâce à lui, j'étais déjà solidement amarrée à ma filiation de talmudistes questionneurs. Mon passage par l'Inde, quant à lui, avait rallumé le feu sacré de mes racines hassidiques, la branche mystique de mes ancêtres. Mes aïeux pouvaient reposer en paix. J'honorais une branche de ma lignée autant que l'autre.

Le bonheur de grimper avec mes apprentis vers de nouveaux sommets de la connaissance galvanisait ma propre imagination.

Chaque jour, j'arrivais avec des idées de pratiques nouvelles. J'en oubliais de m'agacer contre leur manque d'initiative. Leur enthousiasme unanime me faisait oublier leur docilité suspecte. Ne m'auraient-ils pas suivie en enfer avec le même enthousiasme ?

Aveuglée par l'élan d'invention qui baignait l'ashram, trop heureuse de constater que les obstacles du parcours n'arrivaient plus à ternir mon plaisir, que mon moi plaintif et mécontent s'effondrait, j'ignorai le danger.

La représentation publique du théâtre solaire prévue pour la mi-juin connut un succès inattendu. Face à la force, la beauté, la drôlerie qui se dégageait des Ondine, Madame Marguerite, Ruy Blas, etc., beaucoup de parents, comme ma mère, déposèrent en cette belle journée d'été leurs fantasmes de lavage de cerveau, de secte et autres projections sur le choix de leur progéniture à vivre dans un ashram. Ils pouvaient en visiter les coins et recoins : les portes étaient ouvertes. Ils découvrirent une communauté conviviale, aussi moderne et rassurante que cette swami féminine, charmante, qui bavardait sans cérémonial avec eux. J'avais pour l'occasion laissé ma robe orange au vestiaire, comme cela m'arrivait de plus en plus souvent. J'exultais, fière comme une mère dont les petits ont décroché le prix d'excellence. Je bénissais Raphaèle, d'autant plus que la manière légère avec laquelle elle m'aidait à rebâtir les confiances en soi chancelantes avait contribué à réduire la consommation de Kleenex à l'ashram.

Personne n'eut envie de partir. La soirée se prolongea autour d'un buffet abondant tard dans la nuit. Je reconnaissais dans l'air la petite musique de l'amour familial qui annonce le rapprochement entre parents et enfants. J'anticipais le processus qui allait conduire mes élèves vers cette ouverture filiale du cœur dont les images me donnaient envie de pleurer… de joie.

C'est en guru comblée, fière de moi, que j'arrivai, cet été 1984, au congrès de maître O.

— *Pourquoi ne partiriez-vous pas au Canada ?*

La voix forte de maître O. fait soudain vibrer l'écran du Songe, l'éclabousse de blancheur : celle de sa barbe, de ses cheveux, de son vêtement, d'un soleil provençal blanc à en être aveuglant.

C'était mon premier rendez-vous de l'été 1984. Il m'avait fait appeler dès mon arrivée au domaine, début juillet. Sans le moindre préambule, comme une fausse interrogation, il lança cette drôle d'idée sur un ton tellement anodin que tout d'abord je ne le pris pas au sérieux. Mais il répéta :

Pourquoi ne partiriez-vous pas au Canada, vous y seriez plus tranquille ?

Au Canada ? Et pourquoi pas au Japon ou au Venezuela ? Je restai la bouche ouverte. Qu'est-ce que j'irais faire au Canada moi qui, à l'ashram, me voyais devenir une sorte de Mère Teresa de la guérison du cœur... Certes, je serais plus tranquille sans charge d'âmes, mais en avais-je envie ? Je crois que je commençais à aimer le sentiment de sainteté que me procurait la guérison de ma fibre maternelle. Ma manière de couver mes élèves me donnait l'impression d'avoir eu des enfants... non ! pas toute ma vie. Je n'en avais pas de biologiques... mais avant... encore une vieille histoire.

Je finis par balbutier quelque chose comme : et l'ashram ? Et mes élèves ? Qui va s'en occuper ?

— Si vous restez, vos disciples vous boiront jusqu'à la dernière goutte de votre sang, répondit-il d'une voix qu'il tentait de rendre aussi neutre que possible.

Mes apprentis-sages, si gentils, dévoués, fidèles ? Impossible, disait mon visage défait.

— Et si vous attendez de la gratitude, ajouta-t-il sur le ton de celui qui pose les faits tels qu'ils sont, sans prendre parti, vous allez être bien déçue.

Était-ce parce qu'il avait cette idée en tête qu'il avait ignoré le beau projet d'acquisition d'une propriété pour y installer l'ashram ? Je le lui avais envoyé deux mois plus tôt, au Canada, où il se trouvait précisément. M'avait-il suggéré de vendre mon appartement parisien en pré-vision d'un passage aussi radical au Nouveau Monde ? N'exagérait-il pas en mettant l'Atlantique entre mes élèves et moi, pour me préserver ? De quoi ?

Flashes. Images. Traces.

Janvier 1986 : la traversée de l'Atlantique à la rencontre de l'étranger, d'autant plus étranger qu'il va falloir l'affronter en anglais et dans le froid canadien. Mon arrivée à Toronto avec Stéphy, Eli, Talia et Rocco, le chat. La neige apathique qui oblitère les trois quarts de la porte vitrée du *basement*, l'appartement en sous-sol que Stéphy et Eli ont gracieusement mis à ma disposition dans la maison qu'ils ont louée pour eux. Moins vingt degrés au thermomètre. L'exil. La séparation de l'ashram et de mes élèves. Le médecin que j'avais vu deux mois avant de partir parce que je vomissais tout ce que j'avalais. « Chagrin d'amour », avait-il diagnostiqué en me recommandant de manger pendant quelques jours des toasts et du chocolat. Il contient du magnésium et surtout de la théobromine qui a un effet bénéfique sur la tristesse, d'autant plus que le mot signifie étymologiquement la nourriture des dieux. C'est pourquoi beaucoup de gens ont des fringales de chocolat quand ils dépriment, avait-il ajouté.

Comme le public pour Barbara, j'avais alors compris que mes compagnons de route composaient une de mes plus *belles histoires d'amour*. Je n'avais plus qu'une envie : les consoler. Ce sevrage de leur guide leur était nécessaire autant qu'à moi, si nous voulions réussir à transformer la traditionnelle relation guru-disciple en amitié spirituelle. *You have got a friend* : vous avez une amie, leur avais-je assuré en leur concoctant un vidéoclip sur les paroles de Carole King, en guise de cadeau d'adieu. Non ! D'au revoir. Kleenex trempés. Tristesse des départs.

Après la convivialité communautaire, la solitude en compagnie de ma famille biologique. Faire les courses, la cuisine, et surtout m'acheter une voiture pour ne pas rester plus longtemps dépendante de Stéphy et d'Eli. Trouver des amis, au moins des contacts humains pour que les heures soient moins longues. Où ? Comment ?

Puis les trois années de métro-boulot-dodo, encadrées par les horaires d'ouverture et de fermeture du magasin de décoration, façade du luxe à la française, dont j'ai été le manager avec Stéphy et Eli. L'importance d'un dollar manquant qui m'obligeait à refaire la caisse jusqu'à équilibrer recettes et ventes. La convivialité neutre avec une clientèle indifférente. L'apprentissage d'une nouvelle langue, le « small talk », l'art de la petite conversation ou du parler pour ne rien dire, ou presque. La désagréable découverte de rentrer le soir, bien trop fatiguée pour penser à autre chose qu'à regarder une idiotie à la télévision, à zapper la centaine de chaînes avec un plateau-repas sur les genoux.

Lorsque, pris dans la tourmente économique, il nous a fallu fermer boutique, les plaies qui suppuraient entre Stéphy et moi depuis notre arrivée à Toronto saignaient ouvertement. Nous ne nous parlions quasiment plus. Ma mère déprimait d'avoir à inviter l'une pour un dîner de shabbat et l'autre, la semaine suivante. Un lourd nuage obscurcissait mon amitié avec Allan, le propriétaire du magasin en faillite.

Confrontée au poids de l'existence, du bruit et de l'argent, je n'arrivais plus à garder la tête au ciel, tandis que je pleurais souvent sur ce sol indien de l'Ouest enraciné dans la matière, où j'étais venue apprendre à vivre les pieds sur terre. Et par-dessus tout ça... Foster ! Une rencontre auréolée par la magie des coïncidences. Retour à la vie amoureuse. Dix ans après Richard. La certitude grandissante que Foster souhaitait une relation à la hauteur d'âme dont je rêvais. Son émotion quand il avoua qu'il voulait vaincre les démons qui l'empêchaient de devenir l'homme souverain qu'il savait vivre en lui. La main que je posais avec douceur sur la sienne pour lui exprimer ma foi dans cette image annoncée du meilleur de lui-même. Le Rêve qui nous envahit quand il me prit dans ses bras. Tendus vers le ciel comme deux prières enlacées, exorcisant l'erreur, la souffrance et les déceptions passées, c'est dans une terreur silencieusement partagée que nous avons accueilli l'évidence d'un couple béni du ciel. La sagesse pourtant de prendre le temps de faire plus ample connaissance avant de faire l'amour. Mes retrouvailles avec une sexualité mise entre parenthèses depuis Richard. Tous les efforts, les bonnes intentions mises au service d'un couple décidé à réussir. Et puis la chute, lente, cruelle, ponctuée de remontées exaltées, de bassesses rationalisées. L'espoir renouvelé. La fureur qui, lentement, a pris possession de moi...

L'écran s'embue d'une émotion qui me porte directement au foie. Elle ne s'y attarde pas : depuis la maladie auto-immune qui a failli me coûter la vie après la rupture avec Foster, je ne laisse plus *les raisins de la colère* intoxiquer cet organe fragilisé. Je tente une grande respiration. Elle reste suspendue à la réalité chagrine des musiques inachevées.

Décidément, chaque fois que j'arrive à ce sacré Canada, « ça » bloque. Ma tension monte. Mon thymus entre en ébullition. Les non-dits participeraient-ils aux dérèglements de cette glande liée à l'immunité, carrefour mystérieux entre affectif et parole dont on sait si peu de choses ? L'angoisse me monte à la gorge.

Un cliché force le brouillard où baigne le Canada. Des visages... ceux de Marie-Françoise et d'Yves, un autre de mes élèves, venus me rendre visite à Toronto pendant dix jours l'été 1992. Ils répondaient à une invitation ciblée : finir d'épurer notre ancienne relation de guru-disciple dans les vigoureuses énergies du continent américain, afin d'en accélérer le renouvellement. Poussins piaillant d'enthousiasme à l'idée de retrouver leur bercail spirituel, ils ont eu la surprise, à l'arrivée, de découvrir leur guru transformée en femme moderne. Ils me voyaient pour la première fois au volant d'une voiture. « C'est avec plaisir que je vous emmènerai aux chutes du Niagara. Je ne m'en lasse pas. Mais il faudra attendre le week-end car je travaille... Eh ! non, je ne serai pas tout le temps à la maison. Mais je pourrai me libérer quelques après-midi. » Plus de mère-poule. Les « enfants » n'avaient-ils pas grandi ? Ils voulaient, de leur côté, me le prouver, tout en me désirant inconsciemment « comme avant », acquise à leurs besoins affectifs, leur habitude d'être devinés, tenus par la main, voire portés à bout de bras pour passer un obstacle. Le clash a été aussi puissant qu'inattendu. Ils ont dû prendre acte de l'immensité de leur passivité. Moi, de ma violence insoupçonnée. Celle d'une mère devenant mauvaise parce qu'elle ne sait plus comment se défaire d'enfants accrochés à ses basques.

Dix jours plus tard, j'aurais embrassé les roues de l'avion qui les ramenait en France.

Aujourd'hui, l'idée que cette mégère serait le versant négatif de la trop bonne mère qui m'habite me serre le cœur. J'ai toujours été en excès, et non en manque, d'énergie maternelle ! J'en avale de travers ma gorgée de thé. Voilà l'évidence où me conduit ma récapitulation. Moi qui me suis toujours considérée comme un garçon manqué... une pure intellectuelle ! Au fond, mon homme intérieur, mon fort versant masculin, m'a protégée dans ma jeunesse. Il a attendu que je sois capable d'ajuster mes talents maternels avant de les laisser pointer le bout de leur nez. À l'inverse exactement de ma mère, qui a dû attendre d'être bonne pour retrouver la puissance de sa pensée.

Lorsque le disciple est prêt, le maître arrive, dit la tradition. Dans la quête initiatique, pas d'épreuve sans préparation aux examens !

Mon rôle de guru a dégagé du refoulé la bonne mère qui m'habitait. La relation avec Foster a ensuite servi de révélateur à son trop-plein de sollicitude qui empêchait la femme en moi d'émerger de son coquillage, aussi tranquillement nue que la Vénus de Botticelli. Indispensables rendez-vous qui ont épuré mon féminin négatif. Ma vision se trouble complètement lorsque je tente de jeter un regard sur le tunnel qu'il m'a fallu traverser avec Foster. Deux fois née aux forceps... à mon arrivée sur terre, et comme femme...

Marie-Françoise et Yves n'étaient que le premier temps d'une épreuve de guérison déterminante de mes relations aux passifs-agressifs. Foster avait tenu l'épreuve de réalité entre ses mains. Quand je pense que dix ans ont passé et que malgré mes tentatives de réconciliation, beaucoup d'élèves pris dans ma tourmente canadienne, restent brouillés avec moi.

Brumes obscures. Je n'arrive même plus à me souvenir si Foster était alors en voyage d'affaires ou éloigné par un de nos premiers malentendus, un mois à peine après le solstice d'été 1992... notre première nuit.

Mon soupir embrase plus fort mes sinus. Heureusement, avec ma sœur et Eli, cela s'est arrangé. Dans un monde où le fratricide prévaut sur le fraternel, n'est-il pas littéralement insensé de maintenir des éloignements d'egos offensés, des conflits de riches ? Comment oser s'indigner sur les impasses de « la » situation mondiale lorsqu'on est incapable de dialoguer avec des non-ennemis ? Je n'ai jamais revu Marie-Françoise. D'autres, dont Rami, ont choisi, à mon retour du Canada, de s'éloigner sans se retourner. J'ai rencontré un jour par hasard Astrid à qui j'avais laissé, à mon départ, la responsabilité de l'ashram. Nous avons pris un café, amorcé un début de mise au clair. Nous nous sommes quittées des larmes d'amour aux yeux. Elle a promis d'appeler. Elle ne l'a jamais fait, me laissant le cœur chagrin.

Nul besoin de mon tensiomètre pour mesurer la grimpette des chiffres de mes systoles et diastoles. Leur en voudrais-je encore ? Je me suis tellement protégée de leurs récriminations muettes que je n'arrive même plus à le savoir. Par bonheur, Yves a su résister aux secousses canadiennes et revenir à mes côtés.

Il faudrait que je m'attelle à tout cela. Mais mon énergie contemplative bute sur un mur dégoulinant de sentiments d'injustice et d'humiliation qui pervertissent les informations. Mon pouls s'emballe. Je reconnais à ce symptôme de tachycardie le ressenti qui peine à trouver les mots pour se dire. J'ai beau me détendre, me mettre en état d'acceptance, je ne vois plus rien. Je n'arrive pas à revenir sur cette nuit noire de mon âme au Canada. C'était sans doute le prix à payer pour qu'un pont s'élabore entre ma prêtrise en robe orange et celle, sans étiquette, d'aujourd'hui, entre la « mère universelle » et la femme moderne, entre l'Un et l'autre. Je sais bien qu'en faire les comptes liquiderait mes sinusites. Je sais aussi que si je commence, je vais devoir traverser la négativité passée. La sentir à nouveau !

Sous mon crâne, les brûlures de l'amour déçu, frustré, inexprimé, cuisent de plus belle. Je me souviendrai de cette Saint-Jean ! Impossible de poursuivre. J'ai besoin de parler, de jacasser plutôt. Pie bavarde, je sais d'expérience que c'est la meilleure manière de libérer ma pression.

Commençons par rebrancher mon téléphone. Ouvrons la porte au monde extérieur. J'en profite pour mettre un peu d'ordre dans la cuisine. Il équilibrera le chaos qui me ballote intérieurement. Au refrain du journal télévisé qui monte d'une fenêtre voisine, je note qu'il est vingt heures. Je ne peux pas appeler Marie, la journaliste devenue mon amie à la suite de l'interview qu'elle m'a accordée à la sortie de mon premier livre, il y a trois ans. Elle est en studio. Je pourrais rappeler Raphaèle.

À tâter mon envie, je constate qu'elle n'est toujours pas au rendez-vous. Son « peut-être » d'il y a trois jours n'est pas encore digéré. Il appartient à ses vieux clichés de réserve prêts à ressurgir. Je ferais mieux d'attendre qu'elle manifeste son désir de bavarder.

— *Tout est au commencement, mais aussi aux recommencements*, acquiesce la petite voix entre deux sifflements de mes narines.

C'est confirmé, je ne l'appelle pas. Dans une heure, je téléphonerai à Marie.

Réinstallée entre les bras du gros fauteuil, la tête lourde, les brouilles et brouillards canadiens me font repenser à l'éloignement de Raphaèle. Dix-huit mois. Jamais elle ne s'était repliée aussi longtemps sur elle-même.

Je me souviens du réveillon d'après la tempête de 1999.

La veille, dans un ultime espoir de clarification, je lui avais clairement dit ce que je pensais de ses invitations indirectes. Elle n'y pouvait rien, avait-elle répondu. Comme d'habitude, c'était ma vieille susceptibilité, mon manque de confiance maladif dans les humains en général, en elle en particulier, qui était en cause. Aussi assurés que soient ses arguments, j'avais fermement tenu ma position. J'avais certes ma part de rancune boudeuse propre aux passifs-agressifs dans la situation, mais elle devait reconnaître la sienne, celle des doux-tyrans qui bardent leur mal-être d'indifférence, dans l'espoir d'esquiver le poids de leur condition humaine. La seule chose à laquelle ils échappent, c'est à leur responsabilité envers autrui, avais-je fini par dire, sans agressivité. C'est ma conviction personnelle. Tu as la tienne. Mais ton malheur actuel ne t'autorise pas à me gommer !

C'était bien la première fois que je m'affirmais sans me plaindre, que je me donnais de l'importance sans me sentir coupable. En raccrochant, je lui ai confirmé mon intention de ne pas passer le réveillon chez elle.

Plutôt seule qu'en compagnie de son manque d'enthousiasme. Cette décision a planté dans le terreau du nouveau millénaire la graine d'une solitude positive : non pas une demande indirecte d'amour, mais une distance qui laisse à l'autre la place de son désir, sans perdre le sien.

J'ai passé le réveillon 2000 joyeusement seule, consciente de poser un baume sur la blessure de la séparation du naître, autant que de la perte du paradis, du « Tout ». Dans les interstices de la tour Eiffel dentelée d'éclats lumineux sur toute sa hauteur, j'ai vu scintiller mon nouveau Jardin. Aussi beau qu'elle, il était en parfaite résonance avec le passage du millénaire du un au deux. Unifiée en dedans, j'étais prête à danser en couple, à condition d'avoir face à moi un autre désirant, un amoureux de la vie, du partage.

L'intime conviction que l'angoisse d'abandon ne me pousserait plus jamais à poursuivre l'autre d'un désir anxieux a été le plus beau cadeau du premier matin de l'an 2000.

Le lendemain, très symboliquement, je n'ai pris l'initiative d'aucun coup de téléphone. J'ai noté les noms de ceux qui m'avaient appelée. À la fin de la journée, j'ai pu contempler avec un franc plaisir la longue liste de ceux qui me souhaitaient du bien et du bon.

Une semaine plus tard, au retour de ses vacances d'hiver, prétextant qu'au regard des vrais drames de la vie il était vain de s'enthousiasmer pour des idées, Raphaële a annoncé très officiellement à ses proches qu'elle renonçait désormais à gaspiller sa substance pensante dans l'analyse de problèmes de riches. Il m'est apparu tout de suite que sa décision tentait de prendre à revers sa souffrance en ce moment funeste de son existence. Forte de ma victoire du Nouvel An sur l'angoisse d'abandon, j'ai d'abord opté pour une légèreté délibérée. Les mots pèsent souvent trop lourd sur une cassure intérieure. Les interrogations deviennent vite cruelles lorsqu'elles portent sur un silence de défense. Ma patience lui laissera le temps de reprendre pied, me suis-je dit. En me braquant sur son attitude recroquevillée, je ne ferai qu'amplifier son désarroi et m'éviter moi-même. Qu'avais-je à *me* dire ? Qu'allaient me raconter sur *mon* désir, mes réactions à son retrait ?

J'appliquais la logique initiatique depuis suffisamment longtemps pour ne plus m'attarder sur les causes, les « pour-quoi » d'une situation. Je préférai me concentrer sur le pourquoi-en-faire. C'est à un devenir amélioré que doit servir le sens que l'on donne à un événement. Sinon on risque de se perdre dans les sables mouvants de la résignation. Me demander ce que j'avais à dépasser en moi dans cette épreuve constituait la seule manière de faire évoluer une situation bloquée, de la garder en mouvement, donc en vie. On ne peut pas changer l'autre. Mais en se changeant soi-même, on joue sur les champs morphiques qui nous lient à lui. Nous finirions bien par reprendre rapidement le dialogue. Radicale et entêtée, Raphaèle s'est accrochée à sa décision comme à la Bible.

Son indifférence militante m'a obligée à garder pour moi les inspirations que j'avais toujours soumises à son implacable laser. Les opinions, les rêves, les idées que nous décortiquions ensemble depuis trente ans se sont trouvés totalement muselés. Au bout d'un mois de ce régime, je me suis sentie désespérément orpheline d'une brillante interlocutrice, d'une complice aussi acharnée que moi à démonter les mécanismes des taiseux qui utilisent leur silence comme une arme. Un comble !

Philosophiquement, elle avait peut-être raison. Après tout, qu'est-ce qu'un livre, une conférence, une interview, à côté d'une épreuve de vie majeure ? En même temps que je la comprenais, je me disais qu'à toute douleur il y a mille réactions possibles, et je lui en voulais de se laisser entraîner dans la spirale descendante de la déprime. Là, je ne pouvais la suivre sans risquer de me prendre moi aussi aux pièges maléfiques des pulsions mortifères. Comment lui dire qu'il ne s'agissait pas de résoudre l'irréparable, mais de se laisser approcher, même fragile ?

Les semaines passant, force m'a été de constater que ma pensée, habituée à se frotter à la sienne, tournait en rond. Mon mental accusait le manque. Pour transformer ma frustration en outil d'évolution, je me suis alors fait un point d'honneur de ne laisser ni ma colère ni ma peine prendre le dessus. C'était Raphaèle qui allait mal. À moi de savoir l'attendre comme elle avait su le faire en d'autres occasions pour moi.

Je parvenais à lui rester fidèle, sans m'identifier à son point de vue. J'arrivais à rester affectueuse tout en lui rappelant, le cas échéant, que mon silence ne s'apparentait pas au consentement de celui qui ne dit mot. Je récoltais les fruits du jardinage de mon Arbre de Vie personnel. Soulagée de ne pas peser sur sa souffrance, j'ai eu tout lieu, « grâce » à ce sevrage de complicité amicale, de me féliciter de mes progrès en matière d'altérité.

Trois mois plus tard, aux alentours de Pâques, pendant les vacances que je passais en compagnie de ma mère en Israël, je suis restée dix jours à contempler l'écran vide de mon ordinateur. Je n'arrivais pas à rajouter une ligne à mon manuscrit en cours.

Intérieurement, j'entendais la voix de Raphaèle, telle une puissance castratrice, narguer ma créativité.

Je n'étais peut-être pas capable d'y arriver sans elle ! Au téléphone, je lui ai parlé de cette panne d'écrivain. « Oh ! tu vas bien t'en sortir toute seule ! » Point. Son ton neutre m'a pincé les poumons comme un manque d'oxygène. La rage m'a submergée. Seule la conscience d'être face à une épreuve initiatique, un pour-quoi de taille, m'a permis de résister à mon envie de lui donner libre cours en cet instant. Il était temps de montrer à la colère, cette vieille connaissance, qu'elle n'était plus maîtresse à mon bord. Je me suis mordu la langue. Après avoir raccroché, j'ai pleuré.

Ma mère, peinée par mon chagrin, me rappela qu'une mauvaise paix vaut toujours mieux que la guerre. Ses mots et la douceur inhabituelle de sa voix m'aidèrent à traverser la douleur d'un éloignement d'autant plus cruel que l'autre, vivant, fait jouer l'angoisse de mort.

— Tu ne vas tout de même pas te fâcher avec Raphaèle. C'est tellement précieux, une amie. Ce n'est qu'un mauvais moment à passer. Elle est si mal avec elle-même. Comment peut-elle être bien avec toi ? C'est comme avec Stéphy, souviens-toi.

Bis repetita. Elle avait raison ! Comment n'avais-je pas fait le rapprochement plus tôt entre le retrait radical de Raphaèle et la dernière crise avec ma cadette ?

Au bout de dix ans passés au Canada dans une intimité familiale qui, malgré les nombreux conflits rencontrés en chemin, nous avait profondément rapprochées, Stéphy n'avait-elle pas, elle aussi, marqué un stop brutal à nos échanges ? Comme si subitement je ne faisais plus partie de sa vie. Début 1995, son mari et elle avaient décidé de quitter Toronto sans m'avertir. Du jour au lendemain, elle avait cessé de s'intéresser comme elle l'avait fait jusqu'alors à mes moyens de subsistance, à l'organisation pratique de mon existence. Je n'avais qu'à apprendre à calculer et me débrouiller toute seule.

— Au moins, avec Raphaèle, tu ne te mets plus en colère, a ajouté ma mère, ravie.

Elle pensait aux bouillonnements émotionnels, agités de violents sentiments d'injustice qui m'avaient rendue malade après le départ de ma sœur, lequel suivait de près celui de Foster, qui suivait ceux d'Evelyn, Joan et Terry, les amies canadiennes avec lesquelles j'avais tissé des liens privilégiés..., qui suivait la disparition des nombreux passifs-agressifs et doux-tyrans, élèves, amis et amants brusquement sortis de ma vie par le passé. Témoin des multiples fois où mes ruptures avec des êtres proches avaient fait saigner mon cœur, ma mère était bien placée pour remarquer mon changement. En même temps qu'elle, j'ai pu constater que ma colère déposait les armes plus rapidement qu'avant. Ma tension se relâcha.

Profitant de l'accalmie, la petite voix s'est mise de la partie.

— *L'enjeu ! Demande-toi toujours quel est l'enjeu d'un schéma répétitif. Tu sais bien que les épreuves reviennent quasiment à l'identique tant que tu n'as pas saisi leur message, tant que tu n'as procédé à la rectification de l'une de tes croyances ou pensées devenue obsolète, ou d'un sentiment négatif qui t'empoisonne.*

En me retirant brusquement son soutien intellectuel et émotionnel, Raphaèle avait réactivé la déchirure vécue lors de l'éloignement de Stéphy. D'où le ressentiment... Conscientisée, mon irritation s'est effilochée, laissant affleurer une peine infinie. Depuis le temps qu'elle attendait son heure, elle a déferlé sans retenue, charriant quelques vestiges de la séparation ontologique qui nous met au monde. J'ai éclaté en sanglots.

— Tu sais, ce n'est pas facile d'accepter que des personnes qui disent m'aimer, se débarrassent de moi, avec une rancœur subite qu'ils n'arrivent probablement pas à s'expliquer eux-mêmes. Nous avons si bien analysé ensemble, Raphaèle et moi, ce processus qui pousse les gens à nous détester pour la même raison qui les attire en nous : notre lucidité. Ils admirent notre capacité d'analyse, mais quand la lumière devient trop éclairante, ils s'éloignent. Ils optent pour le confort de la vérité tamisée, le droit à être un peu plus absents à eux-mêmes, sans tenir compte du mal que cela peut nous faire. « Beaucoup de gens préfèrent ne pas être sous ton regard. Tu es la personne la plus libre que je connaisse, et cela fait de toi un reproche vivant, face à leurs compromissions, m'a dit un jour Raphaèle. Cela te rend trop intense pour eux, trop exigeante, trop… trop, quoi ! » Alors si pour elle aussi, je suis devenue… trop.

Le poids de mon impuissance face aux éloignements sans remèdes m'accablait.

— Dis-moi, toi, maman : faudra-t-il toujours que je me fasse pardonner d'être en vie ?

Sur le ton des contes qu'on lit aux enfants pour les consoler des réalités irréparables, ma mère s'est mise alors à parler de l'importance d'accepter les choses et les gens comme ils sont. J'ai souri intérieurement. Elle qui n'avait jamais su me raconter d'histoires lorsque j'étais petite, réussissait enfin à laisser les mots couler. Il n'y avait dans les siens ce jour-là aucune critique masquée de mes légendaires emportements, semblables à ceux de mon père.

— Tu vois, maman, que ma rage ne vient ni de l'intolérance ni de la dureté, comme tu l'as toujours cru. C'est la duplicité qui me blesse, la capitulation face à la conscience. La véritable violence n'est pas le coup de gueule, mais la fermeture au dialogue, le refus d'y voir plus clair ensemble. Là, il n'y a plus d'entente possible. Quand l'autre s'enferme dans son silence, il te laisse errer entre le manque, l'incertitude et la culpabilité. Tu passes ton temps à te demander ce que tu as pu faire de si terrible pour qu'il t'efface ainsi de son existence. Face au non-sens, à l'insensé, on ne peut que se pendre ou se fusiller. Si on réagit, c'est la guerre. Ce type d'éloignement sans négociation sape ta confiance en toi, te rend paranoïaque.

— Eh bien ! tu n'as qu'à renforcer ta confiance en toi !

Élémentaire ! Pourquoi n'y avais-je pas pensé plus tôt. Inspirée, ma mère n'en est pas restée là.

— Tu dois comprendre que tu vois trop clairement les tricheries que chacun s'organise pour survivre. Quand les gens passent un mauvais moment, ils ne supportent pas que ton exigence de clarté leur renvoie le miroir de leur défaillance passagère. Raphaèle ne peut pas faire autre chose en ce moment que de se tenir à distance. Ce n'est pas contre toi qu'elle s'éloigne, mais contre ce qu'elle ne peut pas supporter dans sa vie.

Je n'en revenais pas !

Ma mère me reconnaissait non seulement des intentions honnêtes, mais une véritable compétence de conscience. Apaisée par cette bénédiction maternelle à retardement sur ma manière d'être, j'ai pu ramener la situation à des proportions raisonnables. Il fallait lui trouver une solution pratique au lieu d'en faire un drame.

— Bon, alors ? En attendant, je vais lui parler de quoi à Raphaèle maintenant ? De la pluie et du beau temps ? Je ne peux tout de même pas faire comme si de rien n'était. Ça, c'est ta spécialité, et elle m'agace.

— Tu penses peut-être que je suis dupe quand j'ai l'air de ne rien remarquer ? Eh bien, tu te trompes. Simplement, il y a un moment juste pour dire les choses. Il faut savoir attendre et toi tu veux clarifier tout, tout de suite. Quand ils ne sont pas prêts à comprendre, les gens t'en veulent de les brusquer, même et peut-être surtout si tu as raison. Tu vas bien trop vite. Ils préfèrent s'éloigner parce qu'ils se sentent jugés par ton mécontentement, accusés par ta frustration, ou coupables d'une incapacité à te faire plaisir. Comment veux-tu qu'ils soient présents à tes demandes lorsqu'ils sont absents à eux-mêmes ?

Elle avait encore raison.

Son côté caméléon que j'avais tant méprisé brillait soudain de l'éclat de la sagesse : la compétence à être en adéquation avec le temps, les circonstances, et l'autre. Rien à voir avec la compromission dont je l'avais toujours soupçonnée. Il y avait là une acceptance profonde du rythme et des systèmes de protection des autres, une capacité à respecter leurs maquillages en quelque sorte, en attendant qu'ils soient prêts à déposer le masque.

Cela rendait tout à coup la féminité de ma mère moins mièvre et désarmée. Je comprenais enfin que mon mépris pour son adaptabilité avait bloqué l'expression de la mienne.

Il est une heure et un lieu pour chaque chose.
Le Talmud

J'ai peu écrit pendant ces vacances, mais mon rapprochement avec ma mère a transformé le temps perdu pour les pages blanches en temps gagné à nous apprivoiser. Maintenant qu'elle admettait que ma lucidité ne m'empêchait pas d'être bonne, je n'avais plus à rivaliser avec sa bonté. Ma gratitude pour le soutien éclairé qu'elle offrait à mon désarroi honorait une sagesse qu'elle n'avait plus besoin de mettre en compétition avec la mienne.

Comme une couleur d'arc-en-ciel se fond dans la suivante, notre amour familial s'est teinté d'amitié.

Forte d'avoir traversé l'épreuve de la frustration, je suis rentrée à Paris décidée à trouver le secret du bonheur dans l'amitié. Si je n'y parvenais pas avec Raphaèle, avec qui alors ?

Après le coup de fil lui annonçant mon retour, je n'ai plus essayé de la joindre. Je me suis rendu compte que si je ne l'appelais pas, les jours, les semaines passaient sans qu'elle le fasse. N'en avait-il pas toujours été ainsi ? Décidée à freiner ma tendance à forcer les obstacles, à entraîner l'autre dans mon enthousiasme, à le vivifier malgré lui, je décidai d'observer le plus honnêtement possible mon envie de lui parler. Il fallait que j'apprenne à faire la part de mon besoin compulsif de ramener l'autre aux rivages du dialogue, et celle de mon plaisir propre. Je me promis toutefois de ne pas laisser passer plus de trois semaines sans l'appeler, quoi qu'elle fasse de son côté. Cela concernait ma fidélité à mon engagement d'amitié, d'être là, même « contre » son éloignement.

Jour après jour, j'ai subi les assauts de la peur, celle de l'abandon, de la solitude, de la défaite surtout, et du terrible sentiment d'impuissance qui l'accompagne. La conviction de mener une bataille décisive contre les automatismes réactionnels qui me tenaient prisonnière d'un réflexe fusionnel au moindre signe d'éloignement de mes proches, m'a permis de tenir bon. Il fallait me faire une raison une fois pour toutes : je n'avais pas tous les pouvoirs... pas même celui de faire le bonheur de ma meilleure amie, sans son consentement. Il ne me restait que le choix d'être bien accompagnée, plutôt que seule...

À mon étonnement, j'ai vu alors Marie prendre très naturellement la place du souci journalier, laissée vide par Raphaèle. Un petit coup de fil le matin, un le soir, faisaient reculer la triste idée que, vivant seule, je pourrais un jour ne pas me réveiller sans que personne s'en rende compte rapidement. Excellente intervieweuse elle offrait d'elle-même son oreille attentive à mes bouts de texte en gestation. Les transitions trop rapides, les tangentes faciles n'échappaient pas à son sûr instinct.

Sensible à mon chagrin, Lio, une élève de plus de vingt ans devenue amicalement proche, avait, elle, forcé sa nature peu expressive pour me dire qu'elle aurait du plaisir à collaborer à mon deuxième livre, comme elle l'avait fait pour le premier. Et pour compléter les cadeaux de l'amitié, je découvris à son retour des États-Unis que Lara, une connaissance de longue date, adorait elle aussi penser « ensemble ». Personne ne remplace personne. Raphaèle manquait toujours au bonheur du partage d'idées, mais l'entrain que chacune des trois mettait à me soutenir dans l'écriture de mon livre allégea le manque à gagner de son absence. Le défi consistait pour moi à ne pas oublier qu'elle m'aimait, comme je l'avais fait trop souvent dans des cas similaires. Jusqu'au printemps j'y suis parvenue merveilleusement bien, fière de la légèreté de mes paroles, de la neutralité de mes silences.

Mais durant l'été, ses non-dits sont passés à l'acte. Qu'elle ne trouve pas pendant plus de trois semaines un téléphone pour répondre aux nombreux messages que je lui avais laissés ne prenait plus que l'importance d'un prétexte. Celui qui, en guise de reproche, m'a fait lui raccrocher au nez lorsque j'ai réussi finalement à la joindre sur son portable. Je l'ai plantée au beau milieu de son discours justificatif, toujours le même : c'était ma susceptibilité, etc., etc. Quarante-huit heures plus tard, je me suis rendu compte que ce clash avait eu lieu le jour même de son anniversaire. L'humour cocasse de la coïncidence a dégonflé ma mauvaise humeur. Je l'ai appelée pour en prendre acte et lui souhaiter le meilleur à venir. Notre sens commun de l'absurde nous a fait éclater de rire. C'était bon signe.

La symbolique d'une communication que j'avais coupée moi-même, brisant mon sacro-saint principe de dialogue, ne lui avait pas échappé. Mon geste avait réaffirmé qu'il y avait toujours une marmite en attente sur le feu réduit de notre amitié. Elle pouvait continuer à le nier. Je n'en démordrais pas. J'étais prête à attendre le temps qu'il faudrait pour en parler, mais je ne renoncerais pas à considérer son repli comme un manquement à l'altérité. Savoir que ce message était passé m'a installée dans une étonnante tranquillité. À défaut de sublime, le ton de nos conversations redevint presque plaisant.

Et maintenant ? Comment appréhender la suite ?

— *Amour-amitié en un mot !* glisse à mon oreille la petite voix, sans autre commentaire.

Le terme clignote à l'horizon ! Amour-amitié : je n'ai pas la moindre idée de ce que cela représente, mais la conviction que là se trouve l'enjeu de ma reprise de contact avec Raphaèle s'impose à moi comme l'annonce d'une nouvelle chambre du cœur à explorer.

La récapitulation de la journée a rendu son verdict : ni la lumière de l'esprit qui nous a permis d'éclairer les obstacles de nos parcours, ni la bonté qui rend notre amitié insubmersible, ne garantissent l'amour. Je n'avais jamais pensé qu'il pouvait exister une modalité d'amour spécifique à l'amitié, comme je venais de découvrir qu'il en existait une pour la famille.

— *L'amour est la clé du plaisir dans toutes les relations, familiales, spirituelles, fraternelles et amicales*, reprend la petite voix du ton de celui qui pointe que un et un font deux. *Je te rappelle que la joie est l'enjeu de ta récapitulation d'aujourd'hui. N'as-tu pas encore compris que le plaisir en est un élément majeur ?*

— Je m'en doute.

— *Sauf que tu n'as pas compris que le cultiver dans l'amitié prépare à la relation amoureuse entre l'homme et la femme. Ton intention déclarée il y a dix ans, si je me souviens bien ?*

— Mais comment nourrir le plaisir d'amour dans l'amitié ?

— En maintenant la réciprocité, l'équilibre entre le donner et le recevoir, les droits et les devoirs de chacun. La bonté est unilatérale. L'amour est infini mais jamais inconditionnel. Il implique des conditions en amitié aussi.

« En tant qu'ami qui te veut du bien. » La phrase du swami ouvre soudain devant moi un champ d'interrogations sur l'amitié. Faire du bien. Faire du bon. Et le plaisir dans tout ça ?

Le temps d'attraper au vol l'idée de réciprocité en amitié comme un fil d'Ariane à suivre, le téléphone sonne.

C'est Raphaèle ! Ce doit bien être la première fois qu'elle prend l'initiative alors que j'étais, moi, censée la rappeler.

À son « salut, ça va », j'entends dans sa voix la bataille qu'elle a dû livrer contre ses lutins maléfiques avant de me téléphoner. À cet instant précis, je sais que nous gagnerons ensemble la guerre contre l'insensé qui nous a tenues éloignées plus d'un an. Trente années d'amitié s'accomplissent dans ce coup de téléphone. Aujourd'hui est le premier jour d'une proximité renouvelée. Demain, nous ne serons pas seules face aux prochains obstacles. Les siens, les miens…

Les mots, comprimés au début, n'ont besoin que de quelques minutes pour s'élancer vers l'autre avec toute la puissance magique de la confiance retrouvée. Détendues, nous refaisons connaissance au présent,

Je raconte ma plongée dans le temps passé, du retour d'Inde au Canada. La récolte des compréhensions toutes fraîches apportées par ma récapitulation : la différence entre bonté et amour, passifs-agressifs et doux-tyrans, la famille intérieure qui nous habite, qu'il faut guérir pour que s'épanouisse la rose du chakra cardiaque… Nul besoin de longs commentaires. Elle « entend » toujours aussi bien. Les plats de nos débats à venir sont servis.

— Par contre, dès que j'aborde l'époque canadienne de mon parcours, je bloque.

— Tu n'en veux pas à maître O. de t'avoir suggéré ce déménagement Outre-Atlantique ? Moi, j'ai toujours pensé que c'était une folie.

— C'était l'épreuve de réalité du rapprochement de mes contraires intérieurs. L'occasion d'unir concrètement mon ancien monde avec le nouveau.

— Et pourquoi tu as eu besoin de rester si longtemps, presque onze ans, au Canada ?

— Pas pourquoi, Raph., mais pour en faire quoi ? C'est ça la bonne question si on ne veut pas s'embourber dans les causes. Pour quoi ? Pour en finir avec ma nostalgie de l'ailleurs et mon attraction pour les passifs-agressifs qui en découlait. Sans Foster, je n'aurais pas guéri aussi radicalement de la trop bonne mère en moi, prête à sauver les âmes en peine avant même qu'elles aient exprimé le moindre désir de quitter leurs souffrances. Il avait raison Jésus, tu vois, avec son « les derniers seront les premiers ». Le maillon que l'on croit le plus faible en nous est souvent le plus fort. Les qualités que nous mettons d'abord en avant nous servent de défense dans un premier temps, puis d'appuis, d'alliées. J'aurais bien ri si on m'avait dit, dans ma jeunesse, que j'étais maternelle ! En fait, je l'étais trop ! C'était une puissance... en excès qui bloquait mon énergie féminine. Foster était le passage obligé de mon devenir femme. J'ai failli en crever, mais au moins je sais aujourd'hui que mon cœur est mon point fort. Pas mon intellect. L'eusses-tu cru ?

— Ben ! s'il faut en passer par là pour trouver ses points forts. Tu te rappelles le rêve que j'avais fait lorsque tu as quitté Foster ? Il faisait nuit. Tu étais dans un cimetière, de l'autre côté d'une grande muraille. Je te criais qu'il était temps de sortir de cet endroit lugubre et tu m'as répondu : bientôt j'en aurai terminé avec ce que je dois faire ici.

— Voilà, j'en ai terminé. Il ne me reste plus qu'à revenir sur cette époque pour « laisser les morts enterrer les morts », et aller de l'avant avec le bagage des leçons apprises au Canada. Pour cela, il faudrait que je poursuive ma récapitulation. Ce n'est pas que j'aie une envie folle de revenir sur mon histoire d'amour avec Foster. Mais avec cette sacrée sinusite qui tombe, comme par hasard, le jour anniversaire de ma première nuit avec lui, après onze ans de chasteté, il me semble difficile d'ignorer la coïncidence. Tu ne trouves pas ?

— Est-ce vraiment toujours la peine de relever les dates comme des signes ? dit-elle d'un ton peu convaincu, sûre de ma réponse.

Oups ! Notre désaccord sur « le langage des oiseaux » pourrait tout gâcher. Si elle avait toujours accompagné comme personne mes hypothèses, mes analogies et déductions, elle avait aussi l'art de rentrer ses cornes d'escargot dès que la lecture de ma vie approchait de trop près un de ses territoires sensibles. Ce n'est pas maintenant qu'elle les laisse à nouveau s'étirer dans ma direction que je vais porter le flambeau du sens.

— Non, Raph. Il y a des fois où ce n'est pas la peine. Leur donner du sens peut en tout cas attendre, dis-je conciliante.

C'est elle qui reprend le fil.

— Tu sais qu'à chaque fois que tu reviens sur une partie de ta vie pour lui trouver une cohérence, tu repasses par les états émotionnels de l'époque. Je te rappelle que tu as été bien malade après Foster.

Touchée par son ton soucieux, je la rassure du fond du cœur.

— Ne t'inquiète pas. Je n'ai pas du tout envie de me rendre malade. Assez de prises de conscience. Je vais me coucher tranquillement. Faire une inhalation avant. D'accord, avec du Pérubol. C'est vrai, il faut quelquefois de « vrais » médicaments. Demain, j'ai rendez-vous avec mon cardio. Il regardera cela de près. Nous en reparlerons.

Avant de m'endormir, je m'attarde quelques instants sur le concept d'amour-amitié auquel ma récapitulation m'a conduite : encore un pétale de ma rose cardiaque à déployer ?

Celui qui finit de nous préparer à la rencontre de l'amant, de la bien-aimée. En paix avec la famille qui nous habite, ne faut-il pas aussi savoir être un bon ami pour éviter des fausses notes dans le Cantique de l'intimité sexuelle ? Avant que les faiblesses de la chair ne s'en mêlent, il est certainement sage de mettre sa guérison sentimentale à l'épreuve dans une relation amicale.

Quelle joie de pouvoir tenter ce rapprochement de l'amour et de l'amitié avec Raphaèle. Avec Lio aussi, et Marie. Peut-être même avec quelques-uns de mes élèves. Une ombre de tristesse passe. Les bourrasques canadiennes n'ont-elle pas emporté Allan, le seul homme avec qui j'avais réussi ce « mariage » ? Mon cher cardio sera-t-il ma deuxième chance ?

Le fait même qu'il se reconnaisse dans le portrait que je lui ai tracé de Foster le désigne en tout cas comme un partenaire idéal pour une relation amicale de guérison. Nous prenons tant de plaisir à démonter ensemble le fonctionnement qui tient assemblées l'agressivité passive d'hommes comme lui, et les femmes interrogatives comme moi qu'ils fuient sans jamais les quitter.

— Sauf qu'aujourd'hui, je ne les poursuis plus de mes offres de bonheur, lui ai-je confié lors d'une consultation prolongée en discussion. Je les écoute se plaindre et je passe la main… Avant, je m'acharnais à démonter leur attachement à un passé malheureux. Quand je croyais qu'ils avaient saisi une possibilité d'être heureux, ils revenaient immanquablement à la charge avec une nouvelle jérémiade. Et moi, de chercher aussitôt des preuves supplémentaires pour les inciter au contentement. Elles n'ont jamais convaincu que moi ! Eux ne s'attachaient pas à ma personne, comme j'ai pu le croire naïvement, mais à mes démonstrations enthousiastes. Je croyais bêtement qu'ils découvraient avec moi le goût d'aimer, ou au moins celui d'être aimé, alors qu'ils ne faisaient que retrouver le plaisir filial d'être le centre de mon attention. J'ai mis longtemps à comprendre que l'hommage qu'ils rendaient à mon talent d'analyste suffisait à attendrir la sauveuse d'âme que j'étais.

R. a reconnu qu'il fondait d'admiration pour les femmes fortes qui comprennent tout… et qu'il les détestait tout autant pour le pouvoir que leur confère leur intelligence, leur perspicacité.

Je l'approuvai aussitôt.

— Effectivement. J'ai observé à mes dépens qu'au moment où ils sont confrontés à l'engagement, les passifs-agressifs abhorrent la lucidité autant qu'ils l'ont adorée au départ.

— Elle leur rappelle leur mère, me répondit-il mi-figue mi-raisin. Cette femme magique qui devine tout d'eux.

— Jusqu'au moment où ils nous rejettent, en nous accusant de les émasculer avec notre pouvoir intellectuel de pénétration. Vous n'imaginez pas ma rage face à leurs dérobades. Remarquez, s'ils partaient en courant, ils revenaient aussi vite me demander de les aider à mieux comprendre leurs retraits. Et ainsi de suite, jusqu'à la rupture annoncée. Car les passifs-agressifs préviennent toujours : ils sont incapables d'aimer. A fortiori de s'engager dans un couple.

— La place est prise par leur mère, poursuivit R. C'est tout de leur faute. Il est difficile de quitter le trône d'enfant-roi sur lequel elles nous ont élevés.

— C'est vrai. C'est ce qui en fait d'éternels enfants, arrogants et plaintifs tout à la fois. Car ils n'arrêtent pas de se plaindre de l'attention surdimensionnée dont ils se sentent l'objet.

À chaque fois qu'en tant qu'homme, R. confirme mon étude des passifs-agressifs, c'est comme un pansement qu'il pose sur mon cœur de femme. Je me sens devenir forte de sa sincérité. « Ils » ne m'auront plus. Grâce à R., les pièges auxquels se laissent prendre les femmes attirées par ces hommes, charmeurs comme peut l'être un héritier entiché de lui-même autant que l'était de lui sa propre mère, deviennent inopérants. Impossible de me faire encore croire qu'à la différence de toutes les autres, je serai celle, l'unique, qui saura apprivoiser leur terreur à s'engager. Avec Foster, j'ai été au bout de la logique héroïque d'abnégation des femmes toujours prêtes à se sacrifier pour le bonheur des autres. Avec R. j'ai l'impression d'en être « guérie » par notre humour et l'expression de notre admiration mutuelle.

Mise au service d'une guérison commune, notre compétence d'analyse n'offre que des avantages. Ses diagnostics en deviennent aussi percutants qu'un mot ou un silence fondateur au cours d'une psychanalyse. Mes retours lui ouvrent des perspectives de réflexion qui l'enchantent. Notre lucidité partagée rend tellement comique l'impossible relation des passifs-agressifs aux femmes qu'ils admirent que nous ne pouvons que pleurer… de rire. Les dernières larmes avant l'enrayage définitif de nos derniers symptômes !

Au fil de nos entretiens, j'ai constaté que je pouvais désormais apprécier l'intelligence et le charme de ce type d'homme, sans plus être dupe. Leurs chèques relationnels manquent de prodigalité émotionnelle. Il faudrait laisser du temps à R. pour alimenter son compte cardiaque. Un sentiment d'amour-amitié partagé l'y aiderait sûrement, comme il me permettrait de l'aimer bien, d'être indulgente, tout en apprenant à recevoir.

En tant qu'ami naissant, il aurait pu rappeler après sa partie de tennis. Ou hier soir. À cette pensée, je me rends compte que je lui en veux. Déçue une fois de plus ? Ai-je placé mon attente sur un numéro perdant ? Comme avec Foster, lequel en profite pour revenir en force dans ma tête douloureuse.

Je finis par m'endormir, un peu triste de terminer ma belle journée sur ce point noir.

Le lendemain, je constate qu'une nappe d'eau noie les torches allumées hier par mes prises de conscience successives. Mon nez coule. Mes yeux sont larmoyants. À dix-huit heures, en arrivant chez R., je me mouche misérablement toutes les deux minutes.

— Au moins, ça coule ! Le processus de liquidation est en route, dis-je en m'installant face à lui, de l'autre côté de son bureau de ministre.

Il m'arrête tout de suite.

— Ah ! non. Si vous commencez, je vais encore une fois me laisser entraîner dans la lecture enchanteresse que vous faites de vos symptômes. Je n'aurai pas le temps de me concentrer sur votre cas. Aujourd'hui je veux mettre en place une cure homéopathique qui va aider ce nettoyage en cours.

— Tant mieux, parce que comme vous le voyez, Foster et tous les passifs-agressifs de la planète me sortent maintenant par le nez.

Il ne peut s'empêcher de rire...

— Maintenant, taisez-vous. Je ne veux plus vous entendre.

— Sois belle et tais-toi ! Ça vous fait rêver, une femme pareille ! D'accord, je me tais.

Prise de tension, auscultation... Plongé dans son logiciel homéopathique, il pense à haute voix, comme mon père.

— Vous êtes vraiment une Princesse du Ciel... mais elle n'a pas encore trouvé sa terre... Il faut qu'elle s'enracine ici-bas... Ah ! ce remède-là devrait vous aider beaucoup... vous allez y arriver... Oui, trop maternelle... mais vous faites tant de bien autour de vous... ne serait-ce que votre voix... elle a tant de vie en elle qu'elle réveillerait un cadavre... et puis maintenant que vous avez repéré cet excès ça va s'équilibrer tout seul... bien sûr ce processus crée une pression sur votre cœur... mais on va arranger cela...

Je ne dis toujours rien, fidèle à ma promesse. L'heure passe et je réalise soudain que je n'ai pas le code du lieu où je dois retrouver Marie pour une conférence.

— Cela ne vous dérange pas que je passe un coup de fil pendant que vous rédigez l'ordonnance ?

— Allez-y.

— Je vais être un peu en retard, dis-je à Marie tandis que je note l'adresse exacte et le code.

R. m'interrompt :

— Je peux vous déposer. C'est sur mon chemin.

— Alors je serai peut-être à l'heure. À tout de suite, Marie.

— Je peux aussi vous inviter au restaurant. Nous pourrons parler, ajoute-t-il, tandis que je raccroche.

Je ris.

— Quelle bonne idée. Au moins je pourrai à nouveau ouvrir la bouche et vous embêter, alors qu'à la conférence je devrai continuer à me taire.

Je rappelle alors Marie qui ne peut s'empêcher de rêver au « ils se marièrent et eurent beaucoup d'enfants ». Je souris à son ton fleur bleue. Il lui donne le charme et la pureté des innocents aux mains pleines.

Je ne peux cependant lui rappeler, devant R., qu'il est un passif-agressif et qu'avec eux, on n'est jamais assez prudent. La distance neutralise leurs vieux démons épouvantés à l'idée d'être engloutis par un féminin envahissant. Mais une fois qu'ils s'approchent…

En vérité, je suis de bonne humeur, le cœur prêt à accueillir de bonnes surprises… amicales.

— Faisons un deal, dit R. en me tendant l'ordonnance. Vous réglez la consultation, j'offre le dîner.

Ni fusion, ni confusion. Jusque-là tout va bien, me dis-je, rassurée par son initiative de clarté.

Dans l'intimité du restaurant indien aux lumières tamisées qu'il a choisi, il raconte son enfance, interrompu seulement par mes éternuements et reniflements, exacerbés par le curry et les plats pimentés. Indiens ! Une nourriture aussi familière à mes cellules que ma robe orange. Lorsqu'il évoque la toute-puissance de sa mère, j'entends sonner le glas de notre amitié naissante. Il ne faut jamais laisser un passif-agressif vous parler de sa mère. Une fois qu'il a commencé, vous êtes assignée, désormais, à la représenter. Je m'accroche encore à l'espérance qu'il va se rendre compte qu'il amène sa mère à notre table, sans la moindre distance, sans un brin d'humour, tout en me répétant intérieurement comme un mantra : « Je ne suis pas sa mère… je ne suis pas sa mère… »

Tout haut, je glisse d'un ton aussi badin que possible : « Vous n'en êtes plus à identifier toutes les femmes à votre mère, quand même. »

Fasciné par le récit de son drame familial, probablement mille fois répété, il ne semble pas avoir entendu. Tandis qu'il poursuit sans s'apercevoir que j'ai débranché, je me revois attablée dans un restaurant japonais – autre nourriture traditionnelle –, avec Foster.

C'était sa première invitation à dîner. Sur fond de violons et violoncelles virtuels, à la musique triste et grave, il a raconté. Sa mère qui le battait avec une brosse à cheveux. J'ai raconté. Mon père, mort deux mois après mes dix-huit ans, alors que je venais de me marier pour lui faire plaisir. Je ne savais pas dire non. Lui non plus. C'était pourquoi nous allions si bien ensemble... Nous nous comprenions entre les lignes : il allait compenser l'absence de mon père. J'allais le consoler de sa mère. Le bonheur nous attendait.

Cette fois, au moins je me tais !

R. a-t-il été déçu de mon absence de commentaires ? Toujours est-il que soudain il se fait tard. Il commence tôt sa journée, lui. Il ne peut pas, comme moi, travailler aux heures qu'il souhaite. Il n'est pas écrivain... Traînant derrière son pas décidé – agressif ? –, j'arrive après lui à sa voiture.

— Montez. Mais si ça ne vous dérange pas, je vais vous déposer à une station de taxi.

En route, il me raconte ses déboires de la semaine précédente. Une amie lui avait demandé de la raccompagner après une conférence médicale. Il n'a pas su dire non. Elle habitait au fin fond d'une banlieue, à l'ouest de Paris. Après s'être plusieurs fois perdu sur le chemin du retour, il est arrivé chez lui sur le coup de deux heures du matin. À ce stade, je ris, intérieurement bien sûr, heureuse de n'avoir aucune envie de pleurer. Je suis au spectacle, partie non prenante du scénario classique d'agressivité passive qui se déroule sans surprise sous mes yeux. Il est parfait dans son rôle. Plaintif : les femmes profitent de vous. Elles vous caressent pour mieux vous engloutir.

Charmeur : vous me comprenez, n'est-ce pas ?

Bien sûr que je comprends. Ne traduisons surtout pas la situation en « langage des oiseaux ». Après tout, on peut avoir une grippe uniquement à cause du changement de saison. Se fouler la cheville sur des pavés inégaux. Cela arrive à tout le monde. Et puis, certains ont simplement des chevilles fragiles de naissance. Et si on doit changer sa date de départ en vacances, c'est qu'il n'y a plus de places disponibles dans le train. En quoi le fait qu'aucun taxi n'attende aux stations que nous abordons serait-il un signe ?

— C'est tout de même étonnant qu'il n'y ait aucun taxi ! dit-il, d'un ton geignard.

Comme les trois petits singes de la tradition, je ne vois rien, n'entends rien et garde mon clapet serré. « Grâce » à la crise avec Raphaèle, j'ai appris à me mordre la langue, si nécessaire, plutôt que de me mêler de lire la vie des autres si je n'y suis pas clairement invitée. Ravie, je constate que j'y arrive même avec un homme dont j'espérais au moins l'amitié. Je commence à ressentir la nouvelle énergie de joie annoncée par la petite voix au début de ma récapitulation : *Au solstice de cette année 2001, les initiations d'été ont commencé.*

— Et elles initieraient à quoi ?

— *À LA JOIE.*

La joie est l'air du monde nouveau.
Dialogues avec l'Ange

En cet instant, je la sens monter en moi comme un alléluia, un gloria, l'annonce du Cantique des Cantiques de l'union de la femme et de l'homme aux cœurs guéris dont j'entendrais un jour la musique. C'est sûr. La première porte est passée : je ne succombe plus au charme pervers des passifs-agressifs. Je ne compte pas m'arrêter à mi-chemin sur la « voie de l'amoureux » qui doit conduire à la joie.

R. ne doit rien comprendre à ma bonne humeur.

De station de taxis déserte en station de taxis déserte, nous arrivons à cinq cents mètres de chez moi.

— Bon... Maintenant qu'on est là, autant vous raccompagner jusqu'à chez vous, lâcha-t-il d'un ton résigné.

Le bouquet d'invites s'est lentement transformé, en cours de soirée, en bouquet d'orties.

Je claque la portière sur son au-revoir plat. Je regarde la voiture s'éloigner. Elle emporte un ami potentiel. Il me reste l'excellent médecin qu'il est. Je le reverrai en consultation dans un mois, fin juillet. Je ne lui en veux même pas. C'est moi qui ai dû rater une marche en chemin. Ou ai-je mal lu son texte ?

— *Un passif-agressif prévient toujours au commencement*, me rappelle la petite voix.

L'ai-je assez répétée, cette phrase, dans mes cours ! Qu'est-ce que je n'ai pas entendu ?

Du ciel étoilé descend une petite lueur. J'y suis ! Je n'ai pas « entendu » ce qui couvait dans son silence abyssal lorsqu'au bout de quelques consultations prolongées en confidences, cherchant à définir la relation ambiguë qui s'était installée entre nous, j'ai parlé d'*amitié de guérison* :

« Nous avons tellement bien repéré les entrées du labyrinthe romanesque des passifs-agressifs que nous ne risquons plus de nous y engouffrer. Maintenant nous sommes capables d'engager nos énergies dans une amitié de guérison. Nos blessures pourront cicatriser au chaud. »

Engagement, vous avez dit engagement...

Il n'a pas pipé mot, mais son inconscient a enregistré... Et moi, j'ai laissé passer ce silence particulier qui fait croire à une approbation. Pas chez les passifs-agressifs.

Du coup, je me suis laissé prendre au jeu cruel des cadeaux à moitié offerts. Une de leurs spécialités : reprendre silencieusement d'une main ce qu'ils donnent généreusement de l'autre. Une façon d'aimer à moitié, entre avances et retraits, qui m'apparaît, sur ce trottoir, aussi présente en amitié qu'en amour.

Là au moins, ma déception a été étouffée dans l'œuf, me dis-je. Avec Foster, je suis restée sourde si longtemps. Ne m'avait-il pas déclaré dès notre deuxième rencontre qu'il était incapable d'être heureux ? Les images déferlent, froides et raidies comme un hiver canadien.

La nuit devient plus noire. Mon pouls s'accélère. La pression monte à mes tempes. La crise d'hypertension n'est pas loin. Ajoutée à mon nez qui coule, cette barre sur les yeux m'achève. Il faut que je me repose.

Raphaèle a raison. Dès que je pense à Foster, je reprends trop à cœur la douleur du désenchantement, du manque à gagner que je me suis entêtée à combler d'espoir inutile. Je ne suis peut-être pas prête à poursuivre ma récapitulation.

Demain. Je verrai ça demain. En attendant, il faut que je dorme.

Paris, mercredi 27 juin 2001. Réveil moite. Ma pensée est imbibée d'eau. Le souffle de l'inspiration s'épuise à la ranimer comme une allumette mouillée. J'essaie de dilater les narines dans l'espoir de me remettre en état contemplatif. Peut-être le film va-t-il redémarrer.

Contemplation : vision de l'intérieur, au point situé entre les deux tempes, le poste-relais de l'esprit. Ce « temple » où la pensée suit le fil de la conscience, en bordure du brasier créateur, est inondé. Je ne flotte pas. Je coule. Mon feu est noyé. Je ne « vois » plus rien. La puissance de ma pensée est mise en échec par le malheureux rhume de cerveau qui, comme à l'accoutumée, succède à mes sinusites.

Humilité oblige : c'est bien du contenant que dépend la vision du contenu. Quand les lumières de l'esprit rencontrent un obstacle, mal de tête, nez bouché, le corps reprend ses droits. La conscience ploie sous le poids de la matière.

Il faut savoir s'arrêter quand la lumière devient trop intelligible, dit le Talmud. Mon état désolant m'avertit : si je n'ai pas la sagesse de m'accorder une pause, les éléments extérieurs me forceront à le faire. Je connais la règle. Il faut laisser à mon corps le temps d'intégrer les prises de conscience des deux derniers jours. Je connais aussi la tentation de me laisser entraîner dans la spirale négative de la rébellion. Quand l'intellect mécontent, vexé, s'entête à résoudre l'insoluble. Quand la tristesse de se sentir impuissant face au non-sens, à l'insensé, vire à la mélancolie.

« La maladie n'a pas d'autre origine que la tristesse », dit Nachman de Braslaw, un grand kabbaliste. Autant capituler tout de suite et appliquer ce que j'enseigne : notre corps comme la nature a ses saisons, ses rythmes, ses lois à respecter.

Une fois les semences plantées, il faut arroser la terre. Lui donner aussi le temps de se reposer. Si l'on remue constamment ses plantations, elles n'arrivent pas à prendre racine. Il faut également savoir attendre que les pousses soient assez grandes pour éviter d'arracher « le bon grain avec l'ivraie ». La récolte qui s'ensuit ne s'invente pas. Elle n'est que l'expression concrète de notre manière de cultiver notre jardin intérieur. C'est aux fruits qu'on reconnaît l'arbre. N'est-ce pas finalement à notre mine joyeuse qu'on reconnaît nos talents de jardinier ?

Avant de constater les effets de ma récapitulation sur ma terre, mon corps, je vais devoir attendre que l'eau ait accompli son œuvre. Comme le soleil pour les plantes, la lumière ne peut pas tout pour notre jardin. Celui-ci a besoin de l'énergie aquatique des émotions pour transmuer le passé en humus – un mot qui relève de la même racine qu'humilité et qui renvoie phonétiquement à humeurs, le terme utilisé dans l'ancienne médecine pour désigner nos liquides physiologiques.

Je ne serai pas vraiment « revenue » au Canada dans cette récapitulation. Tant pis pour Foster ! Il est préférable de le laisser en attente plutôt que d'achever notre histoire par une analyse volontaire. Elle n'en sortirait que renforcée sous les coups de la rationalisation, l'illusion du vrai. D'accord donc pour m'arrêter. Vogue la lumière.

Tous les jardiniers le savent : l'embellissement d'un jardin est une histoire sans fin. Accepter l'inachèvement, les haltes et les détours du voyage, n'est-ce pas une manière de faire grandir la joie, l'amour du vivre ? Ici-bas.

Mon renoncement à suivre la piste du souvenir me détend. J'ai beau renifler, éternuer et pleurnicher, je ne me sens finalement pas si mal. Oserais-je l'avouer, je me sens forte, comme portée par une lame de fond. N'ai-je pas, en récapitulant, changé le cours de ma vie ? Y compris son épisode canadien... Les cartes brassées produisent un nouveau jeu. Revenir sur son passé est la seule victoire possible sur le temps. Le retour sur soi interrompt la linéarité d'un itinéraire, lui donne une nouvelle direction. Voilà ! j'ai vaincu une part de mon déterminisme ! J'ai refait mon histoire. Et cela m'enchante.

Comme une annonciation, la joie qui perce au travers de mes symptômes me laisse entrevoir les floraisons à venir de mon Jardin. Tel un mantra monte du plus profond de mon âme la phrase hébraïque qui exprime la gloire de Kéther, la couronne de l'Arbre de Vie : *Eẖieh acher e ẖieh*, je serai qui je serai... Ce double futur confirme ma décision de laisser mes récentes compréhensions, aussi lumineuses soient-elles, décanter sans moi. Je sens le dieu du Temps satisfait : je n'oublie plus que la cime de l'Arbre n'est pas un « je suis » arrivé au but, mais l'expression d'une souveraineté en perpétuel devenir.

À la lueur mouillée de mon cerveau, comme sous un réverbère battu par la pluie, j'« entends » tout à coup s'épeler le mot acher en ech, le feu, et roch, la tête. Le feu, sous forme d'embrasement mental ou d'inflammation, nettoie le cerveau pour permettre au souffle de l'esprit de l'éclairer. Mais n'est-ce pas l'eau, la capacité de s'émouvoir, de s'offrir au mouvement de la vie, qui fait ruisseler l'intelligence jusqu'au cœur ? Ensemble, l'entendement et le sentiment « liquident » les souvenirs cristallisés sans lesquels les passages entre le cerveau et le cœur restent encombrés.

Le feu et l'eau ! Le masculin et le féminin. N'est-ce pas leur union qui permet d'advenir à la femme ou à l'homme que nous sommes. Je dois leur laisser encore un peu de temps pour s'unir en moi. Mais pour sûr, ils se sont beaucoup rapprochés en ce solstice d'été. Ma joie a grandi.

Singing in the rain. Je chante sous la pluie. J'attendrai. *Ehieh acher ehieh*… Je serai qui je serai.

Lettre à mes lecteurs

Vingt ans déjà ☺

Encore aujourd'hui, je reçois des retours émouvants sur les trois livres qui constituent *l'histoire* de ma vie, de ma naissance aux années 2000. Des témoignages qui disent tous à leur manière combien le parcours de vie des autres peut s'enrichir du sien propre.

Vingt ans plus tard, la postface que me demande l'éditeur à l'occasion de leur réédition m'a entraînée dans un questionnement profond sur ce jeu de miroirs entre vous, les lecteurs de mon histoire, ma propre histoire et celles que je vous ai racontées.

Que puis-je dire aujourd'hui des effets qu'a eus sur moi l'écriture de ce qui n'est pas une autobiographie mais bien une histoire reconstituée à partir de ma vie ?

D'aucuns pourraient dire que j'en ai fait beaucoup d'histoires !

Arrête de faire des histoires de tout ce qui t'arrive, murmure souvent la petite voix de la bienséance et de la paix socialement correcte. Narcissique, égocentrique, indécent… parler de soi n'a pas toujours bonne presse.

Tu ne vas pas faire une histoire de ta vie, quand même ! Ben si justement… car paradoxalement, plus tu fais une *histoire* de ta vie, plus tu te libères de ton histoire personnelle. Parler de soi aux autres met non seulement les choses de la vie à distance, mais nous prouve qu'il y a quelqu'un en nous qui peut parler de soi, et que ce que je raconte de moi n'est donc forcément pas « tout moi ». Il y a de l'autre en nous et plus on se raconte plus on découvre, comme Rimbaud, que *je est un autre*.

C'est le propre de la parole analytique, c'est aussi le propre de l'élargissement spirituel de la conscience : je ne suis pas mon histoire de moi. Vivre est la part de la vie qui n'a pas de mots pour se dire, mais pour être. Être Présence. Mais pour passer des lettres à l'être, on a besoin des mots, n'est-ce pas ce qui différencie l'humain de tous les autres règnes du vivant ?

Des lettres à l'être, il y a l'alphabet, vingt-six lettres dans l'alphabet latin et vingt-deux dans l'alphabet hébraïque, des lettres qui font des mots, des mots qui racontent des histoires. Se raconter, parler à l'autre de soi est paradoxalement une façon de délivrer l'être par les silences entre les mots et les lettres.

Quand ces mots racontent sa propre histoire, ils cherchent à mettre de la cohérence dans l'éparpillement d'un parcours de vie. Ils rassemblent des bouts du moi morcelé entre maux et joies, entre moi et tant d'autres qu'au bout du conte/compte on ne sait plus trop bien qui est ce moi qui ne pense pas forcément comme il sent, qui n'agit pas forcément comme il pense.

Connais-toi toi-même : on a besoin de se parler pour se connaître.

Enfant, on écoute les histoires que les autres nous racontent. C'est le temps des contes et légendes. Puis on raconte plein d'histoires sur les divans de psy et autres entretiens thérapeutiques. Un long processus d'identification et de désidentification d'un moi en quête d'être.

Mais écrire… ah ! la belle histoire que celle de l'écriture !

Écrire est un puissant accélérateur pour faire de la place à son être, car l'écrit oblige à la cohérence et au sens. Par la logique des lettres mises en mots, en phrases, le moi de l'histoire devient tellement cohérent qu'il n'a plus de raison d'être. Plus le temps passe, plus l'histoire s'éloigne et laisse de la place pour vivre sa vie sans en faire une histoire ☺

Mes livres m'ont appris que se dire, se raconter, s'écrire est une route vers l'être qui, petit à petit, se révèle dans le silence du souffle qui porte les mots, silence habité de Présence, d'un Verbe qui se fait chair.

C'est cette expérience de l'écrit comme chemin vers l'être que je partage avec vous aujourd'hui avec l'envie de vous dire très haut et très fort : écrivez-vous ! C'est un grand accélérateur de particules pour libérer son moi de ses histoires et faire ainsi de la place à notre être.

Connais-toi toi-même et tu connaîtras les dieux : notre vie, plus on en fait une histoire qui a du sens, plus on connaît les dieux, disons la part divine qui habite en chacun de nous, notre être.

Reste l'expérience de l'écrit qui devient livre. Une histoire personnelle non seulement délivrée mais livrée à un public. Mon expérience de vous qui – vous – lisez à travers mes livres : une très particulière histoire d'amour qui contribue depuis vingt ans à m'ouvrir à la joie d'être reçu pour ce que l'on donne !

La joie de voir mon histoire personnelle faire écho à vos histoires, comme si, avez-vous souvent dit, quelqu'un mettait des mots sur votre quête de vous-mêmes.

La joie de me dire que vous pouvez vous lire en me lisant pour donner plus de sens et de cohérence à votre propre histoire, mettre des mots sur vos maux, de la conscience sur vos ressentis, et, ainsi, pouvoir quitter votre histoire personnelle au plus vite.

Merci à vous, mes lectrices et mes lecteurs. Merci de recevoir en partage mon chemin de libération de l'être par les lettres.

Merci à mes éditeurs, Le Souffle d'Or, Laffont et J'ai lu, et, un temps, Pocket. Grâce à vous, ma parole de témoignage a pu s'inscrire dans l'espace universel du voyage d'âmes en interdépendance. Miracle du livre qui laisse les lettres toucher l'universel, engendrement infini d'échos qui font résonner les empreintes des échos mémoriels du passé, mais aussi les échos de notre futur glorieux.

Arouna Lipschitz

Dévoiler ses propres zones d'ombre
peut produire un surplus de lumière.
Léa R.

J'ai eu le privilège d'être une des premières lectrices de la trilogie d'Arouna, bien avant la publication de ses manuscrits. En découvrant le récit qu'elle faisait de ses expériences, dont je ne connaissais qu'une petite partie, j'ai d'abord été frappée par le courage avec lequel elle abordait les épreuves de son parcours spirituel. Elle se racontait sans fard, simplement, sans recourir aux embellissements ou aux raccourcis que j'avais repérés dans les autobiographies de bon nombre d'enseignants qui se donnaient en exemple. La spiritualité étant le domaine de l'Idéal avec un grand I, les récits que j'avais lus s'efforçaient de sélectionner un vocabulaire choisi, censé tirer le lecteur vers le haut, vers l'infini, vers la lumière, qui me semblait artificiel. Oui, c'est ce qui m'a frappée au début : dévoiler ses propres zones d'ombre peut produire un surplus de lumière. Arouna avait l'honnêteté de « montrer les échafaudages », comme lui avait dit Yvan Amar, auquel nous avions rendu visite dans le Sud à sa demande, après la parution de *Dis-moi si je m'approche*. Et pour moi, ce fut ma première grande leçon. Avoir le courage de ne pas se mentir à soi-même pour augmenter sa conscience.

Ensuite, au fil des années, ses livres ont jalonné mon quotidien de petits repères colorés qui se présentaient à moi spontanément, sans que j'aie besoin de me « prendre la tête ». Ils faisaient partie de ma substance, de ma sève. Comme Arouna, je pense qu'on grandit à l'image de l'arbre. Plus je développais mes relations aux autres, plus mon feuillage s'étoffait, plus je pouvais supporter l'intensité de la lumière, moins je craignais l'ombre que je produisais. *L'un n'empêche pas l'autre*, quel mantra puissant et utile ! Les allers et retours entre le ciel et mes frères et sœurs humains sont devenus de plus en plus fluides. Mon cœur s'y est mis, j'ai commencé à percevoir, puis à recevoir l'amour diffus autour de moi, résultat d'une sorte de photosynthèse universelle. Maintenant, même si je traverse des moments d'orage, que je suis secouée par une tempête, je sens que l'amour m'assiste et nourrit mes racines en profondeur. Et je sais, grâce aux messages d'Arouna disséminés dans ses livres, qu'aimer, ça s'apprend. C'est tellement rassurant de savoir qu'une chose peut s'apprendre, rien n'est perdu, on peut toujours se perfectionner. C'est sur cette voie-là que je chemine aujourd'hui, la Voie de l'amoureuse.

Quitter le passé pour accueillir le présent
en croyant à un futur radieux.

Pierre B.

Ce livre a chamboulé ma vie sur le plan personnel et professionnel (ingénieur, pédagogue, thérapeute, coach et clown).

En une phrase, mon désir suicidaire a perdu son sens... Car ce désir de mort était ma façon d'exister afin que l'on prenne soin de moi. La raison profonde est que je ne supporte pas d'être abandonné. Ce fut un choc ; accepter d'être né, d'être incarné conduit à voir l'existence autrement (dixit Arouna). À 60 ans, le thérapeute que j'étais a basculé.

Prendre la responsabilité de sa Vie et ne plus dire que mes malheurs sont causés par papa maman and co. a été un second choc. J'ai perçu ma vie autrement.

T'incarner, c'est reconnaître l'altérité ; l'autre n'est plus un objet. J'ai compris le « pourquoi » de mes divorces ; car je cherchais la fusion et non la construction d'une relation d'amour. Cela a donné du « Sens » à ma vie de couple présente, l'a sauvée, et cela dure depuis vingt-cinq ans.

Enfin, le moteur de ma vie était de sauver « les autres », de résoudre leurs problèmes même s'ils ne me le demandaient pas. Arouna dans son livre me fait prendre conscience qu'en utilisant les autres j'ai le sentiment d'exister, sinon je suis dans le vide (la fameuse mélancolie). Ce fut un troisième choc... qui m'a conduit à repenser ma façon d'accompagner.

Pour clore le tout, ce livre m'a amené, moi, ancien séminariste, à repenser la place de Dieu. Un être porteur d'Amour ne peut s'épanouir que s'il reçoit l'Amour de Dieu, sinon le risque de « toute puissance » me guette. Devenir un « passeur de lumière » et non un donneur de leçons me conduit à revisiter ce que je dois accomplir sur cette terre.

Arouna me permet depuis quinze ans de repenser ce que je suis, de m'éclairer sur les « signes » de Dieu, de quitter le passé pour accueillir le présent en croyant à un futur radieux.

Des étincelles de Lumière pour éclairer ma route vers le futur.

Edda C.

À l'aube du passage au 3e millénaire qui coïncidait avec ma retraite, j'ai reçu le livre d'Arouna : *Dis-moi si je m'approche*. Il faut dire, tout d'abord, que j'ai toujours aimé les autobiographies, ces témoignages de vie où je rencontre des êtres de chair dans leur vérité. C'est donc tout naturellement que je me suis passionnée pour l'héroïne, la suivant pas à pas dans sa quête brûlante, authentique, assoiffée de Vérité, tour à tour Tatiana, Aruna, puis Arouna. J'ai suivi ses rencontres amoureuses, vécu ses deux grands passages initiatiques avec deux maîtres, l'un rencontré dans cette mythique Orient et l'autre venant d'Occident.

Ce livre avait une tout autre saveur pour moi que les autres biographies que j'avais coutume de lire. Ici était palpable une relation féconde entre le monde visible et invisible. J'étais admirative de la capacité de l'héroïne à quitter le divan de son psychanalyste, jugeant qu'elle avait suffisamment avancé sur ce « connais-toi toi-même socratique » et pressentant un autre champ de conscience qui l'attendait.

Je me suis sentie appelée par l'esprit qui se dégageait du récit de la narratrice, je sentais la présence d'une âme sœur, et surtout la présence d'une initiatrice, d'une amoureuse sur le chemin de la Vérité. Nos chemins se sont croisés et j'ai su qu'ils ne se quitteraient plus.

En relisant ce livre aujourd'hui, je suis touchée par son message d'actualité, rien n'a vieilli, tout s'est expansé et participe de ce monde de l'ère du Verseau, véritable nouvelle spiritualité, voie nouvelle de relation vraie entre les êtres. Je suis heureuse d'en recevoir des étincelles de Lumière pour éclairer ma route vers le futur.

M'approcher de l'autre… autrement.
Prune B.

Comme l'invisible n'empêche pas le réel, l'éternité l'infini, l'amour l'amitié, la différence n'empêche pas le respect qui permet le rapprochement du féminin-masculin en nous. *L'un n'empêche pas l'autre* m'a mise sur la route de l'approche de l'autre… autrement !

Nous marier avec nous-même et à l'autre.
Roselyne M.

Ce livre est arrivé comme le scaphandre dont j'avais besoin pour visiter mon intérieur et comprendre celui de l'autre. Ressentir, penser et réfléchir sur moi est une posture que j'ai apprise à travers ce livre pour me remettre en question aussi souvent que possible. Et cela à chaque grande crise que nous avons traversée mon mari et moi.

Ma relation amoureuse, je l'ai bâtie grâce aux questionnements et à cette présence d'esprit permanente d'Arouna dans sa recherche intellectuelle et spirituelle de son voyage d'âme.

Cette quête amoureuse et spirituelle d'Arouna a éveillé tous mes sens à la Source de mon âme. Chaque page de ce livre m'a inspirée pour comprendre et tester mon niveau de compréhension et de maturité relationnelle. À travers sa quête personnelle, Arouna nous donne l'enthousiasme et la force pour devenir responsable et maître de notre vie.

Sa facilité et sa simplicité à exprimer et dire des choses aussi intimes m'ont aidée à unir les différences qui tantôt m'unissent et tantôt m'éloignent dans ma relation avec mon mari.

Donner et recevoir et recevoir et donner pour aimer et être aimée est devenu ma règle essentielle.

C'est un livre qui met à nu les liens invisibles de nous à l'amour et de l'amour à nous pour ressentir cette présence divine plus grande que nos badinages et batifolages visibles.

L'amour et la spiritualité me sont apparus comme le couple idéal pour faire de toutes mes ignorances, conflits, déceptions, frustrations, manques, douleurs, blessures, l'arme la plus redoutable pour protéger l'essentiel dans ma relation de couple.

Cela m'a aidée à être moi-même, la femme, l'épouse et la mère de mes enfants, pour que lui puisse rester l'homme, le mari et le père de mes enfants.

Et cela même si la vie m'obligeait à être les deux par moments. J'ai compris que l'Amour ne suffisait pas pour aimer et être aimée.

Pleurer de joie de se (re)trouver.
Noémie L.

Ce livre donne du cœur au ventre pour avancer sur son chemin. La sincérité des mots d'Arouna, sa manière de nommer son ressenti tout au long de sa route sont libératrices. J'ai pleuré à chaque page, de mille façons différentes, parfois quelques larmes, parfois à torrents. Pleurer de joie de se (re)trouver, de se sentir comprise, de douleur par écho, de réconfort et d'espoir quant à l'invitation qui résonne. Ce livre est un témoignage précieux par son authenticité, à garder sur sa table de chevet comme bâton de pèlerin pour faire son chemin vers l'amour et sa voie de l'amoureux.

D'un état de détresse à un cœur qui se remet en route.

Marie R.

Novembre 2013, je suis à l'aube de mes 40 ans et depuis deux années je désespère de ne pas trouver de résolution intérieure à une douloureuse séparation amoureuse. Aussi tristes et laborieuses, les séances chez mon psy se concluent inlassablement par un « quand vais-je donc m'en remettre ? »

Et puis je découvre Arouna Lipschitz, d'abord grâce à ses vidéos et puis très vite à travers ses livres. Moi qui ai tant de mal à ouvrir un livre et encore plus à le finir, lorsque je lis les premières pages de *Dis-moi si je m'approche,* c'est un bain de réconfort et de compréhension. Je suis touchée, concernée, happée car, bien au-delà de mon imaginaire et de mon intellect, j'ai le sentiment que tout mon être baigne, entend et reçoit ce qui est dit là. Chacun de ses témoignages m'éclaire, me vivifie et m'autorise une grande inspiration. Enfin quelque chose se libère, je passe d'un état de détresse à un cœur qui se remet en route. Je lis chaque matin et chaque soir quelques pages seulement, tant cela agit sur moi comme un puzzle intérieur qui se met en place, et je m'endors avec la certitude d'un nouveau et rayonnant lendemain. Je lirai chacun de ses ouvrages avec le même élan, et mes larmes laisseront place au sourire et à la joie. Aujourd'hui, les livres d'Arouna sont avec moi comme l'est cette petite voix intérieure : indispensable et rassurante pour accompagner et éclairer ma vie à chaque instant « amoureusement », avec ou sans compagnon.

Je veux des relations amoureuses !
Daniel M.

Lors de ma première lecture de *Dis-moi si je m'approche* et de *L'un n'empêche pas l'autre,* j'ai d'abord été touché à plusieurs endroits. D'abord par l'histoire d'une femme contemporaine, humaine, accessible et qui vit des expériences ordinaires et extraordinaires. Ensuite, par ces mots qui racontent une quête spirituelle. Alors que je ne me l'étais jamais avoué, voilà une description qui fait écho en moi à une aspiration tellement secrète, tellement intime. Oui c'est bien ça que je veux. À travers ce récit, je découvre cette normalité : je peux vivre ma spiritualité, l'incarner et participer à la vie en société. Plus besoin d'aller dans un monastère ou de me retirer du monde. Ouf !

Alors, comment je fais ? Je ne veux pas partir en Inde, et encore moins porter la robe orange. Mais je veux des relations amoureuses. Un flot de questions se bouscule dans ma tête. Où j'en suis ?

J'ai décidé alors de re-parcourir les livres. L'histoire ne m'interpelle plus autant. À travers la précision des mots, je suis plutôt confronté à mes confusions : il n'y a pas qu'une relation mais plusieurs : relation guru-disciple, parent-enfant, amicales, amoureuses... Je suis perdu. Au fil des relectures, je me rends compte de mes réactions. Mes acceptations lorsque l'expérience narrée vient décrire précisément ce que j'ai vécu ou la compléter avec de la connaissance. Mes rébellions, face à ce que je n'accepte pas ou refuse de voir.

Et si cette science initiatique m'apportait des réponses ? Si j'essayais ?

Je m'aperçois que ce courage insufflé dans ces livres à travers une expérience déjà vécue me donne la force d'y aller, d'oser l'expérience.

Où en étais-je de mes rêves, de ma quête spirituelle, relationnelle ?

Claire L.

J'ai découvert les livres d'Arouna il y a seulement quelques mois. Vendanges tardives, le cru des premières lectures est déjà excellent. J'y ai goûté une histoire passionnante, bien servie par une écriture élégante, percutante.

J'ai été saisie par cette autobiographie, ce partage généreux, intime, bouleversant. Cette intériorité révélée, si vivifiante, m'a conduite à la mienne, quiescente, engourdie, encore espérant, parfois presque renonçant...

Où en étais-je de mes rêves, de ma quête spirituelle, relationnelle ?

Je me sentais si souvent inadaptée, extraterrestre hypersensible, réactive, seule et en souffrance, occupée à beaucoup travailler.

Pour une fois, une femme, contemporaine, bien vivante, racontait son cheminement spirituel, incarné dans la relation, jusque dans la sexualité, et me donnait envie.

Envie de vivre, en vérité, ici, maintenant, d'oser me dire, à moi, à l'autre, au divin.

Il était donc possible de vivre une relation amoureuse dans une sexualité sacrée, partagée. L'un et l'autre, sans fusion, sans confusion, sans paraître social, sans pression de performance, en prenant soin l'un de l'autre, en conscience et d'en être rayonnant.

Et encore plus, de traverser la peur de mourir, d'en être fatigué même !! Incroyable...

Au bout, la prise de conscience d'un avenir qui ne se partage plus, l'exigence de la vérité, de la fidélité à soi et donc une séparation.

Je n'aurais pas imaginé une telle histoire, un joli conte oui, mais une histoire vécue, je n'en reviens pas encore...

Les anges m'accompagnaient, les synchronicités,
les rencontres se multipliaient et les portes s'ouvraient.
Claire J.

Étant une des élèves d'Arouna de longue date, j'ai eu la chance d'assister à la naissance de *Dis-moi si je m'approche* et de *L'un n'empêche pas l'autre,* et de participer à leur promotion. Cette aventure m'a permis de vivre un enthousiasme presque indescriptible, proche parfois de l'état de ferveur, cet état qui vous emmène au bout du monde pour une cause que vous aimez passionnément. Convaincue de l'énergie que portaient ces deux magnifiques ouvrages, je me sentais aussi portée... Arouna, les anges m'accompagnaient, les synchronicités, les rencontres se multipliaient et les portes s'ouvraient... C'était passionnant et jouissif. Aujourd'hui, ce sentiment de bonheur continue de m'accompagner dans plein de domaines de ma vie et notamment dans mon couple.

Quand Arouna relate certains moments vécus avec sa mère, ceux qui ont contribué à transformer leur relation, je suis encore touchée au cœur. C'est ce fil tiré tout au long de l'ouvrage qui va m'aider longtemps dans mon travail de guérison de ma propre relation à ma mère. Certains passages vont me faire basculer : « Tu dois comprendre que, malgré ses gaucheries et ses manquements, ta mère t'aime infiniment, tu finiras par croire à la possibilité d'être vraiment aussi aimée par un amoureux. » C'est vrai, malgré la très bonne personne qu'était ma mère, je me sentais souvent mal aimée. En relisant cette phrase que le Swami adresse à Arouna, je constate qu'elle est devenue mienne. En écrivant ces quelques lignes, les larmes me montent...

Mon corps a gardé en mémoire les frissons vécus dans la chaleur moite de cet été de lecture.

Benjamin G.

Il y a quatorze ans, par un geste anodin, j'ai choisi au hasard dans le rayon développement personnel-psychologie d'un grand magasin *Dis-moi si je m'approche* d'Arouna Lipschitz. J'avais décidé de reprendre mes lectures « initiatiques » quelque peu abandonnées en prévision de mes vacances estivales en Thaïlande. Tout a vibré en moi à sa lecture : l'Inde, la ferveur amoureuse, la déception. Déçu toujours et encore, des gens, des hommes, de moi, du monde, de la vie, la prêtrise, l'âme sœur, l'Amour... Mon corps a gardé en mémoire les frissons vécus dans la chaleur moite de cet été.

Ce parcours de vie résonnait si fort intérieurement et le corps ne mentant jamais, j'ai décidé de faire un retour de lecture à Arouna comme une bouteille à la mer.

Deux jours après, Arouna Lipschitz me répondait qu'elle n'était plus vraiment professeur de yoga mais qu'elle enseignait la Voie de l'Amoureux, j'ai décidé alors de m'approcher. Et quel choix, ma vie n'a plus jamais été la même depuis ; finis l'ennui terrestre et le languissement de l'âme, vive la relation et l'apprentissage de l'amour en incarnation et tant d'autres choses ! Ce livre fait partie des livres fondateurs de mon existence et, si je suis honnête, ils sont au nombre de trois. Le texte est tellement vivant que dans mon livre beaucoup de phrases sont surlignées. À chaque lecture, de nouveaux fils de compréhension apparaissent, jusqu'à son titre, *Dis-moi si je m'approche,* qui ne me laisse jamais en paix. Aujourd'hui, au stade de la cinquantaine, cette phrase résonne plus que d'autres : « Faites votre travail spirituel aussi bien que vous pouvez, servez Dieu, aidez les autres dans la mesure du possible et n'arrêtez jamais de vous transformer. »

L'autre empêcherait-il l'un ?
Sylvette R.

Les livres d'Arouna m'ont fait entrer dans un dialogue vivant entre mes expériences, mes interrogations, mes errances et la puissance de sa transmission.

Ah, la nostalgie de l'ailleurs ! Comme cela me concerne !

Dis-moi si je m'approche… Tous ces tiraillements entre le haut, le bas, et tous ces aspects plus ou moins conscients, plus ou moins souffrants de soi qui nous plongent dans un univers incroyablement riche, mais où on ne sait parfois plus du tout où donner de la tête !

L'un n'empêche pas l'autre, une sorte de mantra pour m'évaluer sur cet équilibre subtil entre soi, Soi et l'autre…

Ma vie de couple, de mère me challengeait. En tant que soignante, enseignante puis thérapeute j'avais besoin de repères sur la nature réelle de ma relation à l'autre, souvent remise en question tant je me laissais emporter par ma passion d'aider l'autre et ma grande faculté à me laisser de côté. *L'autre empêcherait-il l'un ?*

J'ai vite compris que je faisais partie des apprenties amoureuses exigeantes, dans une valse tour à tour frustrante, car je me retrouvais souvent seule à danser, dans l'illusion de m'envoler avec l'autre, et vertigineuse tant le Vivant est source d'infini… Avec une impression récurrente d'être sur un tape-cul !

Je n'ai jamais lâché ma quête, j'ai accroché ce fil d'inspiration à l'heure du temps, à l'écoute de celle qui, pour moi, avait une hauteur d'avance.

Quand on choisit les chemins les moins fréquentés, on a besoin d'un bon guide expérimenté.

Face à notre destin, nous sommes existentiellement seuls. Mais nous avons actuellement une opportunité incroyable à saisir, celle de nous libérer de toutes ces vieilles casseroles de plus en plus bruyantes que nous nous traînons et de nous réaliser pleinement. Avec la crise, les séparations se sont multipliées, mais nous pouvons apprendre combien nous pouvons nous connecter d'âme à âme, de cœur à cœur en développant la tolérance et la fraternité.

Que cette Aventure de la Vie est belle quand on sait en saisir et savourer la substantifique moelle !

Une vie sur terre à hauteur d'âme et une vie spirituelle dans le monde pas comme tout le monde.

Sarah D.

2005, j'ai 26 ans quand je tombe « par hasard » grâce à ma mère sur les deux premiers livres d'Arouna, je les dévore en deux nuits. À l'époque je suis en plein questionnement existentiel, et la récente rupture avec mon premier amour y est pour beaucoup parce qu'au fond, c'est quoi l'amour ???

Je suis perdue. Ça n'a pas de sens pour moi d'être là et de vivre « comme tout le monde ». Aller à l'école, trouver un travail, avoir des problèmes à régler, partir en vacances pour oublier... Il y a forcément autre chose, mais quoi ? Et puis si, pour vivre une vie spirituelle, il faut se couper du monde, non merci, très peu pour moi, je ne m'y intéresse même pas. Bref, je me débats avec des horizons de vie très serrés et puis un jour, ces livres !

Un jour, quelqu'un qui me montre une vie plus large. Une vie qui dépasse l'ordinaire. Une vie sur terre à hauteur d'âme et une vie spirituelle dans le monde pas comme tout le monde. Ça pulse dedans, ça se réveille dans mes cellules et de lointains désirs osent affleurer à ma conscience comme autorisés par l'exemple bien réel et super incarné de cette femme amoureuse… de la vie. Si être sur terre ça veut dire ça, alors OUI, là ça vaut le coup !

La rencontre « en vrai » arrive via ma mère (encore ☺) à l'occasion de la sortie du dernier tome de la trilogie d'Arouna *La voie de l'amoureux*. Je n'ai plus quitté Arouna et son enseignement depuis ce dimanche de janvier 2006. Je suis alors loin de me douter de la richesse du chemin que je débute ce jour-là et de l'impact que cette rencontre aura sur tous les plans de ma vie, mon monde n'a jamais cessé de s'élargir depuis. Quinze ans plus tard, je ne le mesure pas encore assez consciemment mais je sais que rien n'a plus été comme avant.

Avant Arouna je n'ai jamais envisagé l'Amour comme une énergie présente dans l'air, une source à laquelle chacun peut s'abreuver.

Avant le premier choc : je ne suis pas une amoureuse, je suis une fusionnelle.

Chez moi, l'amour dépend forcément d'un autre. Je comprends que je me sers de l'autre pour obtenir la dose de vie/d'amour que je ne sais pas m'offrir à moi-même. Et que si l'autre n'existe pas pour moi, je n'existe bien souvent pas plus pour lui. Décider de sortir de la fusion fut mon premier pas sur *La voie de l'amoureux*.

Deuxième choc : je suis à l'origine de ce qui m'arrive.

Mes parents et ma famille fusionnelle +++, avec toutes les névroses relationnelles qui en découlent, ne sont pas la cause de mes problèmes d'aujourd'hui mais la conséquence d'un chemin de vie commencé il y a bien longtemps. La percée est vertigineuse.

Décider de prendre la responsabilité de ma vie est le second pas.

Un long processus toujours en cours, couche après couche, le témoignage d'Arouna collé au cœur guidant mon âme dans son expérience sur terre.

Sortir de la fusion et de la confusion.
Pascale C.

« Ce stade où la conscience du manque cesse de détruire son image de soi et d'amoindrir son énergie, mais où elle stimule l'homme et le pousse à s'élever, c'est cela le véritable TIKKOUN. »

J'ai placardé cette citation partout dans mon appartement jusqu'à la connaître par cœur. Cela fait de nombreuses années maintenant. Au fil du temps, l'humour a gagné sa place et moi, une victoire. Il me permet d'accueillir mes manques et l'autre dans sa différence. J'ai vraiment à cœur de vous partager combien j'ai dû apprendre à différencier les choses pour pouvoir les relier. Différencier la bonté de l'amour a été une étape pour sortir de la fusion et de la confusion.

J'ai envie de terminer avec cette phrase que j'adore : *Ehieh acher ehieh*, « Je serai qui je serai. »

Les blessures mal refermées laissent une racine vivace au fond de notre terre.
Michel A.

Mettre des mots sur ses ressentis, ses impulsions peut paraître orgueilleux, mais ces émotions intérieures imprévues et éprouvées au cours de la lecture de cette trilogie m'a mis en route vers moi-même il y a dix-sept ans et j'y suis encore...

L'ange s'initia le temps d'une vie à la seule « voie de l'amoureux ».

Laurent M.

Il était une fois, c'est comme ça qu'une histoire commence, mais juste avant laissez-moi vous compter la fable que ce livre m'inspire :

Un ange dans son infinie sagesse se questionne : « On est bien ici dans cette volupté mais un peu seul quand même... » Un archange tout proche répond : « Ils arrivent les autres, ils sont en chemin, plus que quelques millénaires... patience !! »

Pris d'un irrésistible désir, l'ange décida de créer « une voie d'amour pour eux », un chemin, un raccourci, pour ces hommes qui tournent en rond et peinent à arriver et BIP...

Ici-bas parmi les hommes, sur la terre ferme, l'ange s'initia le temps d'une vie à la seule « voie de l'amoureux » qui pouvait se faire entendre au travers d'un chant, parole, geste, un Livre et BOP...

Ici et maintenant que vois-tu toi, ligne après ligne, page après page ? Un amour en quête de transcendance, les paroles sages d'un poème et d'une graine, récit historique de 1968, la question derrière la question peut-être, une douce sensation, l'odeur d'une tasse de thé chai, le voyage spirituel et « sens-ationné » d'une femme, la plume ou le parfum des ailes du désir ?

Moi j'ai cherché ou plutôt trouvé dans ce livre une âm-i-e, plus justement une âm(e)i(ncarn)é, un nouveau commencement et quelques pages blanches à remplir le temps de ma vie.

Une spiritualité à incarner.
Christiane E.

Mieux me comprendre, mieux comprendre les autres et surtout mieux comprendre des concepts qui me paraissaient totalement abstraits : j'ai compris avec ces livres que la spiritualité que je ressentais et sur laquelle Arouna a su mettre des mots était à incarner.

Un autre champ de conscience est venu.
Sébastien N.

La lecture des livres d'Arouna Lipschitz m'a permis de mieux comprendre et sentir ce qui se trouve derrière les mots « spiritualité » et « Amour ».

Par l'explication de ses témoignages de récapitulations qui lui permettent de remonter le chemin de sa vie, j'ai pu conscientiser le travail à faire pour mieux regarder ma propre vie et faire ainsi le tri dans mes expériences.

En plus de la lecture de belles aventures, ces récits initiatiques sont aussi une sorte d'atlas du monde de la spiritualité, une carte pour un voyage par-delà la morale et les conventions ordinaires.

J'utilise ces essais comme des carnets de voyages, avec les expériences que je souligne pour mieux pouvoir les consulter et me forger une expérience personnelle et empirique. Comme le dit justement Arouna, si l'accompagnement d'un maître, d'un thérapeute, le soutien d'un ami aident à cultiver son jardin intérieur, c'est à soi-même qu'il incombe de s'approprier sa place au soleil.

Concrètement la lecture de ces livres m'a permis d'affiner mon introspection et de m'ouvrir à d'autres niveaux de conscience. Avant la lecture de cette trilogie, j'avais comme champ de conscience le « je me dis que ».

Après la lecture, la conscience s'est séparée en conscience ordinaire et en conscience plus subtile, une sorte d'intuition. Mais ce qui n'était pas prévu au programme, et c'est tout récent, c'est qu'en portant mon attention sur le moment du réveil et en écoutant/observant silencieusement l'instant, un autre champ de conscience est venu… et la vie n'est plus la même, comme si je faisais une nouvelle escale !

Les personnes en fin de vie m'offraient leur dernier souffle.

Marie-Anne S.

Lorsque j'étais jeune, quand une personne mourait, je disais « les morts ne meurent pas », et on me faisait taire. À l'âge de 18 ans, j'ai accompagné ma mère dans sa maladie, elle est morte dans mes bras.

J'étais dans un état de paix au moment de son départ mais combien incomprise par mon entourage. Je me suis posé beaucoup de questions et la question qui me revenait souvent était : « Est-ce possible dans ces moments de départ d'être dans un état de paix ? »

Dans un lieu de soin où je travaillais la nuit, on m'appelait l'ange de la mort. Les personnes en fin de vie m'offraient leur dernier souffle et toujours je me retrouvais dans cet état de paix.

En lisant le livre d'Arouna, page 19, le passage du décès de Simha, j'ai reçu la réponse qui m'a permis de reconnaître cette force en moi.

Quel bonheur !

Lorsqu'on doit fermer les volets d'une très grande maison, il arrive qu'on soit agacé par le temps que cela prend chaque soir. On oublie les avantages et les joies que procure une vaste demeure.

Quand je pense à tous ceux que j'aimerais remercier d'avoir participé d'une manière ou d'une autre à l'élaboration de ce livre, je me rends compte de la richesse que représente dans ma vie le fait d'avoir à remercier tant de monde. Je ne pourrai vous nommer tous, mais j'aimerais que chacun sache combien sa présence a contribué à rendre ma tâche plus facile, à me réjouir l'existence. Quel bonheur de vous avoir à mes côtés.

À Marie-Pierre,
À Elyane,
À Anne et Virginia,
À Antara,
À Monique et Mayana,
À Alain, Elya, Claire, Yann, Arnaud, Doucia, Yannique, Gaëlle et les autres…
À Laura, Joële, Huguette, Max, Patrice, Mari, Christian, Cédric, Céline, Patricia, Patrick, Odile, et les autres,
À Nadia, pour le miracle de Hanouka,
À ma famille,

À Mikhaèle, encore et toujours…

Grâce à vous, chacun à sa manière unique, ma nostalgie de l'ailleurs n'est plus ce qu'elle était…

Reconnaissance

Aux penseurs et aux livres qui ont enchanté et imprégné ma pensée (par ordre alphabétique) :

Barthes, Blanchot, Buber, Jabès, Lévinas, et les autres...

Freud, Lacan et les autres....

T. Abélar, *Le Passage des sorciers*, Le Seuil.

O. M. Aïvanhov, *Œuvres complètes*, Ed. Prosveta.

Surobindo, *La Pratique du yoga intégral*, Albin Michel.

D. Aubier, *La Face cachée du cerveau*, Dervy.

R. Bach, *Un*, et *Un pont sur l'infini*, J'ai lu.

C. Castaneda, *L'Herbe du diable et la petite fumée*, Le Soleil noir. *Voir*, Gallimard. B. Elâhi, *Œuvres complètes*, Dervy.

B. Champagneur, *L'Arbre de Vie*, Altess.

E. Haïch, *Initiation*, Le Signal. A. et W. Keyserling, *Le Jeu de la pensée*, Ed. de la Palme.

M.A. Ouaknin, *Les Mystères de la Kabbale*, Ed. Pierre Assouline. *C'est pour cela qu'on aime les libellules*, Calmann-Lévy. *Dieu et l'art de la pêche à la ligne*. Bayard. R. Steiner, *Œuvres complètes*.

G. Scholem, *Les Origines de la Kabbale*, Aubier-Montaigne.

E. Schuré, *Les Grands initiés*, Pocket.

Et beaucoup d'autres...

Les Dialogues avec l'Ange, Aubier.

Le Yi King, Librairie de Médicis.

La série de *l'Initié*, anonyme, Ed. La Baconnière.

Amour sans limites, par un moine de l'Église d'Orient, Éd. de Chevetogne.

Le Livre des sagesses, sous la dir. de F. Lenoir et Y. Tardan-Masquelier, Bayard.

Dictionnaire critique de l'ésotérisme, sous la dir. de Jean Serbier, PUF.

Dictionnaire expérimental céleste (via Monique Parent-Baccan), sous la dir. de M. Marceau, Créaliv.

La Bible, Le Talmud, Le Cantique des Cantiques...

Et tous les auteurs nommément cités dans le texte.

En hommage : les concepts, formules ou titres propres à un auteur cité au fil du texte sont mis entre guillemets ou en italique. Par ordre d'apparition :

p. 20	E. Caddy, *La Petite Voix*, Le Souffle d'Or
p. 29	J. Brel, *Sur la place*
p. 29, 54, 116	E. Lévinas, *passim*
p. 38	R. Caillois, *Pierres réfléchies*, Gallimard
p. 59, 207	B. Elâhi, *passim*
p. 62	P. Claudel, *L'œil écoute*, Gallimard
p. 75	D. Aubier. *La Face cachée du cerveau*, Dervy
p. 89	Homère, *Odyssée*, Gallimard
p. 90	G. Corneau, *La Guérison du cœur*, Robert Laffont
p. 99, 267	F. Veldman, *Haptonomie*, P.U.F.
p. 104	Ibn Al-Arabi, *Le Chant de l'Ardent Désir*, Sindbad
p. 181	G. Brassens, *Rien à jeter*
p. 186	M. Blanchot, *passim*
p. 194	G. Malher, *Le Chant de la terre*
p. 206	G. Brassens, *Le Pluriel*
p. 222	F. Roustang, *La Fin de la plainte*, Odile Jacob
p. 234	R. Bach, *Jonathan Livingston le Goéland*, Flammarion

p. 244	M. Balmary. *La Divine Origine*, Grasset
p. 247	Jane Austen, *Raison et Sentiments*, Omnibus
p. 253	D'après saint Paul
p. 273	S. Kubrick, *Eyes Wide Shut*
p. 275	F. Dolto. *Au jeu du désir*, Le Seuil
p. 301	C. Trenet. *Douce France*
p. 302	Barbara, 305
p. 303	Saint-Exupéry, *Le Petit Prince*, Gallimard
p. 305	A. Steinsaltz, *La Rose à treize pétales*, Albin Michel
p. 322	J. Steinbeck, *Les Raisins de la colère*, Le Livre de poche

N. B. : p. 247, la citation renvoie à la fin de *Dis-moi si je m'approche*, du même auteur

8399

Composition
PCA

Achevé d'imprimer en Slovaquie
par NOVOPRINT SLK
le 22 août 2021

Dépôt légal : septembre 2021
EAN 9782290359235
L21EPEN000467N001
1er dépôt légal dans la collection : mai 2007

ÉDITIONS J'AI LU
87, quai Panhard-et-Levassor, 75013 Paris

Diffusion France et étranger : Flammarion